用霹雳手段，显菩萨心肠
——清·胡林翼

以情管人
以法管事

【最简单有效的领导智慧】

人是感情动物,所以要以情管人:
晓之以理,动之以情,下属才能心服口服。
没有规矩难成方圆,所以要以法管事:
警之以法,示之以威,让居心叵测者心存畏惧。

李 伟 ◎ 著

当代世界出版社

图书在版编目（CIP）数据

以情管人 以法管事／李伟著．—北京：当代世界出版社，2011.12
ISBN 978－7－5090－0794－5

Ⅰ．以… Ⅱ．李… Ⅲ．企业管理：人事管理 Ⅳ．F272.92

中国版本图书馆 CIP 数据核字（2011）第 231496 号

书　　名：	以情管人 以法管事
出版发行：	当代世界出版社
地　　址：	北京市复兴路 4 号（100860）
网　　址：	www.worldpress.com.cn
编务电话：	（010）83907528
发行电话：	（010）83908410（传真）
	（010）83908408
	（010）83908409
	（010）83908423（邮购）
经　　销：	新华书店
印　　刷：	三河市鑫利来印装有限公司
开　　本：	710 毫米×1000 毫米　1/16
印　　张：	24
字　　数：	450 千字
版　　次：	2012 年 1 月第 1 版
印　　次：	2012 年 1 月第 1 次
印　　数：	5000 册
书　　号：	ISBN 978－7－5090－0794－5
定　　价：	48.00 元

如发现印装质量问题，请与承印厂联系调换。
版权所有，翻印必究，未经许可，不得转载！

前　言

动之以情，警之以法
——最简单有效的领导智慧

有人说，只要有了领导地位，就等于有了权力，就能实施领导职能，下属就得唯命是从。

其实不然，千百年来，为什么有那么多高高在上、拥有至高无上权力的统治者们，会敌不过农民手中愤怒的锄头？因为他们不得人心，不得人心的权力，充其量不过是一种淫威。滥施淫威的结果不可能让下属甘心折服，只会让自己的地位不稳。

带人要带心，一位员工推崇他的领导说："你和他在一起的每一分钟，你都能感受到他浑身散发出来的光和热。我之所以努力，是因为他身上有一股强大的力量深深地吸引了我。"所以在管人过程中，一定要动之以情，唯有如此，下属才能心服口服，才能心甘情愿地追随。

但是在管事过程中，过于变通，过于讲人情，就会坏了规矩。因为凡事都有规则，没有规则就没有威严——所以要以法管事，一是一，二是二，要有一套完整的规章制度，并且严格地执行下去。

《三国演义》中，诸葛亮就是一位把"情与法"运用得很娴熟的政治家。公元225年，西南少数民族首领孟获起兵反叛，诸葛亮亲征，对孟获七擒七纵，使之心悦诚服，南方长久太平，保证了北伐时后方的安定。然而，在马谡失街亭的事件上，却执法严厉，手段果绝。

其实，在私人感情上来说，诸葛亮与马谡更近一些。史书说二人

以情管人　以法管事

"为师徒，议事达旦"，是说二人有师徒之谊，且诸葛亮很欣赏马谡。然而，出于大局考虑，诸葛亮对屡次犯上作乱的孟获动之以情，对私交甚密的马谡公事公办，这就是管理者对于人与事的双重手腕——以情管人，以法管事。

管理不过"人事"二字，人是活的，所以要以情管人；事是死的，所以要以法管事。要区别对待，不能眉毛胡子一把抓，这样才能做到胸有成竹、遇事不乱。

世界著名的管理学家与管理著作，多出自于西方，是因为西方的工业革命比较早，商品经济较发达，积攒了大量的经验，所以我们的一些管理制度，多移植于国外。借鉴西方管理经验是没有问题的，但是全盘拿过来，就有问题——由于文化的差异，我们中国人对管理有着独特的理解。所以，多年来，作者试图寻找一条适合中国企业的管理之路，那是一条具有着中国特色的管理之路，融合了东方文化与西方管理技巧的"中国式"管理，即以情管人，以法管事，这也是最简单有效的领导智慧。

李伟
2011 年 11 月于北京

CONTENTS 目录

1. 不要让人感到无以为报 /1
2. 做大事不能靠哥们义气 /2
3. 不做"老好人" /3
4. 慎做"性情中人" /3
5. 多下柔性的命令 /4
6. 诚于嘉奖，宽于称道 /5
7. 距离产生威严 /6
8. 不要毁了他人的进取心 /7
9. 要管头管脚，但不要从头管到脚 /8
10. 对待"墙头草"的三种办法 /8
11. 不要让亲朋频繁地出入你的办公室 /9
12. 阎王爷不和小鬼称兄弟 /10
13. 要下属明白"军令如山倒" /11
14. 不可冷落任何人 /12
15. 不留"中间"地带 /13
16. 对提拔你的人常怀感激之情 /14
17. 别让一条鱼腥了一锅汤 /14
18. 制度合理了，则事半功倍 /16
19. 不要急于搞"一朝天子一朝臣" /17
20. 说到做到，不放空炮 /17
21. 适当地有点"架子"，本无可非议 /19
22. 忠诚胜于能力 /20
23. 最后的杀招不要轻易使出来 /21
24. 警惕那些时刻想引起你注意的女性 /22
25. 左手"严刑重罚"，右手"法外施恩" /23
26. 用人不疑，疑人不用 /24
27. 不妨来点喜怒无常 /25
28. 信任当然必要，监督也必不可少 /26
29. 过高的权力是一把双刃剑 /27
30. 兼职是不忠诚的表现 /28
31. 不要既想当裁判，又想当进球的那个人 /29

32. 对于不讲道义的员工,决不能手软/30
33. 让下属不好意思失败/30
34. 真正的官兵平等是危险的/31
35. 重视"小人物"/32
36. 满足部属内心的期望/33
37. 一定要身先士卒,哪怕是做个样子/34
38. 记住下属的姓名/35
39. 什么时候都别忘了,你才是领导/37
40. 礼贤下士/38
41. 把表面的风光让给别人/39
42. 多商量,少命令/40
43. 温和的指责/42
44. 不在其位,不谋其职/43
45. 爱人者人恒爱之/44
46. 圆而不方,难成大事/45
47. 不做暴君/46
48. 以德报怨,应该缓行/47

49. 做一名宽厚的长者/48
50. 要对人"狠"一点/49
51. 威迫手段要慎用/50
52. 慈不掌兵/51
53. 不施霹雳手段,难显菩萨心肠/52
54. 适当保护你的下属/53
55. 事前弄清真相,以免"错杀"好人/54
56. 玩弄手腕者终究会失信于人/55
57. 妇人之仁要不得/56
58. 既打又哄,恩威并举/57
59. 一个坑一个萝卜/58
60. 沽名钓誉要不得/59
61. 不要一面点头称是,一面东张西望/60
62. 避免"开场声势大,收兵不鸣锣"/61
63. 要"权谋",不要"阴谋"/62
64. 防范下属越权的方法/65
65. 领导者决策的"四步曲"/66

CONTENTS 目录

66. 知耻者近乎勇/68
67. 规矩越多，管理成本也就越高/69
68. 原则是绝对不可以逾越的/70
69. 考试是选拔人才最好的办法/71
70. 左右摇摆，难成大事/73
71. 不能制定"能者多劳"的制度/74
72. 建立严格的接班人制度/75
73. 不可下放的四种权力/76
74. 权力何来，又向何处用/77
75. 谨防资深人员兴风作浪，教坏年轻人/78
76. 财散则人聚，财聚则人散/79
77. 善治人者能自治/81
78. 晓之以理，明之以义/82
79. 君子一言，驷马难追/84
80. 告诉每一位下属：忠诚就会得到奖励/85
81. 可以授权的十三种人/86
82. 不可逢会必到/90
83. 没事不找事，有事不怕事/90
84. 赞赏胜于金钱/91
85. 不能"只看病不治病"/92
86. 检查工作前要做充分准备/93
87. 讲给他听，做给他看，叫他做做看/93
88. 给好处要"不轻给、不滥给、不吝给"/94
89. 阴晴不定者，人皆避之/95
90. 难以实现的诺言比谣言更可怕/96
91. 人情味要讲，原则性更要讲/97
92. 到第一线去/98
93. 加班应提前通知/100
94. 精神激励的核心，不外乎一个"信"字/100
95. 惩罚不当便会令人记恨/102
96. 时来运转，莫忘"难兄难弟"/104
97. 到位而不越位/105

98. 随时发现,随时批评,不要拖延/106

99. 不患寡而患不均/107

100. 以情感人/108

101. 不要把晋升当成一种奖励的方式/110

102. 只有监督,工作才会加倍努力/112

103. 不可重用的六类人/114

104. 毛泽东说"杀降不祥,孟德不为"/115

105. 学会让自己适应下属/116

106. 平易近人者,人皆近之/118

107. 命令无效,请教事成/119

108. 不满不代表不忠/120

109. 领导者宽宏大量,人们就会乐于追随/121

110. 对于工作出色者,及时认可/122

111. 直来直去,有正义感/123

112. 言语要坚决,但性情要大度/124

113. 领导者的高下,在于眼界与心胸/125

114. 处处设防会损害人才的积极性/127

115. 左手往外推,右手向里拉/129

116. 防止出现人才断层/130

117. 智囊团的意见只能作为参考,决策还需要自己来做/132

118. 与其喊破嗓子,不如做出样子/133

119. 把自己的决断变成集体的决策/135

120. 严师出高徒/136

121. 激励制度要与时俱进/138

122. "跟谁干"比"给谁干"更重要/139

123. 纠正下属越权的方法/140

124. 会议上,不要轻易批评他人的意见/142

125. 官兵一致,同舟共济/143

CONTENTS 目录

126. 权力,与领导能力无关/144
127. 赛马不相马/145
128. 对身边的工作人员要慎重选择/147
129. 带人要带心/148
130. 准时开会,开短会/149
131. 善待性格耿直的下属/150
132. 高高举起,轻轻放下/151
133. 与下属建立良好的人际关系/152
134. 得人心者,得天下;失人心者,失天下/153
135. 打个嘴巴揉三揉/154
136. 既要会唱白脸,也要会唱红脸/155
137. 法不容情/156
138. 推功揽过者,人皆敬之/157
139. "打一巴掌"一定要打得响,打得绝/159
140. 要公平公正,但不搞平均主义/160
141. 可以严于律己,不可严于律人/162
142. 停止把问题推给别人/163
143. 近则庸,疏则威/164
144. 不要有意无意地收回授权/165
145. 远离诚信危机/166
146. 保持一定程度的深沉/168
147. 意见和指示要分开/169
148. 认真负责,才能站稳脚跟/170
149. 罚不失恩,严中有爱/171
150. 不可顽固地坚持前后一致/172
151. 不能机械地依靠数字评估下属/173
152. 算得太精明了,反而赚不到钱/174
153. 让他负责,就要给他权力/176
154. 运用金钱的力量/177
155. 把自己隐藏于制度之后/178

156. 赞扬之后，不说"但是"/179
157. 给下属带来轻松和谐的气氛/180
158. 适当地露些锋芒/181
159. 过度热情的背后往往是陷阱/182
160. 明确地下命令/183
161. 不能给上级"你有些奸诈"的感觉/184
162. 心态决定势态/185
163. 喜怒不形于色/186
164. 微笑是最好的领导/187
165. 勿轻易"纵向兼职"/187
166. 并不是所有的山头都一定要铲平/188
167. 任期过长也是弊病/190
168. 别将工作掺入过多的友谊/191
169. 多讲"礼"，少讲"理"/192
170. 建立你的人脉圈/193
171. 关键在于你的影响力有多大/194
172. 你可以批评，但不要贬损/196
173. 临危不乱：越紧张就越想不出办法/197
174. 树立一个"虽然脾气不好，但心肠很热"的形象/198
175. 要盘马弯弓，引而不发/199
176. 要"王道"，不要"霸道"/200
177. 要平等，但不要平起平坐/201
178. 虎气不足、猴气有余，成不了好领导/203
179. 将军不敢骑白马，亡者不敢夜秉烛/203
180. 不能"牛不吃草强按头"/205
181. 切忌打击报复而不择手段/206
182. 首先，控制住自己的情绪/207
183. 多向公司负责，少向下属负责/207
184. 仅仅提出建议，让别人得出结论/208
185. 权力不等于威信/209
186. 为自己制造一种神秘感/210
187. 要把握好身体语言的尺度/212

CONTENTS 目录

188. 不能大搞"扶上马,不撒缰"/213
189. 不可预测是令人畏惧的武器/214
190. 切勿忽视"小角色"/215
191. 不要超越正常的上下级关系/217
192. 可以看破,不能说破/217
193. 让自己站在竞争者中间/218
194. 不批评多数人/219
195. 不要过早地决定接班人/220
196. 胁迫只是一种权宜之计/221
197. 做新的决策时,不能墨守成规/222
198. 团队的力量是伟大的/223
199. 流言止于智者/224
200. 与无数个青蛙接吻/225
201. 解聘一旦决定,就要当机立断/226
202. 解释,要点到为止/228
203. 运用"间歇式"奖励/229
204. 谨防"多重领导"/230
205. 不可"宁要奴才,不要人才"/231
206. 不要立刻说"不"/232
207. 胡萝卜加大棒/233
208. 识人要全,知人要细/234
209. 不要随便道歉/235
210. 福利只能慢慢增加,不能逐渐减少/236
211. 如果说下属是狼的话,领导者就必须是虎/238
212. 要么根除,要么安抚,二者必选其一/239
213. 对"害群之马"明升暗降/240
214. 警惕下属的"中国式"不满/241
215. 及时打破小圈子/242
216. 对待冥顽不化者,不必顾虑重重/243
217. 男女搭配,干活不累/244

218. 副职过多害处多/245
219. 物不得其平则鸣/246
220. "孺子可教"胜过"老马识途"/247
221. 当断不断,必留后患/248
222. 先入易为主,后来难居上/250
223. 懂得用利益打动对方/251
224. 造就一批后备人才/252
225. 制定一套科学有效的选人方法/253
226. 转移抱怨者的注意力/254
227. 老少掺用,人才互补/255
228. 洞悉下属"宁做鸡头,不做凤尾"的心理/256
229. 权力要做到收放自如/257
230. 面对下属间的纠纷,先把事情冷冻起来/258
231. 实施"工资保密"制度/259
232. 人脉就是财脉/260
233. 委婉地暗示对方,自己知道他的错处或隐私/261
234. 组建自己的班底/262
235. 慎用不拘小节之人/263
236. 要明白下属究竟需要什么/264
237. 惩罚,要在自己能控制的局势之下/265
238. 不当奖励的三方面缺点/266
239. 什么场合讲什么话/268
240. 把恰当的工作分配给恰当的人/269
241. "功过相抵"要慎行/270
242. 成为组织中不可或缺的人/271
243. 只有适应变化才能生存/271
244. 放权是必要的,及时跟进是必须的/273
245. 旁观者清,当局者迷/274
246. 划分"大权"和"小权"/275
247. 有些事情需要慢慢完成/276
248. "360度绩效反馈"的优劣/277
249. 配备"避马瘟"式人物/278

CONTENTS 目录

250. 要考虑到下属的能力，还要考虑到执行力/279
251. 审时度势，急流勇退/280
252. 提防下属"翅膀硬了"/282
253. 有补位意识/283
254. "秘书"是一个重要角色/284
255. 不要急于求回报/285
256. 在对方疲劳时，向其施加压力/286
257. 做大事，须统观全局/287
258. "没有任何借口"要缓行/288
259. 使对方陷入与你一样无法全身而退的困境/290
260. 关心下属，更要关心家属/291
261. 不轻易将朋友委以重任/292
262. "跟我冲"而不是"给我冲"/293
263. 不要助长告密的风气/294
264. 让员工只为自己的责任"埋单"/295
265. 人才各有所宜/296
266. 一切行动听指挥/297
267. 彻底改变"没事找事"的状态/299
268. 选择那些与你不同的人/300
269. 要知心腹事，且听背后言/301
270. 要因事设人，不要因人设事/302
271. 避免"奴化式"企业文化/303
272. 对杰出人才要做出适当让步/305
273. 带责授权/306
274. 不要往自己的井里吐痰/307
275. 既要忠诚，又要有业绩/308
276. 让员工感觉到你对他的关心/309
277. 克服"轻上傲上"的性格/310
278. 更要看重败军之将/311
279. 杀一可以儆百/313
280. "武大郎开店"式的思想害人害己/314

281. 头衔具有特殊的功效/315
282. 留意下属的情绪变化，了解部门的派系斗争/316
283. 站在门口，目送客人离开/317
284. 表扬一下就那么难吗/317
285. 授权后要保持一段时间的稳定/318
286. "暗示"是一种良好的管理方法/319
287. 任用比自己高明的人/320
288. "修路"理论/321
289. 员工与工作要"门当户对"/322
290. 始终保持神采奕奕/324
291. 培养下属灵活处事的能力/325
292. 把工作趣味化/326
293. 领导之间，轻易不要吵吵闹闹/327
294. 认错并不等于承认愚蠢/328
295. 政策要让人爱，法规要让人怕/329
296. 找准自己的位置/329
297. 忠诚胜于能力/330
298. "多中心"与"无中心"都是人才组合的大忌/331
299. 家丑不可外扬/332
300. 不把人固定在一个岗位上/333
301. 时常把下属推到风口浪尖/334
302. 不要动不动就把压力讲给下属听/335
303. 对不同下属区别对待/336
304. 杜绝"人人都坐'铁交椅'，个个都端'铁饭碗'"/338
305. 有爱才之心，更要有容才之量/339
306. 真正做到集思广益/340
307. 遏制恶性竞争/341
308. 用B级人干A级事/342
309. 金钱不是万能的，没有金钱是万万不能的/343
310. 迅速地做出决定/345

目录　CONTENTS

CONTENTS   目录

311. "一人领导"的优劣/346
312. 承担起失败的责任/347
313. 不要总提及自己曾经给人的恩惠/348
314. 当你变得更有权时，要让下属感到他们也在上升/349
315. 红花还得绿叶配/350
316. 遇到困难，首先要想的是同舟共济/352
317. 热烈欢迎，也要热烈欢送/352
318. 让上司有成就感/354
319. 非零和博弈/354
320. 警惕个人感情影响你评估下属/356
321. 公司不是交友俱乐部/357
322. 打破"中国式人才"的怪圈/357
323. 要说得动听，更要干得漂亮/358
324. 自谦则人必服，自夸则人必疑/359
325. 对待落难的下属，尽可能助一臂之力/360
326. 疑人也要用，边用边察/361
327. 好人做到底/362
328. 不求有功，但求无过/363
329. 给对方以特殊的声誉/364

1. 不要让人感到无以为报

初入管理层的人常犯的一个错误,就是"好事一次做尽",以为自己全心全意为对方做事会使关系融洽、密切。事实上并非如此。因为人不能一味地接受别人的付出,否则心理会感到不平衡。中国人讲究回报,"滴水之恩,涌泉相报",这也是为了使关系平衡的一种做法。如果好事一次做尽,使人感到无法回报或没有机会回报的时候,愧疚感就会让受惠的一方选择疏远。

在欧洲中世纪时期,一位雇佣兵首领拯救了一座城池,城内善良的百姓千方百计地想要报答他,可是用哪种方式好呢?

金钱似乎显得轻微,多少金钱才足够奖励保存一个城市自由的人的功绩呢?有人想让这名雇佣兵首领担任城市的主人,但又有人反驳说,鄙小的城市配不上他。最终人们采用了他们一致认为最完美的方式:吊死他,然后把他封为他们的守护圣人!

这就是雇佣兵首领得到的回报。

人际交往要有所保留的道理人人都懂,但是,如何做以及其中包含的心理学的道理未必都知道。留有余地,好事不应一次做尽,这也许是平衡人际关系的重要准则。

留有余地,适当地保持距离,因为彼此心灵都需要一点空间。而"过度投资",不给对方喘息的机会,就会让对方的心灵窒息。留有余地,彼此才能自由畅快地呼吸。

管理智慧:

如果好事一次做尽,使人感到无法回报或没有机会回报的时候,愧疚感就会让受惠的一方选择疏远。

2. 做大事不能靠哥们义气

1990年，西安的冬天特别冷，冷得让荣海终身难忘。

年底，一直在深圳忙着跑生意的荣海回到西安。不料等待他的却是公司3个副手趁他不在的时候早已酝酿成熟的瓜分公司的计划。理由就是荣海在创建公司时曾经说过的那句话："海星是大家的，大家都有份。"

荣海恪守了自己当初的诺言，虽然在当初创立海星时，3个副手并没投过一分钱。他怀着痛苦而超然的心情对"哥们儿"说："钱尽可以分，但牌子得留下。"于是，公司核心层4个人走了3个，他们除瓜分了海星几年来积累的100万自有资金，还带走了大部分客户。普通员工20人走了一半。给荣海留下的仅有海星这块牌子和一些旧机器。当然留下的还有部分对海星眷恋万分的普通员工和他们之间的精诚团结。

就凭着这些，9年以后，海星集团的总资产已逾26亿，海内外直属子公司18家，二级公司40余家。然而，那次"内阁"的哗变毕竟是惨痛的。所以后来荣海总结：做事情一开始就先要把话讲清楚，不能靠哥们义气；决策要集中，重大事情不能以少数和多数来决定，公司只能有一种声音；留下来的人，可以给很高的工资，但全都与产权无关。

管理智慧：

我们生活在一个物质的世界，每个人都不可能独立于欲望之外。在金钱面前，数量少的，也许还会有人顾念起情感，但在大钱面前，几乎没有人能抗拒诱惑。如果说一个人能在金钱面前不动声色，究其原因，只有一点，那是因为钱的数量还不够多。

以情管人　以法管事

3. 不做"老好人"

周末,一个渔夫在他的船边发现有条蛇咬住一只青蛙,他替青蛙感到难过,就过去轻轻把青蛙从蛇嘴里拿出来,并把它放走。但他又可怜饥饿的蛇,由于没有食物,他取出一瓶威士忌酒,倒了几口在蛇的嘴里。蛇愉快地游走了,渔夫也为自己的善行感到快乐。他认为一切都很妥当,但在几分钟后,他听到有东西碰船边的声音,便低头向下看,令人不敢相信的是,那条蛇又游回来了——嘴里叼着两只青蛙。

这就是我们企业常见的"照顾主义"、"大锅饭"现象。

我们本应该鼓励员工正确的行为,给他们掌声、鲜花和提拔,对不正确的行为要冷落、批评和惩罚。但现实中我们并不是激励不够,而是激励错了——正确的行为被忽视或被惩罚,而错误的行为却被奖励——就像那个渔夫一样,奖励了错误的事情:那条蛇因错误而得到奖励。

如此,你所成就的,只是一场不公平的游戏。

管理智慧:

一心想做好人、不得罪人,只能会让你离权力越来越远。

4. 慎做"性情中人"

一个人率性而为的时间久了,就会养成一种放纵自己情绪的习惯,遇到问题就顺着性子去做,有时候或许真的解决了问题,但也为自己的将来埋下了祸因;也许得罪了很多人,即使他们当时没说,日后还是会伺机报复的。

长久下去，对事业和人际关系就会破坏多，建设少，给自己的人生带来种种障碍。尤其是一旦给人留下"不能控制情绪"的印象，那真是难以翻身。因此，落魄的人、自我毁灭的人，多半是"性情中人"。这一点，只要我们仔细观察就可明白。

审视一下你的性情，如果不好，那就改一改，千万不可任着自己的坏性情随意而为！

落魄的人、自我毁灭的人，多半是所谓的"性情中人"。

以情管人 以法管事

5. 多下柔性的命令

从内心来讲，我们每个人都喜欢指使人而不是听命于人，所以下指令是要讲艺术的。一般来讲，当我们安排他人工作时，最好多一些疑问句而非祈使句，让对方感到你既是在征求他的意见，也是在安排他去做某事。作为下属，他们当然喜欢这种充满柔性的命令了。

这种办法不会损伤他人的"自我意识"，容易让一个人改变自己原有的观点，保持个人的自尊心，给他人一种自重感，这样他就会与你保持合作，而不是对抗。

无礼的命令只会导致长久的怨恨——即使这个命令可以用来改正他人明显的错误。

谁都讨厌被人命令，受人指使，因为这样会让人觉得自己的"自我意识"受了伤害，伤了自尊。即使是你的孩子也是如此。"小强，别整天只顾着玩，快去复习功课！"虽然他嘴上说："知道了。"却总是磨磨蹭蹭地不见行动。你在酒店里对服务员说："喂，拿壶水来。"他可能会答道："好的。"却迟迟不见水送上来。

在公司里，这样的情形也时常发生。"怎么搞的，计划还没做出来？期限快到了呀！"但回答"知道了"的部下连一点动静也没有。"为什么还不着手呢？""知道了，可是没空呀！"

部下虽然回答了两次"知道了"，但没有付诸行动的话，这就是指令的失败。

一定要记住：没有人喜欢被人指使，不管他的地位有多么卑微。

6. 诚于嘉奖，宽于称道

人人都喜欢恭维，不喜欢指责。人性中至深的本质就是渴求被人重视，人们对自重感的渴求远胜于食物和金钱。谁有能力满足这种内心饥饿的人的需要，谁就可以将他握在掌心，任意驱使。

寻求自重感的欲望是人与动物的主要区别之一，如果我们的祖先没有这种自重感的冲动，就不存在文化了。假如没有自重感的渴求，历史上就不会出现那么多伟大或显赫的人物。这个欲望激励林肯研读法律，当上美国总统；同样，这个欲望激励狄更斯写出他不朽的小说；也是这个欲望使洛克菲勒赚到了他一辈子也花不完的钱……自重感激励许多人成名，而名人仍为自重感挣扎着。历史上随处可见这样有趣的例证：华盛顿更愿意被称为"至高无上的美国总统"；哥伦布请求得到"海洋大将印度总督"的头衔。因此，如果你想让别人做事，就必须"诚于嘉奖，宽于称道"。

卡耐基在《成功之路》一书中推崇过两个人：斯瓦伯和爱默逊。他们两人都善于赞许和鼓励别人。斯瓦伯在钢铁制造业取得成功，他说："世界上最易抹杀一个人志向的，就是他上司的批评。我向来不批评任何人，我急于称赞，迟于找错。在我一生的广泛交往中，我还没找到一个人，无论如何伟大，地位如何高，在被批评的情况下，比

在被赞许的情况下做得更好、更努力的。"

如果你想支配一个小孩，那么你就称他是"自立的男子汉"；在他拒绝吃早点时，你就鼓励他自己动手做一顿早饭，保准让他吃得津津有味。

世界上最易抹杀一个人志向的，就是他上司的批评。

7. 距离产生威严

美国是个讲究平等自由的国家，对任何人公然的歧视都有可能引来法律的麻烦。但是在美国的军队里，军官有军官的俱乐部，士兵有士兵的俱乐部，泾渭分明。不同军衔的人进各自不同的门，从来不会混淆，理所当然。

一个军官，如果让士兵看到他喝得烂醉、东倒西歪，还被几个女子嘻嘻哈哈地推来搡去，第二天，他还怎么能在士兵面前厉声训斥而不被觉得滑稽可笑呢？

距离产生威严。

上级和下级之间，偶尔的亲近可以让人感动，太多的亲近则失去威严，不分彼此的哥们弟兄，更是让你的姿态再也不可能高起来。

仰视一旦变成平视，那么俯视就不可避免。而俯视是极可能导致藐视和鄙视的。

管理智慧：

再伟大的人其实都是凡人，都有平庸琐碎的一面，要让人对你保持敬畏，最稳妥的办法就是只让人看到应该看到的。

8. 不要毁了他人的进取心

有一个人在45岁的时候,突然想去学习跳舞,他请过两个老师。

"所请的第一位教师,也许她告诉我的是真话。她说的全部都对,我必须将一切忘掉,重新开始,但那样使我灰心。我没有动力继续,所以我辞了她。"

"第二位教员或许是说谎,但我喜欢她。她冷淡地说,我跳舞姿势或许有点旧式,但基本功是不错的。并且使我确信我不必花费很多时间就可以学会几种新的舞步。第一位教师因为着重我的错误而使我灰心,这位新教师正好相反,她不断地称赞我所做得对的事,很少提及我的错误。'你有天生的韵律感觉,'她肯定地对我说,'你真是一位天生的跳舞专家。'现在,我经常告诉自己,我以往总是,将来也总是一个四等的跳舞者,但在我内心的深处,我仍喜欢想或许她是真意。确实,我付钱使她说那话。那么为什么前一位教师则要将话说穿呢?"

"无论如何,我知道,如果没有她告诉我有天生的韵律感,我就很难有什么进步。她那样鼓励了我,给了我希望,并使我不断进步!"

你要是跟你的雇员说他对某件事显得很笨,很没有天分,那你就做错了,这等于毁了他所有要求进步的心。

但如果你用相反的方法,宽宏地鼓励他,使事情看起来很容易做到。让他知道,你对他做这件事的能力有信心,他的才能只是还没有发挥出来。这样他就会见到黎明,以求自我超越。

管理智慧:

你要是跟你的雇员说他对某件事显得很笨,很没有天分,这等于毁了他所有要求进步的心。

9. 要管头管脚，但不要从头管到脚

聪明的领导者不是事必躬亲，而是运筹帷幄。现代领导理论认为，领导者必须做领导工作，不要干预或包办下属的事情。

倘若领导者事必躬亲，一方面丢掉了自己应该做的更重要的事情，另一方面则挫伤了下属的积极性，使他们变得没有主见、不负责任，也无法提高能力。当然，领导者有时应该干些具体的工作，因为这有助于加深与下属的感情，并从中汲取智慧和营养。但必须明确：这绝不是领导者的"正业"。"大事小事亲手干，整天忙得团团转"的领导，肯定不是一位称职的领导者，而是一位劳动模范。领导者的"正业"是运筹帷幄，他应该专门干下属干不了的事情或突发的、非常规的事情，应该下属做的事情由下属自己干。使之有职有权，他们能增强责任感，并在工作中逐渐减少差错和提高工作效率。

领导者最大的本事是发动别人做事。领导者要管头管脚，即指人和资源，但不能从头管到脚。

以情管人　以法管事

管理智慧：

要做一名领导，决不要做一名劳动模范。

10. 对待"墙头草"的三种办法

对待专门溜须拍马、奉承上司而毫无工作能力的"墙头草"，方法很简单，请他走人就是了。当然，如果他确是无能之辈，也该让他走人。况且他还专善阿谀奉承，你周围有这么一颗不知何时爆炸的炸弹，你说你还会有多少好日子可过。所以，及时让他走人比什么都强。

对于有一定能力而又有些奉承爱好的员工，最好给他找个合适的位子。

这类人不好简单辞掉，因为他还有一定能力。也不可委以重任，因为他不仅能力平庸，还爱溜须拍马，委以重任的话，迟早会坏了你的大事。在你的单位中要做到人尽其才，不光指有效地利用人才，也指使用这些能力一般而又有某些毛病的人。这类人有的时候还为数不少，是一支不可忽视的力量。

对于这类人要注意批评教育并采用不同的方式方法。要耐心，不能急于求成，这种毛病的养成不是一朝一夕的事，改正起来也一定不容易。在这个时候，你要格外注重策略，注意态度，争取从根本上扭转他们的认识，改正他的毛病。当然，首先要从你自己做起，打压那些阿谀奉承的行为。

对于那些确有较强能力却也喜好溜须拍马的"墙头草"，你一定要小心对待，这些人弄不好会造成极大的麻烦。

对待这种人，首先你要依据他的实际能力委以相应的职务。起码在他们眼中，你不能成为不识才的领导者。

管理智慧：

对于那些确有较强能力却也喜好溜须拍马的"墙头草"，你一定要小心对待，这些人弄不好会造成极大的麻烦。

11. 不要让亲朋频繁地出入你的办公室

领导者的家庭住址最好与公司距离较远。虽然每天上班要来回坐车，却可以有效地把公事、私事分别开来。领导者在与自己的亲戚朋友往来时，留给他们的地址应该是家庭住址，而不是办公室；留给他们的电话号码也应是家中的而不是办公室里的。亲朋好友找你时，可

直接到家中，同样也避免了那些送礼的人把礼物抬到你的办公室里的尴尬。

领导的一些重要的私人关系，不宜向员工、同事透露。如果领导的亲人、朋友过多地出入于办公室，不但泄露你一些私人的秘密，同时也会造成公司高层人物对你的不信任。

不要让亲朋频繁地出入你的办公室，不单单是公私分明的问题。我们承认，每个人都有一些虚荣心，特别是在公司举足轻重的领导人，当然会有一些殊遇。如此前呼后拥的景象，一旦被亲朋看到，肯定会风光无限，这也就是一些领导人喜欢在办公室接待亲朋的原因吧。

说到底，这只是小小的虚荣心在作怪，这种做法的危险不只在于会暴露你的私人关系网，你想过没有，花无百日红，人无千日好，一旦哪天你的亲朋好友与你反目成仇，闹到单位来，你的后果是什么？

管理智慧：

为了你的前程，为了你的形象，一定要记住一句话：公司办公室不是你家的客厅，不可把过多的私人关系带进办公室。

12. 阎王爷不和小鬼称兄弟

有些管理者认为，越平易近人，越和下属打成一片、称兄道弟就越好。其实，这种看法是错误的。如果你是个主管，请你回想一下，你是否经常与你的下属共同出入各种社交场合？你是否对你的某一位知心的下属无话不谈？你的下属是否当着其他人的面与你称兄道弟？如果已经出现了上述几种情况，那么危险的信号灯已经亮了，你需要立即采取行动，与你的下属保持一定的距离。

俗话说"有距离才有美"。适度的距离对管理者是有好处的。即使你再"民主"，再"平易近人"，也需要有一定的威严。当众与下属称兄道弟只能降低你的威信，使这位下属觉得你与他的关系已不再是上下级的关系，而是哥们了，于是他开始不把你的命令当回事儿。隐私对于每一个人来说都是必要的和重要的，让你的下属过多地了解你的隐私，对你来说只能是一种潜在的危险。你敢肯定他哪天不会把你的秘密公之于众吗？你能确定他不会利用你的弱点来打倒你吗？这实在是太可怕了。

你可以是下属事业上的伙伴，工作上的朋友，但你千万不要与他成为"哥们"。

管理智慧：

有距离才有美。适度的距离对管理者是有好处的。即使你再"民主"，再"平易近人"，也需要有一定的威严。

13. 要下属明白"军令如山倒"

若部属能够依照你的意愿完成所交给的任务，是很好的事。但是在现实生活中，并非一切皆如此顺利，相信你一定有过因遇到阻碍而无法达成工作目标的经历。

无法达到预期的营业额、经费超出预算、拿不到预约的原材料、无法在约定期限内交货、无法收回成本……诸如此类的情况，相信你经常碰到。或许你也可能经常听到下属的申辩"这很难办呢"，"请再多宽限几天"，"我已经尽力了"等等。遇到这种情况，你应该如何处理呢？

基本的原则是，不可轻易地向部属妥协。虽然达成目标并非易事，既然目标已定，就应该照着去做，并按时间要求去完成。如果每次都因下属的抱怨而重新修正原来的计划，任务的内容就会变得含糊不清，计划也就失去了权威性。

即使部属有些不情愿,你仍然坚定地重复你的命令。你需要明确告诉对方:"不要净说些丧气的话,努力去做!"不能纵容下属养成讨价还价的毛病。对下属来说,上司的命令不容辩解,这就是军令如山倒。

如果每次都因下属的抱怨而重新修正原来的计划,任务的内容就会变得含糊不清,计划也就失去了权威性。

14. 不可冷落任何人

谈话时排除他人,就如同宴会时赶走客人一样荒唐和不可思议。

千万记住,不要遗漏任何人,让你的双眼环视着周围每一个人,留心他们的面部表情和对你谈话的反应。

在众多人的聚会中,常有少数人被无情地冷落,假如被你冷落的恰巧是来日对你事业前途至关重要的人物,那将会有怎样的后果呢?

因此,不要冷落任何人,即使他的言行举止是多么令人生厌。"己所不欲,勿施于人",想想自己被人冷落的滋味。

要使别人觉得你的谈话洋溢着饱满的热情,因而很感兴趣,却不是在坐"冷板凳"。

千万记住,不要遗漏任何人,让你的双眼环视着周围每一个人,留心他们的面部表情和对你谈话的反应。

15. 不留"中间"地带

一天，一家企业的两个部门经理同时去找总经理裁断，这两个经理一个是生产模具的，另一个是使用模具的。两个经理各执一词，一个说："你自己来拉。"另一个则说："你给我送过来。"

类似情况在很多企业都存在，这其实就是一个企业文化或者说员工行为习惯的问题。

人们对这个案例的认识不尽相同，有人认为应该先确定一种制度，还有人认为对那两位经理应该各打50大板，甚至还有人认为"拉一次没关系，但是拉一次就永远是我的部门来拉了"。

很多人都认同最后一种观点，但这并不意味着这种观点是正确的。在实际工作和生活中，对于我们的很多观念以及平常的行为习惯，当我们没有去检讨的时候，一般都认为是对的，而其实却可能是错的，这就是一种似是而非。比如"拉一次没关系，但是拉一次就永远是我的部门来拉了"这个观点就是错误的，它的真实意思其实就是"多干活就是倒霉，多干活就是吃亏"，这是一种懒惰的思想，一种逃避工作和责任的思想，这种思想的存在和泛滥必定会对企业造成伤害。

在工作的"中间地带"，每人主动往前半步，团队力量就形成了。反之，就会"一个人是一条龙，一群人是一群虫"！

管理智慧：

在工作的"中间地带"，每人主动往前半步，团队力量就形成了。

最简单有效的领导智慧

16. 对提拔你的人常怀感激之情

三菱化学（旧三菱油化）的前社长吉田正树生前说："经营势必需要努力，但是要有运气，我认为运气是相当重要的。"

"我尊敬三菱油化的创始者——池田龟三郎，他是在岩崎弥太郎的熏陶下长大的。每到岩崎先生的忌日，池田先生都会到他的墓前去参拜。不是每年一回，而是每月都去。池田先生想报答岩崎先生的恩情，就算是学问很高的人也未必能做到这一点吧……报答别人的恩情，才能得到好运的。"

这是为什么呢，为什么报答恩情的人成功率就高呢？

我们来举个例子吧，如果有一份很好的工作，有A、B、C三个职员可以选择，谁是值得信赖的呢？如果是你，你也会选择一个事后对你说"谢谢您的提拔"的人，而不是说"这都是我自己的实力"的人吧！为什么会选择说谢谢的这个人呢，这就是人情。

一般在工作当中，怀有报恩心的人，都会被别人认为"这人不错"，尔后得到别人的拥护和好评。这是运气，也不全是运气。

怀有感恩之心的人，说不定什么时候运气就会到来。

17. 别让一条鱼腥了一锅汤

把一匙酒倒进一桶污水里，得到的是一桶污水；如果把一匙污水倒进一桶酒里，得到的还是一桶污水。在任何组织里，几乎都存在几个难以管理的人物，他们存在的目的似乎就是为了把事情搞砸。最糟

糕的是，他们像果箱里的烂苹果，如果不及时处理，就会迅速传染，把果箱里其它苹果也弄烂。"烂苹果"的可怕之处，在于它那惊人的破坏力。一个正直能干的人进入一个混乱的部门可能会被吞没，而一个无德无才者能很快将一个高效的部门变成一盘散沙。

组织系统是建立在相互理解，妥协和容忍的基础上的，然而它往往又是脆弱的，很容易被侵害、被毒化。破坏者能力非凡的另一个重要原因在于，破坏总比建设容易。一个能工巧匠花费时日精心制作的瓷器，一头驴子一秒钟就能毁坏掉。如果一个组织里有这样一头驴子，即使它拥有再多的能工巧匠，也不会有多少像样的工作成果。如果你的组织里有这样一头驴子，你应该马上把它清除掉；如果你无力这样做，那就应该把它拴起来。

这个定律与我国的一句民间谚语——"一粒老鼠屎坏了一锅粥"说的是一个道理。

企业中的人往往是鱼龙混杂、良莠不齐的，这种现象几乎没有一个组织能够幸免。如果你的企业中存在这样一个烂苹果，你应该马上采取行动将其清除，否则的话，后果将不堪设想。

在企业中，常常有一些自称是文武全才的人，他们自视本领高强，老认为自己大材小用，没有施展才华的舞台，但当企业任用他们的时候却又不能担当起大任，破坏了整体计划。这些人的存在会大大阻碍企业的发展进程，他们就像箱子中的烂苹果一样会慢慢腐蚀企业的组织机构，降低企业的整体运作效率。对于这些人，管理者要在合适的时机让他们下课。

 **管理智慧：**

一个正直能干的人进入一个混乱的部门可能会被吞没，而一个无德无才者能很快将一个高效的部门变成一盘散沙。

18. 制度合理了，则事半功倍

人都贪利，只要有利可图，原来可恶的东西也会变得可爱。黄鳝的样子像蛇，蚕的样子像毛毛虫。人们看到蛇非常害怕，看到毛毛虫浑身就起鸡皮疙瘩。但是，你看农妇们用手拣蚕时神情自若，渔夫们捉黄鳝时丝毫也不害怕。这是为什么呢？这是因为养蚕、捉黄鳝有利可图啊！有利可图，人们就忘掉了这些东西的可怕可恶之处，面对这些东西，人人就都变得像勇士，个个勇往直前了。

17、18世纪，英国经常要把大量的犯人运送到澳大利亚，起初是按上船时犯人的人头给私营船主付费。私营船主为了牟取暴利，便不顾犯人的死活，每船运送人数过多，造成生存环境恶劣，加之船主克扣犯人的食物，囤积起来以便到达目的地后卖钱，使得大量犯人在中途就死去。更为严重的是，有的船主一出海就把犯人活活丢进大海中。

后来，英国政府为了降低犯人的死亡率，制定了新的办法和制度。他们重新规定，按照到达澳洲活着下船的犯人的人头付费。于是私营船主绞尽脑汁、千方百计让更多的犯人活着到达目的地。后期运往澳洲的犯人的死亡率相当低，最低时只有1%，而在此制度实施之前的时期最高死亡率竟高达94%。

调动人们的积极性，要靠合理的制度。制度合理了，事半功倍；制度不合理，事倍功半。

📚 管理智慧：

调动人们的积极性，要靠合理的制度。制度合理了，事半功倍；制度不合理，事倍功半。

以情管人　以法管事

19. 不要急于搞"一朝天子一朝臣"

在上任不久,立足未稳,对原有干部还不了解的情况下,新领导应当处理好与原班子的关系。对原所有干部仍应持信任态度,这样有利于稳定干部队伍情绪,便于有条不紊地进行新老交替,也有利于自己站稳脚跟,打开局面。待到局势基本稳定之后,再有计划有步骤地整顿干部队伍。

如果一到任就搞"一朝天子一朝臣",急于大换班,就容易使局势动荡,决策失误。用错一个人,影响一批人。人事上出现较大失误之后,那些受到伤害和冷落的人及其追随者的不满情绪就会迅速蔓延,这将是你今后长期工作的"不安定因素"。

如果恰恰在这时,上级对你支持的"热度"下降,内部又发生危机,便很容易形成"内外交困"的局面,使你没法再工作下去。这方面的教训是很多的,领导者要认真汲取。

管理智慧:

在上任不久,立足未稳,对原所有干部仍应持信任态度,这样有利于稳定干部队伍情绪,便于有条不紊地进行新老交替,也有利于自己站稳脚跟,打开局面。

20. 说到做到,不放空炮

韩非子主张领导者要以身作则,为人师表。对待下属正如父母对待小孩,小孩是无知的,要向父母学习,听父母的教导,如今你欺骗小孩,就是在教小孩欺骗。

一天,曾参的妻子想要上街去,但是她的小儿子拉着她的衣襟,又哭又闹,一定要跟着她去。他妻子被闹得没有办法,就只好骗孩子说:"只要你答应留在家里,妈妈上街回来了,就杀猪煮肉给你吃。"

她的小儿子听了非常高兴,因为曾参的家里非常贫穷,平常的时候很少吃到肉。因此曾参的儿子信以为真,乖乖地回家等着妈妈回来以后杀猪吃肉。

曾参的妻子从街上回来以后,大吃一惊,因为曾参已经用绳子把猪给捆上了,旁边还放着一把雪亮的尖刀,正在准备杀猪呢。她便急忙走上前去阻止他说:"我刚才是和小孩子说着玩的,只是想哄他回家罢了,并不是真的要杀猪,你怎么就动手了呢?"

曾参说:"孩子是不能欺骗的。孩子小,什么都不懂,只会学父母的样子,听父母的教导。今天你说话不算数,欺骗了孩子,就是在教孩子说谎话。再说,母亲欺骗了孩子,孩子觉得母亲的话是不可靠的,以后你再对他进行教育,孩子就不会那么容易相信你的话了。为了完善孩子心性的美好,所以我们就应该守信重诺,说了杀猪吃肉,就必须实现诺言。"

领导者对群众,对下属必须讲信用,一就是一,二就是二,说到做到,不放空炮,言行一致,言出法随。通过自身讲信用,取得群众的信任。这样,才能政令畅通,才能政通人和。

做领导不讲信用,靠欺骗来领导下属,虽可得逞计于一时,终非长久之计。

管理智慧:

做领导不讲信用,靠欺骗来领导下属,虽可得逞计于一时,终非长久之计。

21. 适当地有点"架子",本无可非议

提起领导,多数人的感觉是"架子大"、"官气十足"。而且人们总是习惯用"架子大"来形容某些领导者脱离群众,目中无人。但是我们要说,"架子"绝不仅仅是一个消极、负面的东西,而有着它积极且微妙的意义,并成为许多领导管理下属的一种十分有效的艺术性方法。

"架子"其实可以理解为一种"距离感"。许多领导正是通过有意识地保持与下属的距离,使下属认识到权力等级的存在,感受到上司的支配力和权威。而这种权威对于领导巩固自己的地位、推行自己的政策和主张是绝对必须的。如果领导过分随和,不注意树立对下属的权威,下属很可能就会因为轻慢上司的权威而怠惰、拖延甚至是故意进行破坏。所以,领导通过"架子"来显示自己的权力,进而有效地行使权力是无可非议的,对于上司很好地履行自己的职责也是十分必要的。

许多领导还喜欢通过"端架子",从而使自己显得比较神秘。因为领导处于各种利益、各种矛盾的焦点上,他若想实现自己的目的,就必须懂得掩藏自己,使自己的心机不被窥破。如果下属很容易就揣摩到上司的心理,他就很可能利用这点来达到自己的某种目的,从而危及或破坏上司意图的实现。而不暴露自己的最好办法莫过于与下属保持一定的距离,使自己增加一点神秘感。

曾有政治学家论证说,一般人都有服从权威的倾向。而领导者通过得体的"架子"而表现出来的自信心、意志力、傲视群雄的态度以及凌驾于众人之上的气势则有助于增加自己的权威,使自己显得更有魅力,显得更像领导者,更能从形象上唤起别人的敬佩和好感。

可见,领导者的"架子"绝不仅仅是为了炫耀,还是一种因为害怕下属而采取的防范性措施。

所以，领导的"架子"绝非是一个简单的道德问题，它还包含着领导艺术的奥妙，更有着心理学上的深刻含意。

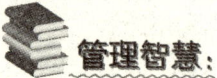

如果领导过分随和，不注意树立对下属的权威，下属很可能就会因为轻慢上司的权威而怠惰、拖延甚至是故意进行破坏。

22. 忠诚胜于能力

中国人自古以来就看重品德，讲究对上级的一个"忠"字，对人对事则要"诚"。所以，"忠诚"被认为是德行的最高境界。直到今天，人们对"忠诚"还是十分推崇的。只不过，现在的"忠诚"又有了新的含义，它摈弃了过去"愚忠"的成分，更提倡人们要忠于正确的原则，忠于自己的信念。具体到工作上来，就是忠于自己的公司和单位，忠于自己的工作。

今天的管理者在选拔人才的时候，依然是首先看他是否忠诚，其次是看他的才能。他们认为，能力平庸的员工虽然不能委以重任，但如果他们对公司对工作都很忠诚，就有其可用之处。这样的员工往往能够勤勤恳恳地工作，尽心尽力，把公司的利益当作自己的利益来维护，既不会干不了几天就跳槽，也不会做出危害公司的行为。

管理者最害怕的员工，大概就是那些才华横溢，却又对自己的公司和工作都不忠诚的人。这种员工虽然能够出色地完成工作任务，帮助管理者减轻负担，替公司创造业绩，但他们身上同时也潜藏着很大的破坏力。

一代文学巨匠、意大利文艺复兴的先驱但丁曾说："道德常常能填补智慧的缺陷，而智慧永远填补不了道德的缺陷。"这句话深刻有力地揭示出"德"与"才"两者之间的不可替代性，它可以作为现代管理者在选用人才时的一个警示。对于忠诚但能力不足的员工，管理者可以逐渐培养，虽然他可能挑不了大梁，但他可以成为一个合格的、称职的好员工。对于能力出色但不忠诚的员工，则永远要提防他，有才也不能重用。

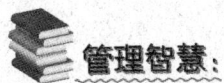

道德常常能填补智慧的缺陷，而智慧永远填补不了道德的缺陷。

23. 最后的杀招不要轻易使出来

拉满弓对准敌人时，你让他干什么他就干什么。而一旦箭射出去了，威慑力就没有了，所以最后的杀招不要轻易使出来。

中国古代官场讲究新官上任三把火。三把火之后就开始给自己留后路了，表面上是雷厉风行，其实是雷声大雨点小，只要能让上司看到自己所谓的政绩就可以了。

《官场现形记》讲述的是朝廷派出钦差大臣去整肃浙江官场的故事。那钦差大臣到了杭州，就新造30副手铐脚镣、10副木钩子、4个站笼，并一下子查办了150多名官、幕、绅、吏，把浙江官场吓得战战兢兢。可这三斧子砍过，钦差就缓了许多，那些撤了职的人也不查办，抓了的人也不审讯。原来这钦差只是先吓唬一番，落个好名声，然后再捞回几个钱。过了几天，浙江巡抚与钦差接上线，彼此通过关节讲条件，钦差得了两百万，满载而归。

战国时，孟尝君的名气越来越大，在齐国是一人之下万人之上，甚至连当时最专横无比的秦王都感到既羡慕又害怕他。谁都想争取他，可他哪也不去，只是在家游山玩水，拜访天下豪杰。孟尝君就是善于先把能量蓄积起来，把自己的弓拉满，然后待价而沽。齐、秦争着要他，真是抢着的瓜甜，分着的饭香。秦王这一抢，可就奠定了孟尝君

在齐国的稳固地位。至于孟尝君到底有多大的能耐，能为国家出多少力，那就不得而知了。

 管理智慧：

拉满弓对准敌人时，你让他干什么他就干什么。而一旦箭射出去了，威慑力就没有了，所以最后的杀招不要轻易使出来。

24. 警惕那些时刻想引起你注意的女性

如果你是男人，管理着女人，你就是处在那种最传统的男女之间的人际关系之中。因为男女不同的早期教育，使大多数的男孩子，都会成长为把注意力放在工作和成就上的男子汉；而女孩子，当她们成长为女人之后，则会更多地关注人与人之间的关系，以及把注意力集中在照顾别人上。

这种男女的不同特点也会体现在工作上。许多女人认为，社会公认的成功就意味着与别人建立良好的人际关系。她们对服装、发型、化妆、体重、魅力甚至于性吸引力的关心全基于一点，那就是她们想取悦人，这并不奇怪。然后，问题就来了。在工作时间里，一些女性想方设法引起老板或最强壮的男性的注意，以期得到他们可以给予的一些保护或者某些小恩小惠。

这种引人注意的行为可以有许多种形式，从极微妙的令人难以察觉的引诱到十分无耻的勾引。一些女性选择扮演"无助的小女孩"这一角色，像小孩子那样奶声奶气地说话，并夹带着与孩子一般无异的手势。这就使得某些男人觉得他们自己强壮有力，且滋生了保护欲——他们乐意扮演一个"老爸"的角色——虚荣心得到了无限满足。一些女性则扮演一种"女性杀手"的角色，打扮得花枝招展，以色相引诱男人，甚至于还会做出含蓄的有时甚至是明确的发生性关系的承诺。这些女人以性别为武器，以期达到目的。毫无疑问，这会引诱一些男人，他们会因为这些女人企图得到他们而沾沾自喜。一些女人则扮演着"好妈妈"的角色。她们会帮你缝松了的纽扣，给你倒杯水或咖啡，从家里带些小点心来，她们对你很热心且老围着你打转。一些男人对这种关心甚为满足，乐得体验一下被人照顾和受人关心的滋味。还有一些女人则像"难啃的骨头"，她们言语尖刻，睚眦必报，善挑刺，爱嘲弄别人，而且通常直截了当与男士们交换看法。有时候，这种交杂着智慧的伎俩会挑起某些男人的好斗性来，从而吸引他们的注意力。

　　说到底，不论那些女人扮演的是什么角色，她们的目的如出一辙，那就是：她们希望引起老板对她们的某种特别的注意；比别人更受喜欢；可以得到额外的恩惠，以及与老板有比别的女人更亲密的关系。有一些经理曾经抱怨过，说他们被那些企图利用性魅力去达到升职、加薪、受训机会或别的什么目的的女性下属们弄得烦透了。

　　对一个男性的老板而言，重要的是得记住：女性在你面前的种种表现，只是因为你是老板而不是因为你是个男人。这对那些自认为你对大多数为你工作的女性都具有吸引力的人而言，这并不是好消息。但是，情况就是如此，吸引她们的是你的权力，而不是你强壮的外形和宽阔的肩膀。

管理智慧：

　　对一个男性的老板而言，重要的是得记住：女性在你面前的种种表现，只是因为你是老板而不是因为你是个男人。

25. 左手"严刑重罚"，右手"法外施恩"

　　领导者既应懂得运用"严刑重罚"的威吓方法，也应懂得"法外施恩"的笼络手段。也就是在某些情况下，领导者以豁达宽宏的姿态

以情管人 以法管事

出现,网开一面,当罚而不罚,本应受到惩罚的下属得到了宽恕,必然会产生强烈的负疚感和报恩心理,死心塌地地为上司效力。

春秋时代的秦穆公曾走失一匹钟爱的宝马,岐下300余山民将马杀后给吃掉了。承办此案的官员准备将这300多人全都杀掉,穆公却想马既然已经被吃掉了,处罚吃马的人也不能令其生还,还不如索性人情做到底。于是对那些山民说:"吾闻食善马肉不饮酒伤人……皆赐酒而赦之"。几年后,秦国与晋国发生战争,秦穆公受伤被围。当年吃马肉的人"皆推锋争死,以报食马之德",解救了秦穆公的危难,并生俘了晋国国君。

在下属犯错误时,领导者先给下属冠之以严重的罪名,使他们自知问题的严重性。然后,在下属陷入绝望的境地之后,领导者再略施薄恩,在一定程度上减轻处罚。不难看出,领导者的这种"法外施恩",在一定条件下非但不会失去对下属的控制,反而会增加领导者人格上的感召力,驱使下属更加自觉自愿地为上司效力。

管理智慧:

领导者以豁达宽宏的姿态出现,网开一面,当罚而不罚,本应受到惩罚的下属得到了宽恕,必然会产生强烈的负疚感和报恩心理,死心塌地地为上司效力。

26. 用人不疑,疑人不用

大家都有过这样的感受,当你的上司怀疑你的人品时,你定会火冒三丈,要找他理论一番。脾气稍微温和者从此会士气大减,更有毒辣者,会暗中使坏。如此结果追根究底都源于一个"疑"字。

因此,身为公司领导,一定要引以为戒。

三国时,刘备有一次被曹操追至当阳长阪,忙乱之间,有人来报说赵云已投奔曹操。刘备当即说:"赵云乃忠义之士,知交故友,此患难之际,必会忠贞不贰。"果然不久,赵云救得后主而归,流言不攻自破。

这里体现的就是一种信任下属、团结下属的精神。下属为何要为你鞠躬尽瘁?正是因为你衷心欣赏他的才华,肯定他的努力奉献,把他视为兄弟朋友。作为领导,无故怀疑下属,实乃一大忌。

对下属信任,一来可以展示你广阔的胸襟与忠实的人品,换取下属对你的信任与尊敬,二来可以作为一支兴奋剂,激励下属竭尽全力,办好事情。因为谁也不愿在别人面前丢面子,显得自己很无能,上司的信任,是对自己能力的最好证明。所以,一句信任的话,一个鼓励的眼神都是展示领导魅力、换取下属忠心的有效办法。

管理智慧:

作为领导,无故怀疑下属,实乃一大忌。

27. 不妨来点喜怒无常

喜怒无常常被人们形容为无道昏君的典型性格。事实上,这正是君主高明之处。他们有时把刺杀过他们的仇人任为高官;有时把自己最亲密的朋友残酷杀害;有时你吹捧他他会很高兴;有时赞美他却可能被杀头。君主这种"神秘叵测"的特性,源于对皇权垄断的特别占有欲,及对这种极端权力所产生的高度恐惧感。在封建社会,君臣关系已完全为利害、血泪、仇杀关系所笼罩时,制度化的力量,道德伦理的制约作用,已变得微乎其微,只有依赖这种残酷、无常的皇权来控制了。

对于做大事的人来讲,宁让人憎恶而恐惧,也不让人夸奖而轻视。他们将臣属视为草芥,顺我者昌,逆我者亡,难以容忍臣属拥

有自己的独立人格和个人主见。对于喜怒无常的君主来说，臣属更是他们滥施淫威、肆意凌辱的对象，臣属动辄得咎，战战兢兢，如履薄冰。

他们这看似无理的行径，其实自有更深层的考虑：他宁肯让人们认为他喜怒无常而惧怕他，也不让人们揣摩透他的心思而为所欲为。

 管理智慧：

对于做大事的人来讲，宁让人憎恶而恐惧，也不让人夸奖而轻视。

28. 信任当然必要，监督也必不可少

没有被执行的命令是毫无作用的，因此管理者应当注意让命令有效的方法。

命令并不是向下属发布之后就没事了，信任下属当然有必要，但你的监督也必不可少。

切记，即使在你日理万机、分身乏术的情况下，也不要放弃监督的权力！

为什么有许多命令或指示下达后总是受阻呢？就是因为管理者没有监督自己命令的执行情况。

你发布一条命令，大家听明白了，你笑了，你感到心满意足，你认为自己做了一件很棒的事。你回到你的办公室，端起茶水看早报，一切顺利，天下太平。

这期间，事情似乎进行得很顺利，你的命令被执行得适当而迅速，你可以高枕无忧地去钓鱼。事情能是这样吗？不会的，绝对不会的。为什么呢？因为一个没有检查监督的命令就不能称其为命令，那只是一种美好的想法。

要保证工作顺利进行，你的命令就必须得到认真的贯彻，你必须

自己亲自去检查工作,因为下级不敢忽视上级的检查。换句话说就是"不检查总会有疏忽"。

切记,一个命令如果缺乏监督和检查,那么和没有这个命令毫无区别!

 管理智慧:

一个没有检查监督的命令就不能称其为命令,那只是一种美好的想法。

29. 过高的权力是一把双刃剑

世人往往可以同患难,而不能共享荣华富贵。所以,打江山时,各路英雄锋芒毕露,一个比一个有能耐。待天下已定,这些虎将功臣的才华却不会随之消失,这时他们的才能就成了皇帝的心病,所以屡屡有开国初期斩杀功臣之事。

如果功劳太大,以致皇帝无法报答你——无论赏赐你什么都不过分,无论封你什么官爵都不够高,那么,你就处于极其危险的境地了。

权力过大,就会使人只知道你,而不知皇帝老子。时间长了,就会逐渐地积累私家势力,威胁皇权。一般说来皇帝是不会让你掌握过大的权力的。如果你的权力越来越大,那就要十分小心了。姑且不说皇帝的担心是否多余,不过就算多余,皇帝也还是要将你治罪,因为谁都不愿意将自己地位的稳定寄托在别人的忠诚之上,他们更愿意建立在自己的实力之上,用自己的实力牢牢控制着自己的地位。

另外,历史上也有很多人在自己实力足以与皇帝抗衡时,就将皇帝赶下宝座,面对如此之多的弑君夺位的教训,也许只有傻子才不会去吸取。所以,臣下的高功跟皇帝宝座的稳定本身就是一对矛盾体。为了解决矛盾,自然是要高功谦让几分了。再进一步来说,高功之臣

一定要退让几分才能保全自己。

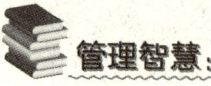 **管理智慧：**

如果功劳太大，以致让人无法报答你——无论赏赐你什么都不过分，无论封你什么官爵都不够高，那么，你就处于极其危险的境地了。

30. 兼职是不忠诚的表现

上海一家贸易公司的领导说："如果我发现我的员工有兼职行为，我绝不会重用他，甚至我会辞退他。因为，我认为这是对公司和对我本人的不尊重。一心不能二用这是常识，公司需要一心一意的人。"这位领导说得没错，兼职意味着员工对自己的工作不满意，久而久之必然会给公司造成损失。

不少公司都定下了不准员工兼职的规定，明知故犯的员工等于是在向权力挑战。兼职的员工也有可能在利用公司的办公时间做自己的兼职工作。

另一家公司的董事长说过："对于兼职的员工我不会重用，有些人可能认为这样的人有能力，可是他们并不忠实于我们，如果他们集中精力为本公司做事，可能有更好的效益。"

一般而言，兼职的员工可能会影响其他人的士气，从大局看，这是得不偿失的。

 **管理智慧：**

兼职意味着员工对自己的工作不满意，久而久之必然会给公司造成损失。

31. 不要既想当裁判，又想当进球的那个人

汉朝人张汤身为长安小吏，却能平步青云登上御史大夫的宝座，且深得汉武帝信任，这得益于他独特的行为方式。每当有政事呈上，武帝不满，提出指责，张汤立刻谢罪遵办，并说："圣上极是，我的属下也提出此意见，我却未采纳，一切都是我的错。"反之，若武帝夸奖他，他则大肆宣扬属下某某点子好、某某办事利落。如此得到了手下人的爱戴。

在荣誉到来之前，有些管理者常常利用自己的领导地位挺身而出，当仁不让，似乎这样才能表现出自己的高大形象，才能说明自己的成功。殊不知，一个管理者是否真正成功，得看他手下的人是不是成功了，只有下属成功了，才表明你这个管理者也成功了。请记住：不要既想当裁判，又想当进球的那个人。

管理者若只为私利，私自窃取下属的功劳，下属自然不会为你卖命效力。老子所谓："长而不宰，为而不待，功成弗民。"这就是劝诫领导要能容人，共享繁荣。

然而，最难做到的是对下属让功，或公开表扬下属的才华功劳，管理者若有这样高的涵养，下属自会感恩图报。同样，当下属犯错，能挺身而出，承担责任，势必会得到下属的敬佩与爱戴。这是最高境界的管人方法。

管理智慧：

天下好事，不可能你一人独占。有这样图谋的人，终是人们忌恨的对象。

以情管人　以法管事

32. 对于不讲道义的员工，决不能手软

无论如何，开除员工都不是一件令人舒服的事，但是如果对方毫无忠诚、不讲道义，这是你唯一不会因此而感到难过的时候。

例如你获悉一个员工准备离开，同时企图带走所有他染指的东西——客户、档案、机密消息。你可安排他出差一天，当他不在时，清理掉他的办公室，换了锁。他一回来，立刻开除他。

这种做法并非诡诈或不得当，你得速战速决，所有的大公司都在这样做。

一个大公司的经理在财务上做了一些手脚。当他被请到总裁办公室，面对诸般证据而被开除的时候，工人们已经开始清理他的办公室了。

这样看来虽然冷酷无情，但也许是唯一能顺利结束这件事、快刀斩乱麻的好方法。

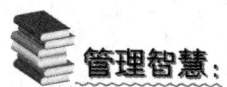管理智慧：

决不做东郭先生。

33. 让下属不好意思失败

好多人是冰棍做的性子，你越冷，他越硬，能折不能弯。跟你过几招他干，照顾你几拳他敢，要他服软可不行。他们的口号就是：文打官司武打架，软的硬的全不怕。

实际上，这种人也不是真的什么都不怕，他也有一样怕的东西。是什么呢？怕敬。你看《水浒传》里的霹雳火秦明，杀他的脑袋他不服软,可是宋江往地上一跪,口称"将军",自称"罪囚",吓得他立马滚在地上叫"哥哥",当了朝廷的叛徒。

明朝大将常遇春,也是个天不怕、地不怕的人。普天之下,他就怕两个人,第一个是老婆,第二个是朱元璋。他的老婆,并不是一个使泼撒赖的母夜叉,相反,她知书达理,深明大义。常遇春为什么怕她呢?因为她敬重他,将他当成一个人物,对他寄予厚望。常遇春阵前争锋,屡立战功,有一半原因是怕老婆失望。朱元璋虽是上司,让常遇春害怕的,仍是一个"敬"字。朱元璋同样将常遇春当成一个人物,对他寄予厚望。常遇春出生入死,不敢后人,也是怕朱元璋失望。

在生活和工作中,怕别人敬重,不怕别人贬低的人很多。正像有些人说的:怕表扬,不怕批评。

为什么会有这种心理呢?原因很简单:把事情做得漂漂亮亮很难,马马虎虎对付却很容易。你看低他,他正好拣容易的做,马马虎虎对付你一下;你高看他,他好意难却,只好勉为其难地往好里做吧!

有的人生怕别人不贬低他,故意自我贬低,猜想也是出于这种避难就易的心理吧!

管理智慧:

要想让下属担负更重的责任,就要敬重他,让他没有理由、不好意思失败。

34. 真正的官兵平等是危险的

也许你会遇到这样的员工,当你要求晚上加班时,他会说:"我今天有特别重要的事,必须早走一会。"如果你一再坚持,他便说:"领导也应该尊重人权呀!我今天不能加班,你没有理由逼迫我加班。而且,拒绝不想做的事又有什么不对呢?"假如你要知道他的理由,

他则会耸耸肩："请你不要干涉我的个人隐私。"

在这一关键时刻，你一定要强硬对待。你得让他们知道很多事情是没得商量的。比如加班问题，你一定要用"只此一次，下不为例"的态度强调："这次小杨帮你做了，但下周二晚上你一定要补回来。"不要让他以为自己的小计谋能次次得逞。一定要让喜欢耍小聪明的人明白，一个在工作中投机取巧偷懒耍滑的人是不会被重用的，脚踏实地地工作才是唯一的发展之路。

虽然，你不能因为自己是领导就可以对别人颐指气使、吆五喝六，但也不能因此就去讨好他们，让他们与你平等到瞧不起你，不把你当回事儿的程度。否则，你的领导位置也肯定坐不长久。作为领导者，你应该既和蔼可亲、平易近人，又令出禁止、威严有度。

以情管人 以法管事

管理智慧：

一定要让喜欢耍小聪明的人明白，一个在工作中投机取巧偷懒耍滑的人是不会被重用的，脚踏实地地工作才是唯一的发展之路。

35. 重视"小人物"

歧视"小人物"、"下等人"，是一个人修养较差的表现，同时，从我们为人处世的实际考虑出发，对于"小人物"也不可轻视。因为在命运的起伏中，任何人都会有沉沉浮浮，所谓"三十年河东，三十年河西"，说不定有一天一个不起眼的人也会成为左右你命运的人。

清朝雍正皇帝在位时，按察使王士俊被派到河东做官，正要离开京城时，大学士张廷玉把一个很强壮的佣人推荐给他。到任后，此人办事老练，又谨慎，时间一长，王士俊很看重他，并把他当做心腹使用。

王士俊任职期满准备返回京城，这个佣人忽然要求离去。王士俊

非常奇怪，问他为什么要这样做。那人回答："我是皇上的侍卫某某。皇上叫我跟着你，你几年来做官，没有什么大差错。我先行一步回京城去禀报皇上，替你先说几句好话。"王士俊听后吓坏了，好多天一想到这件事就两腿直发抖。幸亏自己没有亏待过这人，多吓人哪！要是对他有不善之举，可能性命早就保不住了。

所以，平常无论说话还是办事，一定要记住：鲜花送给身边所有的人，包括你心目中的"小人物"。俗话说："不走的路走三回，不用的人用三次。"说不定，有一天，你心目中的"小人物"会在某个关键时刻成为影响你前程和命运的关键人物。

可见，在某些形势之下，是没有"小人物"和"大人物"之分的。只要是能为我们做事提供一点点帮助的，都要成为结交的对象。说不定，与这些"小人物"搞好关系，会比结交那些徒有虚名的所谓"大人物"更有用呢！

**管理智慧：**

做人要安上和下，让上面的人信任你，与下面的人搞好团结，绝不能一心只想往前飞，最后没法回头。

 满足部属内心的期望

作为一个领导者要想让部属心服，就必须努力满足部属内心的期望。

很久以前，有一部以东京多摩动物园中黑猩猩为主角的电影，记叙的是：黑猩猩首领的才能很大，它以自己独特的方法来统率伙伴，但却未能奏效。直到后来它体会到，只有关注群体之中的一些生活细节，才是突破僵局的关键。

①早上见面一定要打招呼；

②表示友好的身体接触；
③尊重先来先得到的顺序（先拿到食物者有先享用的权利）；
④依情况进行分配；
⑤如果有争斗由老大裁决；
⑥遇有外敌老大率先出战；
⑦休息时弱者优先；
⑧老大必须善待弱者。

这些关键都是维护黑猩猩社会的和平、安全、繁荣必要的条件。身为老大必须要明白这个道理，率先遵守，并让伙伴们遵守——这就是老大的任务，同时也说明了老大是以最配合伙伴期望的方式来掌握伙伴的。由此可知，身为老大或领导者，最重要的任务就是满足部属的期望。

如果领导者自己都不遵守这些原则，部属就会跟着不遵守。而领导者一旦不能满足大家的期望，很快就会被拉下马来。

管理智慧：

一位领导者在企业中所占的位置，就如同黑暗中举着火炬的勇士，指引着人们前进的方向。

37. 一定要身先士卒，哪怕是做个样子

人类的本性会从危急时刻所采取的行动中表露无遗。比如平常说话大声、表现得很豪爽的人，一旦面临危机存亡之时，说不定会弄得一副狼狈不堪的样子。部下若是看见自己的上司，在紧要关头却表现出不知所措的模样，一定会让他们觉得非常失望。

群众所推崇的领导者，是在非常时期能够表现得与众不同，且能够果断地做出决定，迅速敏捷地采取行动。只有这样的领导者，才能

强有力地领导部下。

有一个动物园进行过一项测验,该园的员工利用狮子皮伪装成狮子,进攻黑猩猩群。

黑猩猩群刚开始觉得害怕而一片哀号,不久猩猩的首领就拾起身边的树枝,做出勇敢地向狮子挑战的样子。猩猩老大自己也很怕狮子,但它却没有逃跑,反而勇敢地率先向狮子挑战。正如前面所说过的,如果猩猩老大在这个时候临阵脱逃,它就一定会被同伴鄙视,再也不能做大家的首领了。

企业中的领导者也是如此。在竞争愈来愈激烈的今天,企业随时随地都会遇到各种困难。当面临困境时,领导者如果能够率先垂范面对难关,这样的精神就会鼓舞部下,让大家都能够勇敢地面对挑战。

管理智慧:

越是最困难的时期,越能显示出一个领导者的智慧和胆识。身先士卒,以身作则,领导者运用他的智慧和自身的实际行动,感动了成千上万的人,使他们像磁石一样紧紧地团结在一起。

38. 记住下属的姓名

大部分人记不住别人的名字的原因很简单,就是没用心去记。

受固有虚荣心的驱使,我们每个人都希望别人记住自己的名字,特别在乎的是自己的上级或远归的亲属是否知道自己的名字。对于一个老板来说,能够记住自己下属的名字、籍贯,其意义远远不在于表明他记忆力好,而且在一定程度上体现了他对下属的关爱程度。记住了别人的名字,就应该在见面打招呼,或在分派工作时把别人的名字给叫出来。

如果能记住某个人的名字,并在以后再见面时能不费劲地叫出来,

以情管人　以法管事

这就是对他的一个小小的恭维。但是，如果忘了或记不准了，产生的效果就不再是恭维了，而是尴尬。

吉姆·法利从来没有上过中学，可到他46岁时却获得了学位，成了美国邮电部部长。

有人问及他成功的秘诀时，吉姆·法利说："我能记住5000人的姓名。"

在吉姆·法利担任石膏康采恩董事长时期，他给自己规定必须记住与之打交道人的名字。非常简单，无论跟谁认识，他都要弄清这人的全名，询问有关他家庭、职业状况和他的政治观点。法利把所有这些情况都装在脑子里，当下次再遇到这个人时，甚至过了一年，他也能拍着这个人的肩膀，问他家庭和孩子的情况。仅此一点就可以说明，吉姆·法利为什么能取得光辉的成绩了。竞选前几个月——当时罗斯福是美国总统候选人，吉姆·法利一天内写了几百封信，发往西部和西北各州。他又在20天时间里，到过20个州，乘马车、搭火车和汽车，一共走了2000英里。每到一个城市他就停下来，在早饭、午饭或晚饭时间会见选民，同他们促膝谈心。

吉姆·法利一回到东部，就给他到过的每个城市写信，要求收信人向他回明所有同他谈过话的客人的名字。然后，他将这些人的名字汇集成册，名册上有数千人的名字，他们都收到过吉姆·法利的亲笔信。这些信的开头全是"亲爱的威尔特"或"亲爱的约翰"，末尾的签名也全是"吉姆"。

管理智慧：

这个世界上所有的人，他们最关心的就是自己的名字。所以说当你们久别重逢时，能直呼出对方的名字，无疑会成为你们良好关系的开始。

39. 什么时候都别忘了，你才是领导

一般说来，公司和职员是平等的。但在公司体制内，上司与下属之间的关系，绝对不是平等的，而是上与下的关系。在对下属下达命令时，不可忽略了自己的立场。

昨天你仍和大家在同一岗位上，如今却只有你被擢升为领导，相信你必定有些顾虑。周围的同事亦习惯了以前的做法，在说话的语气和态度上，也不会有所改变。

起初由于众人无法适应新的转变，因此你亦不必太在意。但是，你必须尽早制造机会来明示你们之间的关系。若忽略了这一点，则有可能发生下属不遵从命令的情形。

你是以命令的心态面对下属，然而，对方却误以为你只是单纯地与他聊天或者商量某件事情而已。

我们经常可以听见下面的对话。科长说："你认为 A 案和 B 案，哪一个比较妥当？"下属回答："A 案不是比较好吗？"于是那位科长说："好吧，那就请你做吧！"

虽然这位下属说话的用词并不妥当，但是那位科长的语气更犯了大错误。因为无论你再如何地等待，下属也不会主动地去做事。此时，你应当明白地告诉他："那就这么决定了，你在这个星期内将它完成。"

管理智慧：

只有该宽时宽，下属才能充分理解你的号令；该严时严，下属才不敢掉以轻心！

40. 礼贤下士

在与部属相处的过程中，领导者若想受到部属的尊重和拥戴，礼贤下士、不摆官架子也是一个重要因素。

早在大革命时期，苏区有一位绰号叫"罗瞎子"的农民担任了乡政府主席。有一次，毛泽东路过这个乡，找到"罗瞎子"等几位乡干部搞调查。当问到乡主席的姓名时，他竟自报家门叫"罗瞎子"。毛委员失声笑着追问他的真名，他说："从小就这么叫惯了，如今在乡政府里当主席，更不能叫官名。要不，人家会说我摆架子哩！"毛委员赞扬说："说得好，'苟富贵，毋相忘'，就是日后革命成功了，我们也不能像陈胜那样忘了与自己共患难的父老兄弟。""罗瞎子"高兴地摇着毛委员的手说："要是你以后当了皇帝，不，要是革命成功了，你管理天下，我该怎样称呼你呢？"毛委员紧握着"罗瞎子"的手，用力摇了几下，爽朗地回答说："那你照样喊我'老毛'就是！""罗瞎子"说："我记着你的话了。"

新中国成立以后，有一年，"罗瞎子"被选为出席全国劳模大会的代表，光荣地来到北京。

会议期间，毛主席和中央领导同志要在怀仁堂接见全体代表。考虑到中央首长工作繁忙，大会工作人员要求代表们见到毛主席后，最好每人只说一句心里最想说的话。第二天，怀仁堂的接见开始了。当毛主席走近代表们的时候，"罗瞎子"却突然大声说了这么一句话："老毛，你咯胖呀！"这句话使周围的代表们大为吃惊。毛主席也微微一愣，随即很快地认出来了。他亲热地朝对方肩上打了一拳："'罗瞎子'是你呀！""罗瞎子"激动得眼泪直往下掉："老毛，你到底还记得我这个小萝卜头？"毛主席哈哈大笑："咯还记不得？'苟富贵，毋相忘'嘛！"

德国军事研究中心出版了一本《铁腕将军》，其中阐述一个这样的论点：

作为一位高层军事领导，值得重视的是要把关心士兵放在首位，士兵们才是冲锋陷阵的枪手，要把关心士兵看作是最重要的工作。假如只剩下一块纱布，那就应该先绑好受伤士兵的腿，这比绑好军官一只受轻伤的胳膊重要得多。假如只有一碗米，那么就应该让疲惫不堪、饥肠辘辘的士兵们分享。如果只有一副担架，就应该抬那些受了重伤的冲锋陷阵者，而不是留作军官享用。

那么，在企业当中也是如此，你时刻以一个领导者的身份出现，摆领导者的姿态，员工就会对你敬而远之。

管理智慧：

平易近人，自古都是人们崇尚的美德。特别是领导者，在成功的光环下，真做到这一点很不容易。

41. 把表面的风光让给别人

在战场上为了取胜，当然不可以示弱于人。但在特殊情况下公开展示自己的不足，有意暴露某些无关紧要的弱点，往往是一种有益的处世之道。

示弱可以减少乃至消除中伤或嫉妒。事业上的成功者，生活中的幸运儿，被人嫉妒是不可避免的。在一时还无法消除这种潜在威胁之前，用适当的示弱方式可以将其负面作用减少到最低限度。

示弱能使处境不如自己的人得到心理平衡，有利于团结周围的人群。

要使示弱产生效果，必须善于选择示弱的内容。权势高的人在地位低的人面前，不妨展示自己的学历不够，经验不足，专业知识能力有待提高，有过种种坎坷不平的经历，表明自己实在是个普通的人；

成功者应多在一般人面前说自己多次失败的经历、现实的烦恼，给人以"成功不易"的感觉；对经济条件差的人，可以适当诉诉自己的苦衷，如健康欠佳、子女不长进以及工作中诸多麻烦，让对方感到"有钱人也有一本难念的经"；某些专业拔尖的人，最好宣称自己对其他领域一窍不通，透露自己在平常生活中也曾出过洋相、受过窘等。至于那些完全因时乘势或抓住机遇侥幸获得名利的人，更应该不避讳地承认自己是"瞎猫碰到死耗子"。

示弱是强者在感情上安抚暂时在某些方面处于下风的弱者的一种有效手段。它能使你身边的"弱者"有所慰藉，心理上得到平衡，减少或消除你前进道路上可能产生的破坏因素。把表面的风光让给别人，把沉甸甸的利益留给自己，何乐而不为呢？

管理智慧：

　　示弱是强者在感情上安抚弱者的一种有效手段。它能使你身边的"弱者"有所慰藉，心理上得到平衡，减少你前进道路上的障碍。

42. 多商量，少命令

　　员工不仅是管理者的下属，还是管理者事业上不可或缺的伙伴。因此，在向下属交代工作时，应尽量采用建议的口吻，而不是命令的口气。

　　无论交代的内容是什么，命令的口吻都会让人觉得粗暴和缺乏应有的尊重。

　　著名的人际关系学家卡耐基曾与美国最著名的传记作家伊达·塔贝尔小姐一起吃饭，他告诉她正在写有关"对待下属"这本重要的书。她告诉卡耐基，在她为欧文·杨罗写传记的时候，访问了与杨罗先生在同一间办公室工作了3年的助手，这个人宣称，他从未听到过杨罗先生向下属下过一次命令。

例如，欧文·杨罗从来不说"你做这个或做那个"或"不要做这个，不要做那个"。他总是说"你可以考虑这个"或"你认为，这样做可以吗"。

他在口授一封信之后，经常说："你认为这封信如何？"在检查某位助手所写的信时，他总是说："也许我们把这句话改成这样，可能会比较好一点。"

他总是给人自己动手的机会，他从不告诉他的助手如何做事，他让他们自己去做，让他们从自己的错误中学习成功的经验。

你是不是经常这样说："欧文，把这份材料赶出来，你必须尽你最快的速度。如果明天早上我来到办公室，在我的办公桌上没有看到它，我将……"

或者是："你怎么可以这样做？我说过多少次了，可你总是记不住！现在把你手中的活停下来，马上给我重做！"

你以为自己是公司的总裁，所以就有权在下属面前指手画脚、发号施令？

一流的人才是不会喜欢你这种命令的口吻和高高在上的架势的，他们也有傲人一等的优越感，丝毫不会被你这种趾高气扬的态度所吓倒。反而，稍有个性的下属早就被你这种态度所激怒，炒你的鱿鱼了。

多用"商量"，而不用"命令"，你不但能使下属维护了他们的人格尊严，而且能使他们积极主动、创造性地完成工作。

管理智慧：

无论交代的内容是什么，命令的口吻都会让人觉得粗暴和缺乏应有的尊重。

43. 温和的指责

理发师在刮脸前，先在客人脸上涂上肥皂沫。好的领导者便深谙此道，就是他在批评或指责他人时，必先表扬他人。

1863年4月26日，是美国南北战争最黯淡的日子。一连18个月，林肯的将领们带领北军做一次又一次的悲剧性撤退。除了无益、愚蠢的人类屠杀之外，什么都没有。全国震惊起来，数千名士兵自军中开小差逃亡，甚至共和党的参议院议员也起来反叛，希望能迫使林肯离开白宫。"我们现在处于崩溃的边缘，"林肯说，"对我来说，似乎连万能的主也跟我们过不去。我看不到一丝希望。"

作为主要责任者，胡克少将有着不可推卸的责任。是的，那些过失是很严重，但林肯并不那么说出来。林肯较为保守，他的指责自然也较为温和。林肯写道："在有些事情上，我对你不太满意。"多机智的说法！

以下就是他写给胡克少将的信：

"我已任命你为波托马克的陆军首长。当然，我之所以这么做，对我来说，有很充足的理由。不过，我认为最好还是让你知道，在有些事情上，我对你不太满意。

"我相信你是一名勇敢而战技纯熟的军人，当然，我十分欣赏你。我同时相信，你不会把政治和你的职业混为一谈，你这样做是对的。你对自己很有信心，如果这不是一种不可或缺的个性，也必定是极有价值的美德。

"有野心，在适当范围之内，好处多于害处。但我认为，在伯恩塞将军指挥军队期间，你曾表现出你的野心，而尽可能反对他。你那样做，对国家和一位功劳最大的友军荣誉军官来说，是极大的错误。

"我曾听说——由于言之凿凿使我不得不相信，你最近曾说，军队和政府两者都需要一位独裁者。当然，并不是为了这个，而是由于

以情管人　以法管事

我不予理会，我才赋予你指挥权。

"只有那些有成就的将领，才可以被尊为独裁者。我现在所要求你的是军事上的胜利，我甘冒独裁的风险。

"政府将尽一切力量来支持你，政府在过去和将来对所有指挥官都是如此支持。我十分害怕你以前带到军中来的那些精神——批评长官，不信任长官，现在可能就会报应到你头上。我将帮助你，尽我一切的力量将之扑灭。

"当这种精神盛行于军队中的时候，不管是你或拿破仑——如果他又再度复活的话，都无法指挥军队。现在你要注意，不可轻率从事。注意，不可轻率，但要以充沛的精力和不眠不休的警觉精神向前推进，把胜利带回来给我们。"

管理智慧：

理发师在刮脸前，先在客人脸上涂上肥皂沫。好的领导者便深谙此道，就是他在批评或指责他人时，必先表扬他人。

44. 不在其位，不谋其职

孔子的弟子子路在做郈令时，见到挖沟建渠的人们很辛苦，就主动拿出自己的俸禄，做了稀饭慰劳民工，他当时一定觉得这会受到老师表扬的。万万想不到的是，孔子不但没有给以赞许，还急忙派了子贡跑到子路那里，"覆其饭，击毁其器"，并大嚷道："鲁君有民，子奚为乃食之？"这子路就不明白了，我行善事，犯的哪门子法？

原来，子路行善有"夺人之美"的嫌疑，而这被"夺"的不是别人，正是国君，那么，这也就有了"犯上"的味道。作为臣子，你就应该规规矩矩，安分守己，干好你自己应该干的事情，"一个萝卜一个坑"，除此之外，犯上作乱不行，超级行善也不行。

由行善而赢得民心、扩大势力，最终压倒国君甚至取而代之的事情是时有发生的。

这在领导学方面的意义在于，领导者应不在其位，不谋其职，不干分外之事，这也应算是恪尽职守的一个方面吧。设想，如果人人都能做到这一点，那么，无论一个国家、一个组织，还是一个企业都能自然达到整体的和谐。

管理智慧：

干好你自己应该干的事情，"一个萝卜一个坑"，你做了别人应该做的事情，你只能得到虚伪的谢意和忌恨。

以情管人　以法管事

45. 爱人者人恒爱之

要使他人喜欢自己，首先你要喜欢他人。这种喜欢必须是真诚的、发自内心的，绝不能另有所图。

要做到这一点并非易事。总有一些人感到喜欢别人比较难，但是只要我们学着真诚地喜爱别人，对别人产生好感，一切就会越来越容易。嘴上说"我喜欢别人"是没用的，它说起来容易做起来难。"喜欢别人"是一种生活方式，也是一种行之有素的思想模式。能够做到无条件地喜欢别人，便是一种积极的心态。

一个人如果只关心自己，他是一个自私的人，是一个不被人喜欢的人。要成为受人尊敬的人，必须要将注意力从自己身上转移到别人身上。

哲学家威廉·詹姆斯说："人性中最强烈的欲望便是希望得到他人的敬慕。"这句话对于"别人"也同样适用。如果你过度地考虑自己，就没有精力和时间去关心和照顾别人。别人得不到你的关心，自然也不会去关心你。

要真正地去关心别人、爱护别人，激励他们展现自己最好的一面，正如不求回报做善事但最终有所回报一样，别人也会加倍地接近你、关心你、拥戴你。

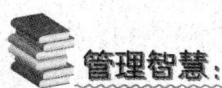**管理智慧：**

要使他人喜欢自己，首先你要喜欢他人。别人得不到你的关心，自然也不会去关心你。

46. 圆而不方，难成大事

所谓方圆，圆为灵活，方为原则。

一个人为人处事如果只圆不方，就像打"太极拳"，奉前迎后，方向不清。说话态度不鲜明，模棱两可；做事不果断，犹犹豫豫。像这样只圆不方的人，没有个性，缺少魄力，不会得到别人的敬重，更难成就一番事业。

大凡立德立功立言者，总是要有个主张，心牵挂于物便役使于物，心牵挂于名便役使于名，心牵挂于利便役使于利，心牵挂于欲便役使于欲。无所不挂，就无所不役，无所不役就无所不病。如果外受物欲役使，内心方寸已乱，哪能做半分主宰？

办实事的人求实效，求实效的人一就是一，二就是二，方就是方，圆就是圆。集中精力在一点，是千古以来所有伟大人物成功的要诀之一，也就是道家的"凝神集一"的功夫，在心性修养中，妙用无穷。

管理智慧：

办实事的人求实效，求实效的人一就是一，二就是二，方就是方，圆就是圆。集中精力在一点，是千古以来所有伟大人物成功的要诀之一。

最简单有效的领导智慧

47. 不做暴君

心存"顺我者昌，逆我者亡"思想的领导，在下属眼里是不会有好印象的，"专横跋扈"会成为这类领导的代名词。作为领导，不管是处世，还是待人，都要坚持以理服人的原则，不能胡乱而为。

有"顺我者昌，逆我者亡"思想的领导凡事好搞专权，喜欢把下属们管得严严实实，让他们服服帖帖。在具体事情上，喜欢对下属工作吹毛求疵，甚至过问干涉他们的私事，所有这些都是不明智的。

追求自由是人的天性，没有人喜欢被别人严格控制。一般人都会对这种专制型的做法持逆反心理，把这样的领导认作与暴君无异。如果领导总是干涉下属们的私事，向他们提出不甚合理的要求，久而久之，他们就会对你采取抵制、敌视态度，正所谓"假做真时真亦假"。你在公务上的一些合理的要求与建议也许一并被他们置之不理，或许他们还会在工作中搞些小聪明来"回敬"你，让你防不胜防，最终吃亏的还是你。

过分的固执和专权，必然会引起下属们的反感。长时间的"顺我者昌，逆我者亡"，必然会遭到你的下属们的报复。到那时候，恐怕你是无法再和他们一起工作了。

**管理智慧：**

做人，想要所有人都认可几乎是不可能的，但也不要得罪所有的人，历史上的暴君都没有好下场。

以情管人　以法管事

48. 以德报怨，应该缓行

什么是"以德报怨"？就是别人对我有怨恨，我不但不报复，还用恩惠来对待他。

唐朝时有一个人叫娄师德，官至宰相。他的弟弟要去代州当官，临行前，娄师德对弟弟说："我没有多少才能，现位居宰相，如今你又做了州官。得的多了，会引起别人的嫉恨，你该如何对待？"

他的弟弟回答："假如今后有人往我脸上啐唾沫，我也不说什么，自己擦了就是。"

娄师德说："这正是我担心的。别人啐你，是对你有怨恨。你把唾沫擦了，这就是抵挡别人发泄怒气。唾沫不擦，自己也会干的，倒不如笑而接受呢！"

娄师德的做法，就是"以德报怨"。

"以德报怨"好不好？也好，也不好。说它好，是因为这种做法可以避免激化矛盾，还可能感化对方，化敌为友。说它不好，是因为有时候对方不但不领情，还认为你软弱可欺，于是变本加厉伤害你。

如果对方明明不对，你还"以德报怨"，那就会助长他的气焰，使他在错误的路上越走越远。而你实际上是在纵容、鼓励他的错误，你就有罪过了。

《论语·宪问篇》记载，有人对孔子说："拿恩惠来回答怨恨，怎么样？"孔子说道："那拿什么来酬答恩惠呢？应该是以直报怨，就是拿公平正直来回答怨恨；以德报德，就是拿恩惠来酬答恩惠。"原文是："或曰：'以德报怨，何如？'子曰：'何以报德？以直报怨，以德报德。'"

就是当别人做了对不起我们的事，或者对我们有怨恨，我们既不去做相应的报复，你打我一拳，我就踢你一脚；也不委曲隐忍，人家打了我们左脸，我们不但不生气，还把右脸送过去让他打。我们要以

正直之道来回应他。

　　有小人嫉妒我们，怨恨我们，造我们的谣，我们不要"以其人之道还治其人之身"，反造他的谣；也不要吃哑巴亏，一味忍让。我们要在适当的场合，适当的时机，采取适当的方式揭露他，要他赔偿我们的名誉损失。

　　应该说，"以德报怨"不失为一种处理人际关系的方法。当我们在一些无关原则的问题上与人产生矛盾时，我们"大人不计小人过"，迁就、忍让，用恩惠来回答对方的无理举止，这显示出了我们的涵养与度量，也能够使人际关系的矛盾得到缓和。但是，事关原则，我们依然迁就、忍让，就是是非不分了。

　　对待侵犯我们的人，要以直报怨，在适当的时机让他知道你的厉害。

49. 做一名宽厚的长者

　　战国时，齐国有一名叫夷射的大臣，经常为齐王出谋划策，齐王也因此把他当作近臣，非常宠他。

　　有一次，齐王宴请他。由于他不胜酒力，喝得有些晕，便站起身来往宫门外走去，想到宫门边吹吹风。

　　宫门的守门人曾经受过刖刑，是个无聊之徒，想向夷射讨一杯酒吃。夷射对他这种人很是鄙视，便大声斥责道："干什么？滚到一边去，你这个囚犯，你是什么身份，我是什么身份，你竟然敢向我讨酒吃！"

　　守门人面红耳赤，非常愤恨。恰好这时候，因刚下过雨不久，宫门前积了一滩水，守门人便萌生了报复之心。

以情管人　以法管事

第二天清晨,当齐王走出宫门时,看见门前一滩的水迹,心中很不高兴,急唤守门人问道:"是谁敢如此放肆,在此小便?"

守门人一听,机会来了,故意支支吾吾地说:"我不是很清楚,但我昨天晚上亲眼看到夷射站在这里。"

齐王一听,十分生气,便以欺君之罪,赐夷射死罪。

在这里,夷射因为一杯酒而丧命的确非常可悲。一杯酒本是不足挂齿,但守门人却因此而受到了人格的侮辱,岂能不报复他?这对于人们来说也是合情合理的,夷射遭到这种报复,也怪他平日不宽厚待人,咎由自取。

作为领导,在与下属交往时,无论是工作中,还是生活中,都要宽厚一点,不要尖酸刻薄。你对下属宽厚,下属也不会无动于衷,他们肯定会对你的所作所为表示感激,有时即使是嘴里不说,也会存有感激之心。他们会因此而对你信服,愿意为你效劳。

领导对下属若是尖酸刻薄,他们自然会心存不满、怀恨在心。在以后的工作中不再对你信服,不再予以积极的配合,甚至于找机会来报复你。

管理智慧:

现在的好多富人,在众人面前,都尽量耐着性子留下一个文雅宽厚的长者形象,他们就是不想树敌太多,不想因得罪一个不值当的小人而受伤害。海纳百川,有容乃大。不只是一个领导者,我们每一个人,都应该学会做一个宽厚的人。

50. 要对人"狠"一点

中日两国的教育有一个明显的区别之处,就是日本的学校,每年都要组织些野外活动,父母也很支持。但是中国的父母普遍反对孩子

探险，一旦发生了意外伤害，则往往把学校告上法庭，许多学校因此而不敢组织孩子参加一些探险活动。于是青少年的生存能力越来越差，从而形成了恶性循环——自我窒息。日本的父母则普遍支持孩子探险，发生意外自己负责，对起诉学校的中国现象不可理解。

他们甚至认为，一旦发生意外，是自己给集体添了麻烦，应当个人负责，严重伤害要靠保险来解决，而不是追究组织者的责任。

日本在教育上的严厉，的确值得我们中国的家长反省。一个让孩子置之死地而后生，一个让孩子置于蜜罐而后苦，或许这两种态度之间的差异，正是两个民族的真正差异，也是两个民族之间的真正较量。

鹰在鸡群里待久了，便会变得和鸡没有两样，只有让它回到自己的世界里，它才能找回到本真的自己。

在生活中，我们很多的爱大都停留在浅表层：只是给予对方需要的。可是人归根到底是要靠自己的。中国有句话"置之死地而后生"。有多少人能够为帮助对方"后生"而想办法"置之死地"呢？这是需要非凡的勇气的，要准备背一世的骂名。

比较起来，在管理过程中，"对人好"要比"对人狠"容易得多。

以情管人　以法管事

管理智慧：

鹰在鸡群里待久了，便会变得和鸡没有两样，只有让它回到自己的世界里，它才能找回到本真的自己。

51. 威迫手段要慎用

作为管理艺术的组成部分，威迫手段显然是必须的。下属并不都是容易管理的，所谓的"刁民"、顽固之人随处可遇，对付这种人，要么开除，要么有一些奇招。但在运用具体的手段时，还是要分清不同对象，区别对待。

首先，要明确威迫手段的缺点。威迫手段的不足就在于它会积累下属的不安与不满。无法发泄的不安与不满不断累积，如果长期下去，就会形成无法控制的力量而爆发出来，事态将会无法收拾。

其次，日常管理还是要以稳妥为主。凡是公司都有员工守则，里面一定会有赏罚的相关规定，一般来说，领导只要依此实行即可。惩戒措施说到底只是一种权宜之计，是迫不得已时采用的应对手段，平时则要用良性的管理方式，尽量减少危机的积累。

最后，采取威迫等惩戒手段之后，要能立刻采用应对的策略和手段。因为惩罚措施实施以后，一般都会出现情绪紧张的局面，此时就要立即采取一定方式以消除过度的情绪。黑脸唱完，还要唱好白脸，这样才能使秩序恢复正常。

管理智慧：

黑脸唱完，还要唱好白脸，这样才能使秩序恢复正常。

 慈不掌兵

一个杰出领导者的经验是：一旦采取坚决的措施，就变得冷酷无情。即使当他们不得不解雇某人时，也并不因内疚而变得犹豫不决。一旦认准时机，便要出手利落，坚决果断，毫不容情，决不犹豫不定，反复无常，拖沓累赘。这样做也是在众人面前显示：我的做法是完全正确的，适宜的，我对我的做法毫不后悔，充满信心，这是最好的选择。同时要加强对员工的约束，有强化纪律的书面规范，保证下属受到公平的对待，避免一时冲动给他们不恰当的惩罚。

管理者要有狠心肠，才能使被罚者有切肤之痛，并让其他人受到警示，避免犯同样的错误。面对一个犯错的部属，一旦采取温和的做法，下次别的人犯同样的错误时，也就无法斥责了。渐渐地你的刀口

越来越钝,没有了锋芒,最后你会落得谁也不敢批评的境地,无法继续领导部属。领导要站在公司的立场上向员工摊牌,详细说明开除的原因,即使当时员工接受不了,相信你客观公正的态度也不会让任何人有异议。当然,开除员工这样重大的事情一定要慎重,同时还要照顾到大家的情绪。

管理智慧:

　　管理者要有狠心肠,才能使被罚者有切肤之痛,并让其他人受到警示,避免犯同样的错误。

53. 不施霹雳手段,难显菩萨心肠

　　人人都喜欢温暖而厌恶寒冷,喜欢凉爽而厌恶炎热。然而如果冬天不冷,夏天不热,那么不仅万物无法生长,人也容易患上各种疾病。领导者如果在执行规章制度的过程中过分仁慈,实际上是在诱导员工违章受罚。以过分宽大开始,往往会以十分严厉结束;追求少用处罚的人,将来必然导致频繁处罚。

　　佛家有一句话叫:"不施霹雳手段,难显菩萨心肠。"所谓"霹雳手段",就是对存在的违规行为,依法治理,绝不手软;所谓"菩萨心肠",就是在严格的管理之中,体现对员工根本利益的尊重和维护,该严则严,该宽则宽,该帮的则一定要帮。只有如此,领导者才能与员工形成根本利益上的一致性,使可能出现的矛盾在这个基础上得到化解。

　　我们都知道孙武为吴王训练女兵,为正军纪而杀吴王爱姬的故事。如果他心慈手软,对各种违反军中规定的行为不加以惩罚,特别是对皇帝宠姬的违规行为加以纵容甚至刻意讨好,那么必然会军纪废弛,军心涣散。如果这样的一支队伍上了战场,必然会溃不成军,损失惨

以情管人　以法管事

重,不知有多少士兵要因此而丢掉性命。

这样的话,本来想讨下属喜欢的领导者,反而会落得天怒人怨的下场。一个对员工滥施"妇人之仁"的领导者,并不是真正的关心和爱护员工,而是在拿企业和员工的前途做代价,维持一时的绥靖。

管理智慧:

一个对员工滥施"妇人之仁"的领导者,并不是真正的关心和爱护员工,而是在拿企业和员工的前途做代价,维持一时的绥靖。

54. 适当保护你的下属

当老鹰盘旋在天空时,我们看到草地上觅食的老母鸡总是急忙招来小鸡,将它们藏匿在自己温暖的翅膀下。

其实,上司对其下属也应如此。

俗话说:"大树底下好乘凉。"倘若你能给你的下属提供一个好乘凉的地方,那么你的下属将会由于你的施恩而"报效"于你。

在领导者眼中,你既然是"头头",你的下属犯错,即等于是你的错,起码你是犯了监督不力或用人不当的错误。

下属闯祸,请你冷静检讨一下自己,如果完全是因为下属自己的疏忽,可把他叫到跟前来,冷静地向他分析事件经过,告诉他错在什么地方,最后重申你的宗旨——每一个下属做事都必须全力以赴,并冷静地处理事情,你永远是他们的后卫。

如果下属犯错,你也有间接责任,就请你与下属单独会面时,将事情弄清楚,不是叫你认错,而是一起去研讨犯错的前因后果,并鼓励下属以后多多与你磋商。

无论成因是哪一种,请切忌向下属大发雷霆,尤其是在大庭广众之下。你尊重对方,下属才会更内疚,更敢于正视问题,避免日后跟

你闹情绪。

还有，在你的上司面前，推卸责任，这只会令上司反感。你应该有领导者的风度——与下属一起承认过错。另一方面，即使有其他诸多是非，你仍应站在下属一边。

管理智慧：

如果下属犯错，你也有间接责任，就请你与下属单独会面时，将事情弄清楚，不是叫你认错，而是一起去研讨犯错的前因后果，并鼓励下属以后多多与你磋商。

55. 事前弄清真相，以免"错杀"好人

在某个单位，那些真正努力工作的好职员很兴奋。原来，单位里要调来一位新主管，据说是个能人，专门被派来整顿业务。可是日子一天天过去了，新主管却毫无作为。每天一到单位后，他就躲在自己的办公室里难得出门。于是，那些本来紧张得要死的"坏分子"，现在反而更猖獗了。

坏分子们窃笑：他哪里是个能人嘛！根本是个老好人，比以前的主管更容易"对付"！

几个月过去了，就在真正努力的好职员对新主管感到失望时，新主管却发威了——"坏分子"一律开除，能干者获得晋升。下手之快，断事之准，与几个月来表现保守的他，判若两人。

年终聚餐时，新主管在酒过三巡之后致辞：

"相信大家对我刚到任时的无所作为，以及后来的大刀阔斧，一定会感到很不理解。我现在给大家讲个故事，各位就明白了。

"我有个朋友，买了栋带着大院的房子。他一搬进去，就将那院子全面清理，杂草树木一律清除，改种自己新买的花卉。某日，原来

的房主来访，一进门就大吃一惊地问：'那株最名贵的牡丹哪里去了？'

"我的这位朋友才发现，他竟然把牡丹当作杂草给铲了。

"后来，他又买了一栋房子，虽然院子更加杂乱，但他并没有急于清理它。果然，冬天以为是杂树的植物，春天繁花似锦；春天以为是野草的，夏天花团锦簇；半年都没有动静的小树，秋天里却红叶满树。直到临冬，他才真正认清哪些是无用的植物，并统统铲除，同时使所有珍贵的草木得以保存。"

说到这儿，主管举起杯来："让我敬在座的每一位，如果咱们办公室是一个花园，那么，你们就都是其间的珍木，珍木是不可能一眼就能看出来的，只有经过长期的观察才认得出来！"

当你不能清晰地判断谁努力工作，谁是敷衍了事，谁是混日子的人时，且慢做决定，否则难免会"错杀"好人。

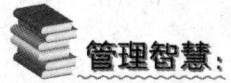

当你不能清晰地判断谁努力工作，谁是敷衍了事，谁是混日子的人时，且慢做决定，否则难免会"错杀"好人。

56. 玩弄手腕者终究会失信于人

失信于人，说话不算数，许诺不兑现，从深远的方面来说，意味着你丢失了人之所以为人的起码品质，意味着在别人眼中你失掉了为人的信誉。这个损失多么惨重，你当然会掂量得清清楚楚。

除轻诺寡信之外，好要小聪明、玩弄手腕者也大多失信于人。这样的人也许可以一时欺骗蒙哄某些年幼无经验者，可以得利于一时，赚到一笔，捞到一把。可是第二次或第三次，一旦被识破，别人就不会再相信你了。如此，你必将得不偿失。从根本上看，从总体价值上

看，你骗到的是一粒芝麻，丢失的却是一个大西瓜。

要信守约定，看起来似乎很简单，做起来却相当困难，你只要稍有疏忽，就可能无法守信。所以，你在对待别人时，千万别轻易许诺，许了诺，便一定遵守，别人会为你的态度所感动，他们认为你是一个信者，从而会信赖、依赖你。这样你在生活中、工作中便会战无不胜，攻无不克。

管理智慧：

玩弄手腕者，也许能一时欺骗蒙哄某些年幼无经验者，可以得利于一时，赚到一笔，捞到一把。可是第二次或第三次，一旦被识破，别人就不会再相信你了。

57. 妇人之仁要不得

女人的特点之一是心特别软，她们容易感动，意志容易受到情绪影响而动摇。这种特色在有孩子的妇女身上尤其明显，因为她们全身的血液流着一种母性的爱。当孩子犯错误流着眼泪时，她们就会抱着他，原谅他。这种爱有时显得很没原则，很不理性，甚至是非不分。古人便将有这种特性的爱称之为"妇人之仁"。

一个人的恶行因为你的"妇人之仁"获得了宽容，但有时你的"妇人之仁"不但没有感动他，反而让他有另外的机会犯下恶行，对别人造成伤害。

因此，"妇人之仁"不是好事，可是，天生心软的人怎么办？难道注定在人性丛林里做个被剥削、被凌辱者？这种人应该要训练自己的思考与判断，用理性与智慧来指引自己的行为，而不要让感情牵动；这需要时间，也需要面对"挥泪斩情丝"的痛苦，但总是要经过种种磨炼才能成长、果断。

"妇人之仁"的风险和代价很高,如果不能去除这种感情物质,那么你只好庆幸自己还没有遇到坏人了。

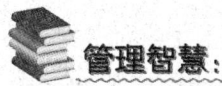管理智慧:

一个人的恶行因为你的"妇人之仁"获得了宽容,你的"妇人之仁"不但没有感动他,反而让他有另外的机会犯下恶行,对别人造成伤害。

58. 既打又哄,恩威并举

管人,单凭软的手段或者硬的手段都不妥,硬,虽然可以镇住局面,但万马齐喑,毫无生气;软,虽说和风细雨,恩泽天下,却约束不住下属,结果无法无天。惟有既打又哄,软硬兼施,双管齐下,才能达到最佳效果。

有的领导片面地强调施威,而忽视了恩泽的作用。其实,管理是通过下属来完成任务的一门艺术。而人是有思维、有感情的。如果员工精神状态好,那么生产效率就高,反之,效率则低。唐僧给孙悟空念"紧箍咒"时,尚且记得不能太过呢!若把他念得个一魂归龙宫,二魂归天庭,三魂归花果山,谁还替唐僧打前战呀?要说这方面的高手,非清代权臣曾国藩莫属。他那种既打又哄的管理策略曾使多少下属诚惶诚恐,甘心为其效力。

僧格林沁死后,曾国藩接替剿捻事宜,与猛将陈国瑞打上了交道。当处理陈国瑞与刘铭传所统率的两军械斗时,曾国藩感到只有让他真心地臣服自己,才有可能在今后真正地使用他。于是,曾国藩拿定主意,先以凛然不可侵犯的正气打击陈国瑞的嚣张气焰,继而历数他的劣迹暴行,使他知道自己的过错和别人的评价。当陈国瑞灰心丧气,准备打退堂鼓时,曾国藩话锋一转,又表扬了他的勇敢、不好色、不

贪财等优点，说他是个大有前途的将才，切不可以莽撞自毁前程，又使陈国瑞得到振奋。紧接着，曾国藩坐到他面前，像与儿子谈话那样谆谆教导他，给他定下了不扰民、不私斗、不梗令三条规矩，一番话说得陈国瑞心服口服，无言可辩，只得唯唯应允。

"既打又哄、恩威并举"是管理中的一门高深的学问。如何一手软，一手硬，既唱红脸又唱白脸，很少有领导能将力度拿捏得恰到好处。糊涂点儿的领导，要么一味地乱挥大棒，似乎只有打压才管用，结果是"毛驴儿炝蹶子，打碎了锅也洒了汤"，谁也没有好处；要么推恩施惠，结果吃馋了的猫儿不捉鼠，即使是鲜鱼摆在眼前，也无法对其构成足够的诱惑。而睿智的领导会一边给甜豆儿，一边又灌黄连汤，叫下属尝尽甘苦的滋味。

管理智慧：

如何一手软，一手硬，既唱红脸又唱白脸，很少有领导能将力度拿捏得恰到好处。

以情管人　以法管事

59. 一个坑一个萝卜

在工作中，有些表面上看顺理成章的事，其实不全是合理的。可是，我们有时候在习惯势力的影响下，很少有人去质疑它。

二战时，英国的一位炮兵将军去视察炮兵组的演习，发现一组7个人当中有6个人都有明确的职责，唯独一个士兵从头到尾一动不动。诧异的将军问他是干吗的，他说自己也不知道，再问他的上级，上级的上级，谁都不知道，只知道一个组从来就是7个人。最后将军找到50年前的史料才发现原因：当年的大炮是用马拉的，开炮的时候需要一个人牵着马防止马惊。后来虽然有了汽车，但是这个岗位依然留着。

企业职务岗位的设置原则是：一个坑一个萝卜，而不是一个萝卜一个坑。职位岗位设立的第一条原则是：每个职位岗位必须有存在的理由和目标，不能因为有了萝卜就必须得找个坑。

也就是说每一个岗位职务都有它明确的职能职责，公司给你高额薪水和优厚的待遇的原因，不是根据你现在所处的地位，而是根据你越来越好的业绩贡献。系统是为了提高业绩的一种手段，不是为了给你地位与待遇才设置的。

各企业的经营者们，你们仔细想一下，自己的企业当中是否有几个还在"牵马的炮兵"呢？

每个职位岗位必须有存在的理由和目标，不能因为有了萝卜就必须得找个坑。

60. 沽名钓誉要不得

1887年，在中国历史上是光绪三年，山西、陕西、河南、河北等省遭受了300年来最大的一次旱灾。其中山西灾情最严重，颗粒无收的情形到处可见，灾荒持续了3年。据清政府的官方文献记载，当时山西有近1/3的人口死于这次灾荒。

发生这样严重的灾情，商人当然也不可幸免。在众多的晋商家族中，常氏家族的损失尤为严重。当时支撑常氏家业的主要生意是与俄罗斯商人进行的茶叶贸易，把大量的茶叶从江南产茶区运往中俄边境。大灾之年，粮食绝收，连人都要以树皮、草根果腹，平日里依靠大批牲畜充当运输工具的队伍，这时是无论如何也组织不起来了。

由于商路的断绝，过去晋商每年向俄罗斯输出的20万担茶叶，锐减到8000担。从这组数字中就不难推测出常氏家族当时所蒙受的损失。常家也和其他人家一样，曾想出各种办法来渡过难关，包括省吃

俭用，缩减开销。但与此同时，令很多人不解的是，常氏家族在这个紧要关头对外宣称，拿出3万两银子在家族祠堂中修建戏台。

这不是在困苦时期摆阔气，而是要用戏台作为借口，给本村的和邻村的乡亲们变相地赈灾。也就是说，我常氏家族要盖房，需要乡亲帮忙，只要乡民能搬动一块砖头，就给饭吃。赈灾也不落一个施舍的名。

常氏家族认为沽名钓誉的名声是断然要不得的，他们把自己的善良举动，用修造戏台这样的借口掩盖起来。而掩盖乐善好施的真正目的，是要让那些得以救助的人，能留有尊严地咽下通过辛苦劳动换来的一餐一饭。大灾持续了3年，常家的土木工程也持续了3年。当年被救助的穷苦人也好，今天为此感叹的人也罢，有谁能说清常家这个本以经商获利为业的家族为此付出的代价呢？

**管理智慧：**

不要让赈灾成为沽名钓誉的平台。

61. 不要一面点头称是，一面东张西望

在日常生活中，我们时常会碰见某人一边听别人讲话、一边颔首称是的情景，这就表示他正很仔细地听别人讲话，而且也很慎重地采取肯定的反应。不过，也有人一面点头称是，一面东张西望，尽管从表面上看来，他好像是在很认真地听别人讲话，但事实上，在他的内心里，根本就没有和讲话者所谈论的内容产生共鸣。因为视线不集中这一小动作，泄露了他不感兴趣的内心。

此外，有些人常常会一面点头，一面另加补述："是呀！""我明白了！"想借此来表示自己是在很热心地倾听对方的谈话。事实上，这种动作并不能够说明他们已经完全了解了对方的谈话内容，他们只

是正在进入谈话者的说话气氛里,在感觉上表示赞同而已。

曾经有位大学教授说过,当他讲课的时候,发现每说完一个段落,就有些学生一定会点头称是。其实,他并不认为那些学生已经听懂了自己所讲述的要点。

管理智慧:

一面点头称是,一面东张西望,尽管从表面上看来,他好像是在很认真地听别人讲话,但事实上,在他的内心里,根本就没有和讲话者所谈论的内容产生共鸣。

62. 避免"开场声势大,收兵不鸣锣"

俄国十月革命以后,国家千疮百孔、百业待兴。内有白匪之患,外有帝国主义武装干涉。可是苏维埃中央机关官僚主义一度抬头,办事拖拉,效率低下。中央对此深恶痛绝,列宁决定以身作则带头来改变这种办事拖拉的陋习。

列宁有一个习惯,就是命令发出以后一定要等结果。一次,他给主管粮食供应部门打电话询问前方粮食供给情况。主管的官员一时不能准确地回答,就敷衍道:"我马上了解一下报来。"

列宁口气严肃地说道:"好的,我在电话里等着。"

一会儿,主管的官员沉不住气了,又拿起电话惭愧地说:"对不起,列宁同志,您先放下电话,我一统计出来马上向您报告。"

列宁还是不动声色地说道:"不急,我在电话里等着。"

坚定的执行力是胜利的保证,也是在实际操作中调整和完善决策的有效方法。有些企业领导者的传统是:开会布置一会子,会后宣传一阵子。虎头蛇尾,有头无尾,开场声势大,收兵不鸣锣。做事喜欢"一慢二看三通过",遇事首先考虑的是变通,而不是照章办事。

中国企业对追求大而全的管理模式有着偏好，如三株集团，被人称为"比国企还国企"。机构重叠，职责交叉，人员臃肿，程序繁琐。决策、组织和运营流程复杂，其效率可想而知。

 管理智慧：

坚定的执行力是胜利的保证，也是在实际操作中调整和完善决策的有效方法。

63. 要"权谋"，不要"阴谋"

老子说："人多利器，国家滋昏；人多伎巧，奇物滋起。"意思说：人间的权谋愈多，为政者勾心斗角，国家就愈陷于混乱；在上位者技巧太多，人民起而效尤的结果，是智伪丛生，邪恶的事层出不穷。

毛泽东曾说："兵书多坏事，少读为佳，略读可以，多则无益有害。"

张居正作为宰相，十年首辅，锐意改革，力挽狂澜，其在历史上的影响、地位和成就与商鞅、王安石差可比肩，甚至并驾齐驱。

作为一个改革家，张居正具有政治家的远见卓识，改革家舍我其谁的气概和百折不回的精神，尤为难得的是他具备杰出的行政才能以及坚强的毅力，终于使得已经空谈了几百年的兴利除弊的改革成为事实。但是，身处封建王朝，要想推动改革就必须具有绝对的权力，在通往权力的道路上的载体往往就是权谋。张居正也是如此，历史给了他使用权谋的机会。

隆庆六年（1572），明穆宗朱载垕做了6年皇帝病故，只活了36岁，太子即位，是为明神宗。遗诏命高拱、张居正、高仪共同辅佐10岁的皇帝。遗诏中曰："东宫幼小，朕今付卿等三臣，同司礼监协心辅佐。"司礼监的首领是老皇帝的红人、掌印太监冯保。高拱是首辅，踌躇满志，要有一番作为，而高仪年迈多病，张居正资历尚浅，能与

以情管人　以法管事

之争权的只有司礼监掌印太监冯保。高拱想联手张居正拱倒冯保后，再回头收拾张居正。高拱曾对心腹说过："荆人（张居正）阴狠更甚，而不止与（冯）保交通，不顾形迹。凡吾一言，当即报保知；行一事，即为保授计。使从中假旨梗我，而彼袖手旁观，佯为不知。凡荆人之谋，皆保为之也；凡保之为，皆荆人为之谋也。明欺幼主，以为得计。"不想张居正阳奉阴违，棋先一招，一面答应高拱共同对付冯保，一面却暗中勾结冯保先下手为强。

《明史纪事本末》就此事做了详细记载：万历元年（1573年）正月十九日，小皇帝一早出乾清宫，发现一无须男子，装扮成宦官，袖中藏有佩刀，遑遑走过。皇帝身边的侍从立即将其拿下，交由冯保审问。那男子回答名叫王大臣，是从总兵戚继光那里来。冯保知道，戚继光是张居正十分倚重的著名将领，便立即将这个消息密报给张居正。张居正对着冯保的耳朵说："戚继光现在手握重兵，千万别将他牵扯进来，倒是可以借机除掉高拱。"

于是，冯保派出自己的心腹陈洪，扮作犯人模样，入狱接近王大臣，令他诬陷高拱，说是受高拱指使而来。并说，如果他能配合，不止可以免罪，还会让他做官，赏他重金。张居正也按这个口径上书皇帝，并指使吏部尚书杨博做成此案。杨博拒绝了，说："高拱那个人虽然跋扈，但天日在上，他怎么会干这种事？"此事立即在朝野掀起轩然大波，纷纷上书，力保高拱，指斥张居正，甚至警告说："你难道就不怕恶名污青史吗？"张居正四面受敌。

当冯保公开审理此案时，面对大堂上摆放的各种刑具，王大臣精神崩溃，高呼道："你们答应给我富贵，怎么倒要对我用刑了？"事情的真相彻底暴露，张居正和冯保骑虎难下，竟用生漆水残忍地弄哑了王大臣，草草了结此案。如果这次栽赃陷害做成，高拱将遭灭门大祸，其门生、部属受到牵连的无辜将成百上千！

张居正在因循守旧、积重难返的社会和政治背景下，以"时政苛猛"推进改革，人们还是能够理解的，对他的骄横、专断、褊狭，喜奢华，也可以谅解，甚至对他因重用阿谀奉承之人，而加速新政的灭

最简单有效的领导智慧

亡也是充满了同情和惋惜。但是，张居正对已经远离政治的旧日同僚，设计无中生有，嫁祸于人，竟然下灭九族的残忍之手，绝非品德厚重者所为。张居正阴谋败露以后，更使反对改革者同仇敌忾，义无反顾；使观望者人心背向，背道而驰；也使自己阵营的同志心怀畏惧，离心离德；更在自己的品格上打上了耻辱的烙印。

万历十年六月（1582年），张居正病逝，人亡政息的悲剧再次上演。同年十二月，在他自己选定的接班人带头倒戈下，反对派开始疯狂地进行反攻倒算。他们撤销了张居正死后特加的官爵和封号，进而满门查抄，张居正的长子被逼自杀，家属被别有用心地置于空室，十多个亲属在饥饿中凄惨地死去。凡被认为与张居正结党的官员，统统被削职。至于他倾注一腔心血的新政，更是付诸东流。正如《野获编》上所述："身后一败涂地。"

在中国历史上，张居正是个极其特殊的人物，他谋权、固权是为了推行改革，而又因过分依赖权谋而众叛亲离，最后连承载着无数心血与鲜血的改革成果也人亡政息，付之东流。

曾国藩的心得是：口腹不节，致疾之因；念虑不正，杀身之本。驭将之道，最贵推诚，不贵权术。

"权谋"一词原指"随机应变的计谋"。其形象本无美丑之分，甚至有一些正面的倾向，如田忌赛马、传统京剧中的《甘露寺》都表现的是一种随机应变的计谋。只是后来人们更习惯把一些使用阴谋手段的事情加到它们头上，形成了"权谋"，就是阴谋的俗成概念。应该指出，在企业管理竞争中，凡是使用不光明正大的权谋手段就是阴谋。

管理智慧：

"权谋"一词原指"随机应变的计谋"。其形象本无美丑之分，只是后来人们更习惯把一些使用阴谋手段的事情加到它们头上，形成了"权谋"，就是阴谋的俗成概念。

以情管人　以法管事

64. 防范下属越权的方法

①明确职和权的范围。

权力是适应职务、责任而来的。职务，是领导者一定的职位和由此产生的职能；责任，是行使权力所需要承担的后果。有多么大的职务，就有多么大的权力，就要承担多么大的责任。职、权、责一致是领导工作的一个重要原则。"有职无权"，是被人"越权"；"有权无职"，是侵越了别人的权力。"越权"是"有权无责"，被"越权"是"有责无权"。因此，只有职、权、责相统一，真正克服有责无职无权、有职有权无责、有职无权无责、无职无责有权等现象，才能防止"越权"现象。因此，必须明确职责范围。

明确职责范围，不能仅停留在行文规定上，而要研究出若干办法，制定实施细则，根据已有的经验，定位、定人、定责、定标、定权。除规定常规决策、指挥、组织、管理等工作的分工外，还要明确可能出现的非常规问题由谁负责处理。防止出现有些问题、临时发生的事情谁管都可以、谁不管都行的含糊不清的现象。

上下级的领导工作，正职与副职的工作，特别是基层领导者与其下属的工作，有些不是那么泾渭分明的，这就更需要明确职责范围，各司其职，各持其权，各负其责。

②进行一级抓一级的教育。

除了对下属明确职、权、责的范围外，还要对下属进行分级领导原则的教育。分级领导就是分层领导，这是事物发展的客观要求。任何事物都作为系统而存在，都有层次结构，它的发展变化都是有规律的。系统之间能否有效地运转是由层次性决定的，同一层次的诸系统的功能联系须由各级系统之间自主地进行。只有在发生障碍、产生矛盾、出现不协调时，才提交上一层次的系统解决，这是分级领导的理念依据。

下属根据这一原则,要认真地做好本层次的工作,对上级领导者负责,执行上级的指示,接受上级的指导和监督,主动地经常请示汇报工作,积极地、创造性地完成上级领导者交给的一切任务。不能见硬就缩、见难就退、见险就躲、推诿拖拉;也不能固执己见、各行其是、擅自做主、独来独往。对下属的"越权",尤其是对有意的"越权",应提高到目无组织、目无领导,闹分散主义、本位主义和闹独立性的一种表现的高度来认识。这样,下属对自己的"越权"才会引起警觉。

③主动为下属排忧解难。

领导者在决策的基础上,在给下属部署任务、提出要求的同时,也要深入基层,为下属完成任务创造必要的条件。领导者要为下属服务,支持、鼓励、指导、帮助下属,关心、爱护下属,为下属排忧解难,及时解决他们工作中自己难以解决的问题。这样,也可以防止或减少下属由于来不及请示而出现的"越权"现象。如果不深入下属,不接近群众,高高在上,门难进、脸难看、事难办,就会助长下属"先斩后奏"、"干了再说"的"越权"行为。

管理智慧:

对下属的"越权",尤其是对有意的"越权",应提高到目无组织、目无领导,闹分散主义、本位主义和闹独立性的一种表现的高度来认识。

以情管人 以法管事

65. 领导者决策的"四步曲"

领导决策方法的基本要求主要表现在四个方面,即"众谋、详虑、独断、执行",它是领导者素质的综合反映和集中体现。

①以"众谋"为上。

以"众谋"为上体现着决策的民主化原则。民主化是领导决策的首要原则。这一原则,不仅保证领导决策的正确性、有效性,也是让下属参政议政、发挥其积极性和创造性的重要途径。在现代社会活动高度群体化的今天,"多谋善断"不能只靠一个人去完成,而要靠组织成员集思广益、专家"智囊"参与的过程来完成。

"众谋"的过程也就是众人思维碰撞的过程。实践证明,任何决策,都不是在"众口一调"的求同思维中得到的,而是在众说纷纭的思维碰撞中做出正确判断和选择的。因此,凡是重大决策,应建立决策对抗程序,有意寻找否定决策方案的材料,把潜在的矛盾和可能产生的矛盾彻底地挖掘出来,使决策方案在作肯定证明的同时,也作否定证明。

②以大局为重的"详虑"。

每一项决策都可能会"牵一发而动全身",都可能引发利害得失上的此消彼长,这是不可避免的。作为领导者,要把决策放在长远的目标上,进行全方位的考虑,也就是要详虑。

现代决策是在各种方案中的优化选择。为此,领导者要重视专家在决策中的作用,并采取正确的态度。

详虑,也是决策的利害原则、求利原则,是决策者的价值取向。详虑,需要大智大勇,需要放弃眼前利益,以求长远的发展;需要牺牲局部利益,以求全局的发展。领导者的成功,来自利害的取舍和对机会选择的智慧和勇气。

③实行民主基础上的"独断"。

"独断"是领导决策的集中原则。一个目标决策的过程,要伴随着"民主"和"独断"的交替进行,而领导者的"独断"力在决策中起着"一锤定音"的关键作用。如果一个领导者只知道"谋在于众",而不懂得"断在于独",即只知道实施民主程序的重要,而不懂得发挥领导决断权威的重要,那将是一个不清醒的领导者。

领导者的"独断"能力,不光表现为一种风格和作风,而且还表现为一种胆识和求实的勇气。在现代领导工作中,"谋"是专家智囊、

以情管人 以法管事

组织成员智慧的群体活动；"断"是领导者本身的主要职能，也是决策的责任原则。

④决定决策效果的"执行"。

经过"众谋"、"详虑"、"独断"之后的决策，能否达到预期的效果和目标，重在执行。再好的纲领或政策，只有切实执行才能产生效益。

执行是科学决策全过程的一个重要组成部分。决策一旦做出，就要坚决执行。它要求领导者要有气魄和胆略，此时的任何犹豫和动摇，都会产生严重的不良后果，甚至导致全局的失败。做出决策不容易，执行和实施决策则更难。

管理智慧：

领导决策方法的基本要求主要表现在四个方面，即"众谋、详虑、独断、执行"，它是领导者素质的综合反映和集中体现。

66. 知耻者近乎勇

人知荣辱，是勇于竞争的基础条件之一。但荣辱意识也各有不同。有的人荣辱意识特强，"荣则狂，辱则崩"；而有的人荣辱意识极弱，几近消失；有的人甚至不知荣辱，即人们所谓的不知羞耻。因此，在运用竞争管理方法时，强化人们的荣辱意识非常必要。

强化荣辱意识，必先激发人的自尊心。自尊心是人的重要精神支柱，是进取的重要动力。自尊心丧失了则容易使人变得妄自菲薄，情绪低落，甚至郁郁寡欢，从而极大地影响劳动积极性。但是，事实上，并不是每个人都具有强烈的自尊心。自尊心有三种表现形式：一是自大型，这是自尊心过强的表现，这种人目空一切，盛气凌人，妄自尊大，以至抬高自己，打击别人；二是自勉型，这是自尊心的正常表现，

这种人不甘落后，能正确地看待自己，也能尊重别人；三是自卑型，这是缺少或者丧失自尊心的表现，这种人常常自暴自弃，甘居下游，凡事从命，没有上进心，有时也毫无原则，朝秦暮楚。

自尊心与荣辱意识关系非常密切，具有"自大型"自尊心者，其荣辱感极强，而且常常只能取荣，而不能受辱；只能"出人一头"，而不能落于人后，并且其荣辱感常常带有强烈的嫉妒色彩。具有"自勉型"的自尊心者，其荣辱意识也较强，但是这种荣辱意识是建立在自身进取的前提下，并不带有任何嫉妒的色彩，因此，这是一种健康的、积极的自尊心理。具有"自卑型"自尊心的人，其荣辱意识微弱，有的甚至不知荣辱，近乎麻木。所以，对这一类人一定要通过教育和启发等各种手段激发其自尊心，尤其是要引导其认识自身的能力，鼓励其自强不息。

强化荣辱意识，还必须注重事业过程中的荣辱体现，要体现进者荣，退者辱；先者荣，后者辱；成者荣，败者辱；正者荣，邪者辱。如果蔚然成风，那么人们的荣辱意识必强，其竭力进取之心也必强。

人知荣辱，是勇于竞争的基础条件之一。

67. 规矩越多，管理成本也就越高

有一天，一只青蛙哲学家看到一只蜈蚣在走路。

它看看自己的四条腿，又看看蜈蚣数不清的脚，心里困惑不已。于是它叫住蜈蚣并说出了自己的疑问："蜈蚣先生，我用四只脚走路就已经够麻烦的了，可你却用一百只脚。我不明白，你是怎么协调哪只脚先走，哪只脚后走的呢？"

蜈蚣也诧异了："我从生下来就开始这样走路了，但从没有想过

这个问题。你得让我想想才能回答你的问题。"可蜈蚣站在那儿好几分钟，也没想出个所以然，结果反倒发现自己不会走路了。

人们在谈到管理的时候常常喜欢引用一句话：没有规矩不成方圆。但却往往忽视这样一个事实：规矩越多，管理成本也就越高，而此时员工的积极性也更难以充分地调动起来。

人们谈管理，尤其是对人的管理，常常过多地强调了"约束"和"压制"，事实上这样的管理往往适得其反。因此有人认为，企业管理最起码的一条规矩就是对人的尊重。在管理实践中，企业应该给员工具体行动的自由，让他们依据自己的风格习惯和行为方式去行事。这个时候，理由并不重要。

管理智慧：

企业应该给员工具体行动的自由，让他们依据自己的风格习惯和行为方式去行事。这个时候，理由并不重要。

68. 原则是绝对不可以逾越的

一只年轻的猴子历经千辛万苦，终于击败了众多对手，当上了猴王。为了赢得大家的好感，对于违反猴群规矩的猴子，他都假装看不见，更别说对那些猴子加以惩戒了。起初，猴子们对猴王还有所忌惮，但时间长了，猴子们逐渐发现它们的猴王根本就没有什么威严可惧。于是，它们经常在猴王面前互相争夺食物，甚至连猴王手中的食物也不放过。慢慢地，猴群已无纪律可循。

猴群的纪律越来越坏了，猴王终于发现事态的严重性，于是它决心重建猴群的秩序。因此，它不断地要求猴子们遵守以前的制度，对那些违反规定的猴子，也决不再纵容。可是，惯于安逸的猴子哪里还会理会猴王的要求？相反，猴王一反常态的举动反而带来了更多的反击。最大的反击终于来临了，在一次王位争夺战中，猴王终于失去了它的王位，还被赶出了猴群。

制度犹如一个组织的骨架，往往只是微小的、不经意的让步也会造成对"骨架"的巨大侵蚀和伤害，所以，制度中的有些原则是绝对不可以逾越的。作为管理者更应该清楚，你所维护的哪怕是一条最无关紧要的制度，也都是在维护自己的权威，维护组织的良性运转。

无论是"激励"员工，还是"讨好"员工，都绝对不可以以破坏制度为代价。

管理者更应该清楚，你所维护的哪怕是一条最无关紧要的制度，也都是在维护自己的权威。

69. 考试是选拔人才最好的办法

"家族式"的班子带来的弊大于利。很多时候，家族式领导班子的组合是不合理的，比如在做重大的决策的时候，很容易倾向于班子中有威望的家族长辈，给人一种排斥外人的感觉，令少数非家族成员没有太大的发挥空间，合理化建议也得不到采纳。

现代管理学之父德鲁克认为，如果让平庸的、甚至更糟的家族成员进入企业的领导班子，会使那些非家族的班子成员以及员工感到不快，整个员工队伍也会对领导班子的信任度大打折扣。有时班子中的那些非家族成员会很快跳槽，使班子的战斗力锐减。

孙中山先生是我国民主革命的先行者，他在选用领导班子成员时就考虑到了这一点。

孙中山先生的哥哥孙眉，早年侨居美国，经营商业，并有大片牧场和农场。为支持孙中山的革命活动，他拿出了全部家产，并加入了

以情管人 以法管事

兴中会，亲自参加了组织武装起义等革命活动。此外，他也是个有学问，且颇有名气的人。

1912年元旦，孙中山先生出任中华民国临时大总统，可谓掌握了中国的大权。恰巧这时广东都督陈炯明多次扬言要辞职，很多人举荐孙眉担任广东都督，就连当时的教育总长、孙中山先生所尊敬的蔡元培先生也是举荐者之一。

论才能和民望，孙眉确实是广东都督的合适人选，但孙先生考虑到，一旦哥哥担任了广东都督，那不是"弟荫兄"吗？他从革命的大局来考虑，认为孙眉还是不当广东都督为好。于是他毫不含糊地逐一复函给各位，声明自己反对用人唯亲的传统陋习。

孙中山坚持认为考试是最好的选拔官员的办法。他认为考试的目的是为了避免封建恩赐官职、只凭君主一人喜怒的腐败；是为了避免某些国家滥用选举制，"对于被选的人民就没有办法可以知道谁是适当的"而盲目滥选；是为了避免政党分肥制，"凡是委任官都是跟着大统领进退"的弊病；是为了克服常任文官制度，"只考试普通文官"、"只能用于下级官吏"的局限，从而保证"把国家的大事托付给有本领的人"。

孙中山先生领导的民主革命最后虽然失败了，他所倡导的考试制度也未能实现，但他的种种努力——比如任人唯贤，努力避免领导者私见和个人利益对人才选拔的影响，并试图将其落实到制度层面——都是值得企业管理者参考与思索的。

管理智慧：

如果让平庸的、甚至更糟的家族成员进入企业的领导班子，会使那些非家族的班子成员以及员工感到不快，整个员工队伍也会对领导班子的信任度大打折扣。

70. 左右摇摆，难成大事

　　领导者在决策过程中，应该虚怀若谷、从谏如流，广泛听取大家的意见。但是很多情况下，大家的想法并非一致。如果下属意见纷纭，各执一词，工作的进展必然会受到阻挠。为了使工作顺利地进行下去，领导者需要力排众议，果断决策。如果优柔寡断，摇摆不定，必然会对工作的正常开展产生不利的影响。

　　周朝建国之后，姜子牙想网罗天下贤才为国效力。齐国有一位贤人颇受当地人敬仰。姜太公慕名而来，诚恳地请他出山为周王管理天下，贡献才能。没想到姜太公亲自登门拜访了三次都吃了闭门羹。

　　姜太公二话不说，下令要把他杀掉。百姓纷纷为这位贤士求情，但姜太公始终丝毫没有动摇。周王去求情也不管用，他便问姜子牙："这位贤士不求富贵显达，自己掘井而饮，耕田而食，正所谓隐居者无累于世，你为什么还要把他杀了呢？"姜太公回答道："四海之内，莫非王土；率土之滨，莫非王臣。在天下大定之时，人人应为国家出力。现在只能有两种立场，不是拥护，就是反对，绝不允许有犹豫或中立的思想存在。如果人人都学这个人不合作的态度，那普天之下还有什么可用之民，可纳之饷呢？所以把他杀了，目的在于杀一儆百！"果然，从此以后，那些贤才再也不敢自视清高、孤芳自赏了，纷纷主动投到周王身边，为周朝的治国大业献计献策。

　　不仅治理国家的政治家们决策时要果断，同样，管理组织的领导者们也应如此，这样才能有利于组织的长远发展。

　　法国空中客车公司的执行总裁诺尔弗加德，他决策时的果断有点类似于姜子牙，他说："一旦需要身为领导者的你做出选择和取舍时，你就得变得冷酷无情……即使当我不得不解雇某个我比较看重的员工时，我也不能因为强烈的内疚而变得犹豫不决。这样做是在向员工们表明我的做法是正确的、适宜的，我对我所做出的决定没有丝毫反悔

最简单有效的领导智慧

的意思,并且充满信心,这样才是一个领导的最佳选择。"

"一朝权在手,便把令来行。"领导者在拥有了决断权之后,在决策时应该在全面了解情况、分析各种意见之后,果断地拍板定案,这有助于提高领导者的感召力、影响力,赢得下属的赞赏与信赖。切忌优柔寡断,左右摇摆,或者议而不决,决而不行。否则,不仅难成大事,也会遭到下属的耻笑。

在某些特殊、紧急的情况下,领导者甚至有时明知道决策有所欠缺,但也要斩钉截铁,让下属无条件地服从,以此树立领导者的权威。工作上的失误今后还有机会纠正,但领导者失去了权威,就难以再领导团队的工作了。还是那句古话说得好:"天下之事,虑之贵详,行之贵力,谋在于众,断在于独。"

管理智慧:

领导者在拥有了决断权之后,在决策时应该在全面了解情况、分析各种意见之后,果断地拍板定案,这有助于提高领导者的感召力、影响力,赢得下属的赞赏与信赖。

71. 不能制定"能者多劳"的制度

有一户人家,全家人都非常懒惰。爸爸叫妈妈做家务,妈妈不想做,就叫大女儿做,大女儿不想做,就叫妹妹做,妹妹也不想做,就叫小狗做。

有一天,家里来了一个客人,发现小狗在做家务。客人很惊讶,问小狗:"你会做家务呀?"小狗说:"他们都不做,就叫我做!"客人更加惊讶:"你会说话呀?"小狗说:"嘘!小声点儿!让他们知道我会说话,又该叫我去接电话了!"

合格的管理者必须能将所管理的员工的本职范畴、责任及考核界定清楚。"能者多劳"的本质就是懒人对能人的剥削。

管理智慧：

"能者多劳"的本质就是懒人对能人的剥削。

72. 建立严格的接班人制度

接班人制度是接班人顺利产生、成长、接班的基本土壤和条件，如果对接班人的选定没有一个明确的说法和规矩，必然造成无章可循。领导者凭感觉、凭喜好、凭关系亲疏或心血来潮选定接班人，势必影响接班人的质量，也极易造成内部权力争斗，产生内耗，甚至危及企业的命运。

香港传奇家族企业李锦记，从1888年创立，如今已经传到了第四代，企业仍在健康发展，挑战了家族企业"富不过三代"宿命论，这与李锦记的接班人制度是分不开的。

1972年，李锦记第三代传人李文达接掌企业。李文达认为，家庭不和睦，事业就会垮掉。很多家族都是以生意为核心，结果家族出了问题，生意跟着受挫，而李锦记是以家族为核心，只把生意看成家族的一部分。所以李文达定下规矩：第一，结婚后只能有一个家庭，否则要退出董事局；第二，不能离婚，否则也要离开董事局，股份可以保留，但不得参与任何决策。目前，李氏家族的第五代正在成长，李文达特别规定，公司可以负担第五代的全部教育费用，但他们至少要读到大学毕业，并在其它公司工作三年，通过考试才能进入自家公司，而且必须从基层做起。

而通用公司的选择接班人制度和程序更是严密和系统。首先提前几年拟出一个候选人名单，这个名单是保密的，甚至连候选人本人往往都不知道自己被纳入了候选名单。这以后，公司会密切注意候选人

以情管人 以法管事

的一切动向，所有董事都会对候选人进行考察和打分。正是通过这种方法，韦尔奇最终选择了伊梅尔特作为自己的接班人，而这个过程早在1994年就开始了。在通用公司2001年股东大会上，杰克·韦尔奇在退休前向股东们作最后一次汇报，他充满激情地说："通用公司在全球搜寻、培养最优秀的人才，就我而言，十年以来我一直在寻找的一个最佳主意，就是谁将接任我成为公司下一任董事长。我日益坚信这十年来我找到的最佳主意，就是在你们各位董事的积极赞同之下推举杰夫·伊梅尔特，担任你们下一任董事长兼首席执行官。我相信杰夫和他的优秀班子，将把GE带到一个我们在今天还只能梦想的发展高度和优秀水平。"

孟子说："舜发于畎亩之中，傅说举于版筑之间，胶鬲举于鱼盐之中，管夷吾举于士，孙叔敖举于海，百里奚举于市。故天将降大任于斯人也，必先苦其心志，劳其筋骨，饿其体肤，空乏其身，行拂乱其所为，所以动心忍性，增益其所不能。"一个卓越的未来领导者必须经历风雨的洗礼、锻炼甚至磨难，这是承担百年基业大任不可或缺的过程。所以，培养接班人既是对接班人能力和毅力的严峻考验，也是对领导者智慧和胸怀的严格检验。

管理智慧：

接班人制度是接班人顺利产生、成长、接班的基本土壤和条件。

73. 不可下放的四种权力

有些权力是管理者必须牢牢把握的，切不可下放，否则，只会让自己处于不利的地位。比如：

①人事任免权。特别是对直接下属和关键岗位的人事任免权，管理者必须保留。而且人事方面的决定（评估、晋升或者开除），通常

来说是很敏感的，而且往往难以做决定。

②关系协调权。管理者必须保留对直接下属之间相互关系的协调权。协调下属之间的关系是非常重要的，也是其他下属所不能替代的。

③机密的事务。分析你公司里工作的分类和薪级范围，看上去这项工作很花时间，这似乎是首先可授权的工作。但由于牵涉到很多的利益，所以应该是管理者自己去做，不适合授权。

④危机问题。危机总会不可避免地发生，假如发生危机，管理者应亲自坐镇，制定应对方案，很多事都应该亲力亲为，这不是你应该授权的时刻。当处于危机的时候，你要保证自己在现场起一个领头的作用。这样，有利于稳定人心，避免事态进一步恶化，为解决问题赢得宝贵的时间。

管理智慧：

有些权力是管理者必须牢牢把握的，切不可下放。

74. 权力何来，又向何处用

权力是一定阶级或社会集团的意志的体现，不同的阶级站在不同的立场上，对权力及其意志有着不同的理解和追求，在权力实施中，也必然坚持不同的价值取向。不同的领导者，对权力也持不同的态度和观点，表现为权力取向上的差异。

不同的权力取向，必然导致不同的结果。有些领导者认为，人民才是历史的创造者，推动者，是历史的主人，一切权力都应当归人民所有。将为人民服务和做人民的公仆作为自己的唯一宗旨，把为人民掌权、掌权为人民作为自己的最高价值取向，反对任何形式的权力腐败行为。有些领导者，则不能认识到权力是人民赋予的，应当利用手中的权力为人民服务等问题，在权力取向上存在误区。这些误区大致

可分为以下三种表现：

①将权力私有化。认为自己手中的权力是个人奋斗得来的，或是某个领导恩赐的，所以它是自己手中的私有财产，任凭自己意志的支配。少数领导者掌权后，以权谋私，滥用权力。

②将权力商品化。认为自己手中的权力是商品，把商品经济的等价交换原则引入政治领域，大搞权钱交易。其中买官、卖官也是权力商品化的集中表现。

③将权力工具化。即把权力视为谋取个人私利的工具。其广为流行的说法是："有权不使，过期作废。"有些人就是在这种权力观的支配下，利用手中的权力，想方设法地损公肥私，化公为私，巧立名目，中饱私囊。

以情管人 以法管事

不同的权力取向，必然导致不同的结果。

75. 谨防资深人员兴风作浪，教坏年轻人

①资深副主管。这类人工作态度大都比较松懈，生产力低，但人事成本却一点也不低。这对单位业绩的贡献，以及绩效考核，都有负面的影响。如此一来，使得单位主管常常陷入两难的窘境。

你如要求太多，正副主管间的对立就会经常发生，且破坏内部和谐气氛。这时领导应要求所有员工要对资深副主管给予尊重，同时，也不妨当他是顾问，多请教，让他觉得他也是本单位不可或缺的人。千万不可嘲弄他，或者排斥他。职务上，有两种工作可以委他处理，一种是极其简单的例行事务，由他担任主管，让工作自动要求他必须完成，他手下的员工也藉以吸收他业务处理的经验。

另一种，重视他，给他轻松的工作，让他可以"倚老卖老"，很自然地将其经验或人力资源，有适当渠道贡献出来。如此，资深副主管不仅不会变成单位沉重的负担，更重要的，他不会在内部"作怪"。单位领导对这种高敏感的人际关系，须拿捏妥当。但最终的目的，还是要用他。这就需要领导者将用人的技巧发挥到最高的艺术境界。

②资深员工。

资深员工，也就是军中的"老士官长"。他的年龄，或许不见得比单位主管的大，但最起码会比一般员工要年长。这些人，有可能出身学历较低，晋级考试屡考不中，尤其年纪越大，记忆力越降低，比起年轻的小伙子，考场自然比不过。可是他们的社会经验与人际关系，却是不容忽视的资源。领导同样要用他们，而且要好好用他们，不可随便放弃。否则，他们会在单位里兴风作浪，教坏年轻人。

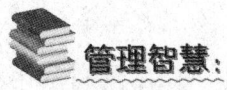管理智慧：

"资深人员"大多工作时间久、资格老、目空一切，领导者对这种高敏感的人际关系，须拿捏妥当。但最终的目的，不是打压，还是要用他。

76. 财散则人聚，财聚则人散

李存勖建立后唐帝国，定都洛阳，先后消灭了前蜀等分裂势力，其他各地方势力十分震恐，纷纷向后唐王朝进贡。

李存勖把国家的财赋分为内外二府，州县税收上交的入外府，做国家经费；而各个地方势力贡献的入宫中的内府，供皇帝宴席游玩以及赏赐左右使用。外府的费用经常短缺无余，而内府的财赋则堆积如山。中原连年大旱，那些血战数十年的沙陀将士没有粮食，父母妻儿不得不到郊外挖掘草根充饥。可是李存勖夫妇却毫不在意，游猎享乐如故。

以情管人 以法管事

　　宰相警觉到事态的严重性，建议暂时借用皇宫里堆积如山的金银绸缎，发给将士养家救死，等国库充足时再如数归还。李存勖的妻子刘玉娘听后大发雷霆，命人把自己的梳妆用具、三个银盆以及三个儿子抱到外面，告诉宰相说："人们都说宫中的积蓄多，但四面八方进贡来的贡品随时都赏赐下去，所剩下的只有这些了，请你卖作军饷吧！"

　　宰相对于这个回答目瞪口呆，再也不敢开口了。士卒更加怨声载道，军心动摇。大将李嗣源在邺都叛变。李存勖亲自出征，可是伤透了心的将士早已解体，纷纷逃向叛军投降。李存勖拿出一些金帛赏赐给各路军队，沿途不断下马跟将士握手拍肩，声言即行颁发赏赐。但这种小动作已不再灵光，将士们直率地回答说："父母妻子都已饿死，纵有什么赏赐，也不能救回他们的性命，拿上这些东西有什么用呢？"

　　李存勖返回洛阳时，城内发生兵变，他便派人急召一位率兵的将军进城保护。但是这位将军根本就没来，而是领兵在北邙山的树林中休息。李存勖身边的禁卫兵都丢掉盔甲逃跑了，他也被流箭射中，全族被屠。

　　在现代社会中，那种愿意与员工一同分享成果的思想也经常在一些成功的管理案例中反映出来，几乎所有愿意将经营成果分享出去的公司，最后都进一步扩展，而成为数一数二的公司。

　　这种激励部属的方式，会让员工更加努力地为公司工作。对于在基层工作的员工而言，当他们看到为公司努力的结果是可以获得高额的奖赏时，就会有效地激发他们对公司的向心力，更加投入地工作。

　　要让员工感觉到工作一定能够得到回报，这是所有激励措施的一个重要目标。比如当某个或某些员工改进了工作或者节约了公司成本，那么，就应该同他们分享因此而得到的好处。这可以通过给员工一笔固定资金或按节约下来的成本的一定比例的奖金来实现。

　　不仅要懂得奖赏员工，也要把握住奖赏员工的最佳时机。员工的绩效出来时，一定要在最短的时间内奖赏员工，这样对员工才会产生最大的激励效果。在最短的时间内奖赏员工的另一项目的是，让公司内其他的员工也能一并感受到公司对有功人员的奖赏，此举可激发其他员工对公司的向心力，激励他们付出更多的心力为公司的发展而奋斗。

**管理智慧：**

要让员工感觉到工作一定能够得到回报，这是所有激励措施的一个重要目标。

77. 善治人者能自治

"善为人者能自为，善治人者能自治。"作为企业的管理者，不能自律，就无法以德服人、以力御人，如果无法取得他人的信赖和认可，将必败无疑。优秀的领导者必须懂得，要求下级和员工做到的事，自己必须首先做到。只有严于律己的领导，才能调动下属的自觉性并影响他们朝着良性的方向发展。领导自己做不到的事，就不要要求下属去做；要求下属去掉坏毛病，首先自己就要去改正缺点。

要想成为一名合格的管理者，首先要管好自己，为员工们树立一个良好的榜样。言教再多也不如身教有效。行为有时比语言更重要，领导的力量，很多时候往往不是由语言，而是由行为动作体现出来的，聪明的管理者尤其如此。在一个组织里，领导是众人的榜样，你的言行举止众人都看在眼里，只要你懂得以身作则来影响下属，那么在实施管理时就会得心应手。

联想在柳传志的带领下，由一个只有20万元的企业发展为今天拥有上百亿资产的大企业，成为了中国电子工业的龙头老大，而柳传志也被人们看作民族精英，成为一个具有崇高威望的企业领导人。联想能有今天，这一切都与柳传志以身作则的人格魅力和高尚的品格是分不开的。

以情管人　以法管事

联想有一条规矩，就是开二十几个人以上的会迟到要罚站一分钟。这一分钟是很严肃的一分钟，不这样的话，会就没法开。第一个被罚站的人是柳传志原来的老领导。罚站的时候他本人紧张得不得了，浑身是汗，柳传志本人也浑身是汗。柳传志跟他的老领导说，你先在这儿站一分钟，今天晚上我到你家里给你站一分钟。柳传志本人也被罚过三次，其中有一次是电梯坏了，他被困在电梯里，咚咚敲门，叫别人去给他请假，结果没找到人，还是被罚站了。

正是柳传志的这种以身作则，联想的其他领导人都以他为榜样，自觉地遵守着各种有益于公司发展的"天条"，才使得联想的事业得以蒸蒸日上。

著名管理学家帕瑞克说："除非你能管理'自我'，否则，你不能管理任何人或任何东西。"示范的力量是惊人的。管理者要想管好下属必须以身作则、事事为先、严格要求自己，做到"己所不欲，勿施于人"。一旦通过表率树立起在员工中的威望，将会上下同心，大大提高团队的整体战斗力。

管理智慧：

除非你能管理"自我"，否则，你不能管理任何人或任何东西。

78. 晓之以理，明之以义

领导艺术从某种意义上来说，是一种征服人心的本领。一位心理学家在他的著作中说："一个人去做一件事，常是为了两种原因：一种是真正的原因，另一种则是听来动听的原因。"

很多时候，大家都明白那个真正的原因，却还是会不由自主地想听到那个好听的原因。因此，要让下属既服从命令，又能笼络人心，领导者就要学会以理服人。

领导者要解决和处理好下属的思想问题，首先就需要认识到问题的症结，然后摆事实、讲道理、以理服人。

作为领导者，当下属对自己的某项指令感到难以理解或不予执行时，领导者应该明白这是完全正常的。此时，领导者应该向他们解释清楚，对他们阐明事实，以理服人，而不能凭借权力强迫他们必须执行。这是对他们的尊重。只要晓之以理，明之以义，问题就会迎刃而解。

1940年12月，德国正与英国交战，英国首相丘吉尔写信向美国总统罗斯福求助。

英国和美国的利益休戚相关，罗斯福心里很清楚。但是，根据美国的中立法，交战国一定要用现款购买武器装备，立法还规定，不许向没有偿还第一次世界大战债务的国家提供贷款。而这两条英国都占了。

如何说服美国议会同意签署呢？

12月17日，罗斯福在华盛顿举行了一场记者招待会，在会上，他对与会者们说："英国目前已经没有力量拿出资金，这一点，你们都知道。那么我们是不是什么都不给他们呢？保卫美国的最好办法是让英国打败德国。但是，现在，让英国用什么打败德国呢？"

看到台下的众多议员和记者都没有说话，罗斯福便接着说："有一天，我的邻居家失火了，我们两家只有100米远，我这里有个水龙头，只要让他拿走，就可以将火扑灭。可是，我总不能在救火之前对他说：'朋友，这条管子值15美元，你得先给我钱……'"

这时，台下传来一阵哄笑。

"你们说我应该怎么办？"罗斯福向台下的人们问道。

有人说："才15块钱，给他好了。给他，救火要紧啊！"

罗斯福说："我总不能什么都给他，今天是水管，明天可能是汽车。时间一长，我们家的东西就都没了。国家也是如此的。"

台下又是一阵笑声。

有人说："还是要拿钱，给钱。"

"可以租给他，用完了让他再还给我们。假如东西用坏了，叫他照赔不误。"

"这是个好办法，是个聪明的办法。"台下的人喊着。

后来，国会通过辩论，最终以多数批准了租借法案。这就是赫赫有名的"租借法案"，它成功地挽救了英国，为二战的胜利作出了巨大的贡献。

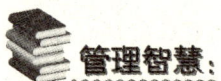管理智慧：

要让下属既服从命令，又能笼络人心，领导者就要学会以理服人。

以情管人　以法管事

79. 君子一言，驷马难追

西周初年，周武王姬发驾崩。太子姬诵年幼，在周公姬旦的扶助下做了国君，史称周成王。有一天，姬诵和弟弟叔虞一起在宫中玩耍，姬诵随手捡起了一片落在地上的桐叶，把它剪成玉圭形，送给了叔虞，并且对他说："这个玉圭是我送给你的，我要封你到唐国去做诸侯。"

史官们听后，把这件事告诉了周公。周公见到姬诵，问道："你要分封叔虞吗？"

姬诵说："怎么会呢？那是我跟弟弟说着玩的。"周公却十分认真地说："天子无戏言啊！"

姬诵无奈，只得选择吉日，把叔虞正式封为唐国的诸侯，史称唐叔虞。后来，叔虞长大后，励精图治，以自己的智慧才能，带领百姓兴修水利，改良农田，大力发展农业，使唐国百姓逐渐过上了安居乐业的生活，成为唐人爱戴的封建郡主，也为周朝的经济繁荣奠定了基础。

周成王因剪桐叶为戏而使西周兴盛，但是到了后来，周幽王因举烽火为戏而使西周灭亡。剪桐叶是游戏，点燃烽火集结诸侯也是游戏，但结果却有着使国家兴盛和衰亡的差别，这就是讲信用与不讲信用的结果。

美国兰德咨询公司的高级顾问弗兰西斯·福山写过一本书叫《信任——社会道德与繁荣创造》。福山先生认为，信任不仅仅是口号，而是塑造世界经济的主轴，如果一个企业里的员工都遵循共同的伦理规范，彼此信任，那么企业的经营成本就会降低很多。

日本明治维新之后，弃武从商的武士在生意往来之间，并没有忘掉他们的武士道精神，他们反而把武士道精神用于商战上。在这种高度信任的社会中，由于个人、家族与国家之间发展出强有力的自愿结合，从而形成了日本大企业与现代化的专业管理公司。

事实上，不仅是日本，在现代成熟的市场经济体系中，诚实信用都是降低交易费用，从而使合作成功的一个基本要求。哪怕有时这种信用会使自己的短期利益受到损失，也绝不动摇。

诺贝尔和平奖得主特里莎修女说过："如果守规矩，讲良心，有道德会让你吃亏，会使你蒙受损失，遭到打击，那不是你错了，而一定是这个社会出了问题。"

除了道德的激励，利益的权衡也要求我们诚实信用。在商业社会中，信用是每一位领导者在社会银行里的无形存款，我们可以运用，但是千万不要恶意透支，因为这将带来无法承受的后果。

管理智慧：

如果守规矩，讲良心，有道德会让你吃亏，会使你蒙受损失，遭到打击，那不是你错了，而一定是这个社会出了问题。

80. 告诉每一位下属：忠诚就会得到奖励

每个组织都需要忠诚，但事实上许多公司在教导人们不忠诚。

如当别人的组织向某人提供更好的工作机会和优惠的报酬时,上司才想给其提升和增加报酬。因此,人们常常以离职相威胁。

再如很多组织里的领导首先从"稳定"、"平衡"出发,安抚、照顾的是"刺头"、"厉害的人",而不是首先考虑那些忠诚老实、默默奉献的人。如果要想使员工保持对企业的忠诚,管理者就必须做到:

①以心换心,以诚换诚;

②保持信息渠道的公开和透明,以建立相互信任;

③奖励忠诚者,给忠诚的职员更好的职位。

奖励忠诚者,给忠诚的职员更好的职位。

81. 可以授权的十三种人

权力授给谁,是管理者必须要考虑的一个重要问题。而且,在做出决定之前,你必须考虑很多的因素。

管理者要警惕的一点是,不要让那些削尖脑袋、投机钻营的人骗取权力,以达到其不可告人的目的。如果想要使授权"高效多产",其成员必须要经过精挑细选。

那么,管理者应该把权力交到什么人手里呢?

①上司不在时,能负起留守职责的人。

有些部属在上司不在的时候,总是精神松懈,忘了应尽的责任。例如,下班铃一响就赶着回家;或是办公时间内借故外出,长时间不回。

按理,上司不在,部属就该负起留守的责任。当上司回来时,向他报告他不在时发生的事以及处理的经过。如果有代上司行使职权的事,就应该将它记录下来,事后进行详尽的报告。这样的部属是可以

授权给他的。

②准备随时回答上司提问的人。

当上司问及工作的方式、进展状况，或是今后的预测，或有关的数字，他必须当场回答。

好多部属被问到这些问题的时候，还得向其他员工探问才能回答。这样的部属不但无法管理他的下级与工作，也难以成为管理者的辅佐人。可以授权的部属必须掌握职责范围内的全盘工作，在领导提到有关问题的时候，都能立刻回答才行。

③致力于消除上司误解的人。

管理者并非圣贤，也会犯错误或是对某些部属产生误解。事关工作方针或是工作方法，管理者有时也会判断失误。

管理者对部属的误解往往波及到部属晋升、加薪等问题。碰到这种情况，有能力的部属不会以一句"没办法"就放弃了事，他会竭力消除上司的这种误解。

④能代表他负责的团队的人。

对部属而言，他是他所在团队的代表人，他是夹在上司与员工之间的角色。从这个立场而言，部属必须做到：把上级的方针与命令彻底传达给员工，尽其全力实现上级的方针与命令。随时关心员工的愿望，洞悉员工的不满，以员工利益代表人的身份，将他们的愿望和不满如实地反映给上级，以实现员工的合理利益而努力。

夹在上级与员工之间，往往使部属觉得左右为难，但是，他务必冷静判断双方的立场，设法取得调和。

⑤向上司提出问题的人。

高层管理者由于事务繁忙，平时很难直接掌握各种细节问题。因此，部属必须向上司提出所辖部门目前的问题，同时一并提出解决方案，供上司参考。

⑥忠实执行上司命令的人。

一般来说，管理者下达命令无论如何也得全力以赴，忠实执行，这是部属必须遵守的第一大原则。如果部属的意见与上司的意见相左，

当然可以先陈述自己的看法。陈述之后领导仍然不接受，就要服从上司的意见。

有些部属在自己的意见不被采纳时，就带着情绪去做事，这样的人没有资格成为上司的辅佐人。

⑦适时请求上级指示的人。

部属不可以坐等上司的命令，他必须自觉做到请上司向自己发出命令，请上司对自己的工作提出指示。适时积极求教，才算是聪明能干的下属。

⑧做上司的代办人。

被授予权力的部属必须是上司的代办人。纵然上司的见解与自己的见解不同，但上司一旦有所决定，部属就要把这个决定当作自己的决定，向员工或外界人士做详尽的解释。

⑨知道自己权限的人。

绝不能混淆职责界限。如果发生某种问题，而且又是自己权限之外的事，就不能拖拖拉拉，应该立刻向上司请示。超过顶头上司与更高一级领导交涉、协调，等于把上司架空，也破坏了命令系统，应该列为禁忌。非得越级与上级联络、协调的时候，原则上也要先跟顶头上司打个招呼，得到认可。能做到这一点的人，才可以授权给他。

⑩向上司汇报自己所处理的问题的人。

被授予权力的部属，自己处理好的问题如果不及时向上司汇报，往往使上司不了解实情，做出错误的判断或是在会议上出洋相。

当然，不少事情无需一一向上司汇报。但是，原则上可称之为"问题"、"事件"的事情，还是要向上司及时汇报。

报告的时机因其重要程度的不同而有所区别。重要的事，必须即刻汇报，至于次要的或属日常性事务，可以在一天的工作结束之时，提出扼要的报告。

⑪勇于承担责任的人。

有些部属在自己负责的工作发生错误或延误的时候，总是找出许多的理由。这种将责任推卸得一干二净的人，实在不能授权给他。

部属负责的工作，可说是由上司赋予全责，不管原因何在，部属必须为错失负起责任。他顶多只能对上司说一声："是我领导不力，督促不够。"如果上司问起错失的原因，必须据实说明，而不是找一大堆借口辩解。有些部属在上司指出缺点的时候，总是把责任推到他的下级身上，说："那是某某干的好事。"把责任推给下级，并不能免除他的责任。一个被授权的部属必须"有功归部属，失败由我负全责"的胸怀与度量才行。

⑫提供情报给上司的人。

部属在与外界人士、其他员工接触过程中会获取各种各样的信息。这些信息有些是对公司不利的，部属必须把这些信息谨记在心，并把它提供给管理者。

向领导作某种说明或报告的时候，有些部属习惯于把它说得有利。如此一来，极易使领导出现判断偏差。尤其是影响到其它部门或是必须由领导做出某种决定的事，诚实可靠的部属在说明报告时必须遵守如下的原则：

首先不可偏于一方。

其次从大局出发，扼要陈述。

⑬不是事事请示的人。

遇到稍有例外的事，或员工偶有错失或者在旁人看来极琐碎的事，也都一一搬到上司面前去请示，这样的部属令人不禁要问：授权给他到底和不授权有什么区别？

能干的部属对领导没有过多的依赖性。事事请示不但增加了领导的负担，部属本身也很难"成长"。如果他拥有执行工作所需的权限，就必须在不逾越权限的情况下，凭自己的判断把分内的事处理得干净利落。这样的人才值得管理者把更多的权力交给他。

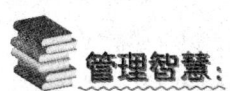管理智慧：

领导者必须长有一双火眼金睛，知道谁是可以依靠的人。

82. 不可逢会必到

对于会议，要根据情况，区别对待。

上级召开的会议，如果是自己负责的工作，或是受本单位领导班子的指派必须参加的会议，就应当到会；有一些职能部门召开的业务会，部门主管去就可以了，领导就不一定要参加。

下属或本单位各部门开的会，也要先考虑一下，该不该自己参加？该不该讲话？如果逢会必到，逢到必讲，不仅领导者难以应付，而且弊病甚多。

对于会议，要根据情况，区别对待。

83. 没事不找事，有事不怕事

在抗美援朝开战之前，中国外交部长周恩来就曾严正警告美国："中国人民热爱和平，但为了保卫和平，从不也永不害怕反抗侵略战争。中国人民绝不能容忍外国的侵略，也不能听任帝国主义者对自己的邻人肆意侵略而置之不理。"但美国人对此置若罔闻，于是，中朝两国在战场上狠狠地教训了美国人的嚣张气焰。

有句话说："人不犯我，我不犯人；人若犯我，我必犯人！"处理国家关系是这样，为人处世亦是同理。世界上总是有一些人喜欢无事生非，总是不愿意世界太平，如果我们只一味地想无事，那肯定是不现实的。除了没事的时候不要找事，有事的时候更不要怕事。俗话说："到什么山唱什么歌。"兵来将挡，水来土掩。对待善人，我们当然得用善招，对待恶人，我们就只能用恶招了。

俗话说："你不仁，就休怪我不义。"让到无路可退时，就该反攻了。就如同朱可夫当年在莫斯科保卫战中对众将大声疾呼："不能再退了，后面就是莫斯科！"对待那些得寸进尺、登着鼻子上脸的人，你根本就不用顾及太多，针锋相对毫不客气地展开进攻就可以了，而且火力越猛，效果越好。

记得有人曾问，狗咬了你，你还要咬狗一口吗？我们当然不能去咬，因为我们的牙齿没有狗牙那样尖利，但也不能听任恶狗来任意享用我们的大腿呀！我们可以去踢啊，踢到它再也不敢咬你的时候方可罢休！《圣经》上有句话："有人打你左脸，你就把右脸也给他打。"我觉得这不能体现真诚。《圣经》里还有一句话："不要把你的珍珠扔给泥土地里的猪，它是不识货的啊！"所以遇到恶人、不讲理的人时，必须和他干到底，打得他一败涂地、六神无主，只要一提起你，他就魂飞魄散！这样他以后就再不敢轻易招惹你了。

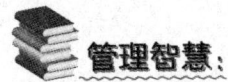

遇到恶人、不讲理的人时，必须和他干到底，打得他一败涂地、六神无主。

84. 赞赏胜于金钱

赞赏你的员工为公司所做的一切，一张加薪支票或者是股票选择权都可以换来一定程度的忠诚。不过，我们所有的人都更喜欢听到别人告诉我们，他是如何欣赏我们为他所做的一切。

我们希望能够经常听到这一类肯定，尤其是在我们完成了某件非常引以自豪的工作时。世上没有什么东西可以代替一些经过精心选择的、在适当的时机表达的、真诚热情的赞誉之词。它们绝对是免费

的——但它们的价值却是无比珍贵的。

管理智慧：

世上没有什么东西可以代替一些经过精心选择的、在适当的时机表达的、真诚热情的赞誉之词。

85. 不能"只看病不治病"

只看病不治病，只调查，不解决，是一些领导者检查工作时常犯的错误。为什么要检查工作？说到底，就是要发现问题，解决问题，把事业推向前进。当然，与发现问题比起来，解决是要费力气的，领导者就是要知难而上，努力从解决问题上看本事，见高低。凡是当时就能解决的，就要立即解决；当时不能解决的，也要本着为事业负责的精神，创造条件，抓紧做工作，争取尽快解决。

凡是不从实际出发看问题，而是戴着有色眼镜看问题，先入为主，自以为是，就是主观性。片面性就是不能全面地客观地看问题，只知其一，不知其二，只见树木，不见森林。所谓表面性，就是走马观花，蜻蜓点水，知其然不求其所以然。这些都是检查工作的大忌，一定要注意防止和克服。下去之后，不要带框子，抱成见，而要一切尊重客观事实，具体问题具体分析；好话坏话都要听，缺点成绩都要看；要扎扎实实，了解情况，获取真知识；不要作风飘浮，浅尝辄止。

管理智慧：

与发现问题比起来，解决是要费力气的，领导者就是要知难而上，努力从解决问题上看本事，见高低。

86. 检查工作前要做充分准备

检查工作是一件严肃而细致的事情，如果毫无准备，心中无数，就不要说出去，而应准备好了再说。

所谓准备，就是对所要检查的工作，在总形势上有一个基本的了解，在方针政策上比较熟悉，对倾向性问题也要做到胸中有数，以便更有针对性地进行检查。不然，下去之后，就容易出现一问三不知，或说错话，出歪主意的现象。同时，对检查的重点在哪里，哪个是关键部位，何处是薄弱环节，也要基本掌握，不然就会收效甚少。

对于一些大规模的、复杂的检查项目，事先要有一个较详尽的计划，人力如何配备，时间如何安排，达到什么要求，采取哪些方法步骤，都应事先讨论明确，然后要求分工，各负其责。

对所要检查的工作，在总形势上有一个基本的了解，在方针政策上比较熟悉，对倾向性问题也要做到胸中有数，以便更有针对性地进行检查。

87. 讲给他听，做给他看，叫他做做看

在日本某公司现场管理中，把提高职工积极性的基础归纳成四句话："做给他看，讲给他听，叫他做做看，给他以表扬，就可以打动人。"

①做给他看（带头）。老板如果有事要部下干，应当首先自己做给他看。常看到有些老板，困难的事强迫部下去做，没有做好就批评

指责。这种态度，使部下丧失自信，老板也得不到职工的信赖。

②讲给他听（说服）。依靠部下进行工作，应当充分说明工作的内在价值，使他理解、相信这一工作，使他肯有积极性，使他能够搞好这项工作。

③叫他去做（委任）。往往越是不会动脑筋的老板，重大的工作越不会交给部下，只要部下做自己的助手和打杂。这样，部下到什么时候也不可能得到锻炼。应当把重大的价值高的工作交给部下，自己在后面帮助他们，鼓励他们。

领导者所能做的事情，不只是站在那里下命令、做指示，而后去检查。更多的时候是实际去做，让员工看到你的行动。

千言万语不如一个行动。

88. 给好处要"不轻给、不滥给、不吝给"

不要因为孩子"闹"就给"糖"吃，要让他明白胡闹可是要挨"板子"的、"吵得太厉害会挨打"的——动物之所以能被人类驯服，只因为人类使用了两项法宝：一是使其挨饿，再用食物规范其行为；二是暴力，以肉体的痛苦来矫正其行为。

所以，要给人好处，就要给得"恰到好处"，也就是说，不轻给、不滥给、不吝给！

所谓"不轻给"，就是不轻易给对方"好处"，要让对方吃一些苦头，花一些心力之后再"得到"，这样子他才会珍惜。如果你因为身上有太多"好处"便随便给人，或想以"好处"来讨别人欢喜，那么他不但不会珍惜这些"好处"，对你也不会有任何感激之心，反而还会嫌少、嫌不够好，甚至一再向你要好处。你如果不给或给得不如前次好、不如前次多，对方便要怪你、恨你，比你不给他好处还怨得深、恨得厉害。你也要让他知道，你是如何费尽九牛二虎之力才促成这件事的，在这种情况下，对方接受你的好处时，心里多少也会有压力，对你的感谢自然不在话下，而且也不会把你当成"傻子"，动不动就来向你开口，这样你给人好处才给得有价值、有意义。

"不滥给"，顾名思义就是"不乱给"。该给多少要有准则，否则会出现和"轻给"一模一样的后遗症，而且还会造成是非不明的结果。

"不吝给"和"不轻给"、"不滥给"是没有矛盾的。"不吝给"是指应该给、必须给、不得不给时，就要毫不吝惜地给、慷慨大方地给，不怕给得多，只怕给得少。这种情形包括人家有恩于你时、奖赏有功的属下时、要重用某人时、要收买人心时以及情势所迫时。如果你给得少，给得不干脆，那么这"好处"就不能显现出应有的效果！

管理智慧：

不要因为孩子"闹"就给"糖"吃，你要让他明白胡闹可是要挨"板子"的。

89. 阴晴不定者，人皆避之

一个人的脾气好坏是个人修养的问题，旁人不好过多地评论或提出意见。但是如果你总是阴晴不定，或者经常给人以情绪上的冲击，就会在很大程度上影响其他人的情绪。时间长了人们就会自觉地疏远你。

现代人面对工作的巨大压力，都会有心烦气躁的时候，都会遇到难以诉说的苦衷。这时候会有一种强烈的发泄胸中闷气的愿望。但是这种闷气不能随便发泄，如果不分场合任意发泄，那后果将是无法想

像的。如果冲着同事出气，同事会对你产生不满情绪。若是被上司知道了，将有可能影响你升职加薪。领导们会想，一个连情绪都管理不好的员工能管理好一个部门或者对更重要的工作负责吗？情绪化的员工都是难以与别人合作的，这会直接影响公司的利益。一般情况下，上司不会用一个情绪化的员工去做管理工作。

所以，作为一个成熟的上司，一定要注意控制自己的情绪，即使你本身就是火爆脾气也要克制自己，不要让暴躁的情绪像海洋里讨厌的乌贼一样喷出一团巨大的墨汁，使周围的人都受到不良情绪的感染。研究表明，人在愤怒或是激动的时候容易情绪偏激，对事物没有正确的判断，看别人的短处多，长处少，甚至容易做出违反常规的事情。而不加控制地宣泄自己的喜怒哀乐，也显示出自己的肤浅，没有城府。这样只会降低自己在众人心目中的地位、孤立自己。

此外，上司也要尊重下属，不要让下属成为自己怒气的发泄对象。上司和下属只有分工上的不同，在人格上并没有差异。即使下属有失误，也不能穷追猛打，更不能在人格上侮辱他们，否则只会引起他们对你的反感。而且极有可能让你陷入孤立无援的境地，被下属联合起来"冷"一回。

管理智慧：

不加控制地宣泄自己的喜怒哀乐，也显示出自己的肤浅，没有城府。这样只会降低自己在众人心目中的地位、孤立自己。

90. 难以实现的诺言比谣言更可怕

清代李鸿章投入恩师曾国藩门下时，希望能够独当一面，而曾国藩却只让他做随军文案。后来，李鸿章献军事地图有功，曾国藩也只是表扬，而不予许诺。只是到了最关键时刻，他根据李鸿章的才能，

以情管人　以法管事

当机立断，让他去组建淮军。这是不诺之诺，比之那种早期的轻易允诺更令李鸿章喜出望外。诺言固然可以激发下属卖力工作，但只有在条件成熟、确能兑现时，才会有长期的激励效果，否则就不要先许下诺言，免得日后陷入被动。

难以实现的谎言比谣言更可怕，虽然谣言会闹得满城风雨，沸沸扬扬，但人们不久就会明白事情的真相，而你未兑现的承诺骗取的是人们真心的付出。就比如你让一个天真的孩子替你跑腿，当孩子回来向你索要奖赏时，你却溜之大吉，就是失信！

当然，这里强调的是领导者对许下的诺言要勇于兑现。想想田间耕耘的农民，他从绿油油的庄稼看到了未来收成的希望，你的允诺也会使下属感觉到将要收获的是一个充满希望的未来。

承诺的兑现，让所有等待了许久的人有一种心满意足的喜悦，更坚定了他们的未来就在自己手中的信念，领导者也将成为众人关注的焦点。那些伸向领导的不再是讨要报偿的手，而是充满热情的、助公司发达的有力臂膀。兑现自己的诺言是领导者的责任，是每个人做人做事的原则，所以，我们每个人都应该在生活和工作中自觉地做到这一点。

管理智慧：

诺言只有在条件成熟、确能兑现时，才会有长期的激励效果，否则就不要先许下诺言，免得日后陷入被动。

91. 人情味要讲，原则性更要讲

三国时，蜀将马谡极有谋略。诸葛亮派他守街亭，临行前为防马谡轻敌而让他立军令状。不料马谡自傲轻敌而失街亭，诸葛亮挥泪斩之——哭终归为哭，马谡还是要斩的。

以情管人　以法管事

领导者对有过失的部下，也要尊重、理解、帮助，要关心他们的实际生活，为其排忧解难，让其充分体会到领导的温暖。但这不能以丧失原则为代价，也就是说既要讲人情味，又不能失去原则性。

否则，对违法乱纪的人，不绳之以法，反而以"情"为筹码捂盖子、照顾关系和面子，该批评的不批评，应处分的不处分，大事化小，小事化了，最后不了了之，这样不仅不能使下属吸取教训，引以为戒，还会助长歪风邪气，丧失制度、法令的严肃性和威慑力，降低自己的权威性和号召力。因此，切不可把人情味庸俗化。讲人情只有在坚持原则的前提下，只有坚持了原则性，人情味才能更有效，更具有教育性的感召力。

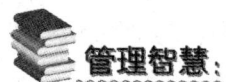

切不可把人情味庸俗化。讲人情只有在坚持原则的前提下。

92. 到第一线去

在战场上，将军们要想取胜的唯一办法就是坚持到前线去，在商场在政界无不如此——领导者有效领导的唯一办法是亲身到第一线去。领导者要想让下属明白自己的敬业精神，并因此而受到鼓舞，就应该率先垂范，树立敬业的典范。美国海军上将韦斯利·麦克唐纳在给高官们的演讲中，表达了自己对领导者敬业的看法："确定一个方针，那就是身先士卒。做到了这一点，必要的时候你就会出现在那里……每一次，你都要在一线留下自己的脚印。"

身先士卒、率先垂范，并不只是在关键时刻挺身而出，领导者为下属树立榜样，每天都有很多个机会，可以更好地说明自己赞成什么或不提倡什么。

你知道美国陆军步兵学校和以色列军队的座右铭吗？他们的座右

铭都是:"跟随我。"他们总是身先士卒。

世界上大多数军校培训军官时都强调这一点:为了有效地指挥战斗,指挥官应该跟随着先头部队,但不是最前面的部队。如果他带领着一支巡逻队,也应该排在第二而不是第一。也就是说,如果你是一名军官,你可以用自己的血肉之躯冲在部队的最前头。但这种做法是军队所不提倡的,为什么这样呢?一方面,如果指挥官不跟随着先头部队的话,他就无法了解战事发展的最新情况;另一方面,如果指挥官总是处于最前沿的地方,那么就很有可能遭受伤亡,并意味着先头部队将陷入无人指挥的境地。

不过以色列人对此置若罔闻,他们告诉自己的军官们:"既然你是一名军官,你就要付出代价。你必须冲在部队的最前面。"自1948年以来,以色列与相邻的阿拉伯国家进行的每一次战争中,以色列人都是如此行动。这样做的结果就是,以色列军官的伤亡率成为世界之最。但是他们义无反顾,因为他们知道,军官要领导士兵战斗,就必须冲锋在前。

但这种做法并非只有以色列军官才有。在第一次世界大战期间,麦克阿瑟的上级梅诺尔将军说:"我真担心,我们说不定什么时候就会失去他。哪里有危险的战争,哪里就有麦克阿瑟的身影。在每次冲锋当中,麦克阿瑟以及他的军帽和短鞭都在最前沿奋勇向前。在他率领的分队中,他是士兵士气的源泉,士兵们都衷心地拥戴他。"因此毫不奇怪,麦克阿瑟在38岁的时候就被提拔为准将。

管理智慧:

身先士卒、率先垂范,并不只是在关键时刻挺身而出,领导者为下属树立榜样,每天都有很多个机会。

以情管人 以法管事

93. 加班应提前通知

当上司突然告诉员工要加班,这种变化常常会把他们的计划打乱。如果事先得到通知,多数人会留下来,再多做几个小时的工作,而不会感到自己的计划受到干扰。很多员工非常喜欢在正常工作时间内努力工作,而不喜欢突然发生的加班加点的事情,甚至强烈地反对这种突然变化。他们也许会拒绝工作,也许加班时心不在焉,或抱怨管理缺乏计划性。

如果需要加班时,你能提前通知员工,他们就会感激你的体谅,他们也许会积极支持你的安排,而且富有成效地加班。

提前做好加班计划也显示出你管理工作的有序性,增加了员工对你的忠诚和尊重。

管理智慧:

什么事情都要做得光明正大,不要玩那种看似聪明的小把戏。

94. 精神激励的核心,不外乎一个"信"字

一位组织部长找下级干部谈话,问:"在基层工作,你感到最大的欣慰是什么?"这位干部脱口而出:"最大的欣慰莫过于组织上的信任。给奖金固然高兴,但那只是高兴一阵子,组织上的信任所激发的劲头才是长久的。"

听罢此言,这位部长久久未语,心中颇有一番感想:面前这位是自己的下级,而自己呢,又是上级的下级。自己的工作何尝不是苦辣

酸甜咸什么滋味都有？什么奖励能比得上领导对自己的信任呢？

读过《三国演义》的人都知道，孙策18岁统兵，横扫江东，七八年间干出了别人一辈子也干不出的事业，他靠的是什么呢？其中最重要的不正是"信任"两个字吗？他以对部下的最大信任，换取了部下的最大忠勇。这一点，很值得今日的领导者好好地借鉴。

史书上说，孙策"性阔达听受，善于用人，是以士民见者，莫不尽心，乐为致死"。就是说，孙策这人性情非常豁达，什么话都听得进去，因而赢得了人们的极力拥戴，跟随他的人个个尽力，即使战死疆场，也感到很荣幸。

孙策重用太史慈，清楚地表明了他充分信任下级所产生的良好效果。太史慈年仅20岁时，就以智挫州吏而闻名，后来因冒死救孔融而声名大振。时任扬州刺史的刘繇先于孙策在江东称霸，太史慈本想凭着同乡的关系，到刘繇那里一展身手。有人对刘繇说："太史慈是个有本事的人，应任他为大将军。"而刘繇却说："若用了太史慈为大将，怕被人家笑话！"

后来太史慈被刘繇派往前线与孙策作战。沙场上，二人杀得天昏地暗，孙策夺下太史慈的戟，太史慈抢下了孙策的头盔。英雄相搏，不分胜负，各自罢兵。在后来的一次战役中，太史慈被孙策的大军俘虏。

当孙策一见是太史慈，赶紧亲自给他松绑，并握住他的手说："还记得咱们大战的事吧？要是那时我被你俘虏了，你会怎么处置我？"太史慈冷冷地说："这事就不好说了！"孙策闻听此言，竟爽朗大笑："今天这事就算啦，咱们一块干吧！"当即还给太史慈全部的兵马，并拜他为"折冲中郎将"。

刘繇覆亡后，一万多人马逃散各方。孙策果断地决定，派太史慈去招纳刘繇的旧部。其他人对此很是质疑："这个决定太危险，太史慈一去，不回来了怎么办？"孙策说："太史慈不是那种人，你们放心好了！"孙策亲自为太史慈设宴饯行，席间握住他的手问："何时能完成任务？"太史慈说："不过两个月。"话是这么说，可除了孙策之外，

其他人的心都是悬着的。过了50多天，太史慈果然率众部回来了！

孙权继承兄业后，依然坚信太史慈不动摇。太史慈直到临死之日，还满怀深情地说："孙氏兄弟待我这么真诚，可我干得太少了。"

孔子云："民无信不立。"宋朝欧阳修说："任人之道，要在不疑。"人们将信任、信用看得如此之重，是有道理的。大到一个国家、一个民族，小到一个公司、一个团队，如果上下左右之间没有充分的信任，那是极其危险的。

领导工作有一项重要的内容，就是对员工的激励。其中，精神激励的核心，也不外乎一个"信"字。有了信任感，才能激而励之。重视物质激励没有错，谁不食人间烟火？现实的问题是，有些领导者对精神激励重视得很不够。重视精神激励，首先要重视信任。信任，乃是最大的精神激励。

 管理智慧：

大到一个国家、一个民族，小到一个公司、一个团队，如果上下左右之间没有充分的信任，那是极其危险的。

95. 惩罚不当便会令人记恨

惩罚要根据具体的情况，考虑是否可以网开一面。《三国演义》中曹洪与糜芳等免斩两件事很值得企业的管理者借鉴。

第一件事是糜芳、傅士仁免斩后被东吴劝降。关羽受命出征，先锋糜芳、傅士仁深夜饮酒，帐后失火，烧掉了不少的火炮、军器和粮草。关羽大怒，喝令推出去斩首，司马费诗苦劝乃免。关羽余怒难消，先摘去二人先锋印绶，再对其各杖四十，罚糜芳守南郡，傅士仁守公安，且警告说："稍有差池，等我得胜回来，二罪并罚。"不久，东吴袭取荆州，傅士仁、糜芳被劝降。

第二件事是曹洪免斩后舍命救曹操。在与马超的对峙中，曹操命曹洪、徐晃坚守潼关，为期十日，十日内失关皆斩，十日外失关无事。曹洪、徐晃领命后，用心坚守关口。由于马超军队的辱骂与引诱，到了第九天时，曹洪一时性起，开关杀敌，中了马超的计谋，失了潼关。曹洪按律当斩，然而众将极力劝阻，才免于一死。

次日，曹操与马超对阵，曹操大败。曹操割须弃袍，一路上仓皇逃命，是曹洪的舍命相救，才免去死难。回营后，曹操感叹说："幸亏没杀曹洪，否则，今日死于非命。"唤曹洪来，厚加赏赐。

同是不杀，为何糜、傅二人怀恨，最终背信投敌，而曹洪感恩图报，舍命救主呢？这里固然有他们之间品质的差异，但更重要的原因是由惩罚的真假决定的。糜芳等人严重失职，关羽要斩糜芳是真，放糜芳是无奈，放了以后还要"二罪并罚"，而对糜、傅的斩罚也不明确。由此，两人觉得惩罚不当而含恨投降。曹洪当斩，但由于他是曹操的族侄，曹操对他要斩是假，想免是真。

从这两件事可以看出，惩罚不当便会使人心怀怨恨。只有那些已经受重用、并且还将继续重用的人，即使受罚，也不会怀恨背叛，甚至还会感恩效命。

因此，当因惩罚而引起争端、带来麻烦时，不妨改弦更张，变惩罚为奖励，这就是"假罚"。惩罚是必要的！但惩罚不当时，会引起恶性循环。惩罚过于频繁，下属对惩罚不再畏惧，惩罚就自然失去了效力。由此，当惩罚起不到应有的作用时，变惩罚为奖励也不失为一种好的方法，这样做可以促进良性循环，达到"双胜共赢"。

管理智慧：

当因惩罚而引起争端、带来麻烦时，不妨改弦更张，变惩罚为奖励，这就是"假罚"。

96. 时来运转，莫忘"难兄难弟"

清道光年间，外敌入侵。年逾古稀的陈化成受命御敌，军队驻扎在宝山。一天夜里，狂风大作，暴雨倾盆，驻地附近的水塘迅速涨溢，大水漫向营区。随从的军官请求将帅帐移到高处，以免影响陈大帅的休息。陈化成说："我的大帐是士兵们的向导，一旦移动了，士兵们不明所以，必然会使军心动摇，影响士气。况且，士兵们都睡在泥水中，我却一个人高高在上，这怎么行！"他坚决不准移动帅帐。七十来岁的陈大帅坚持在水中处理军务，这件事感动了士兵们，士气因此大增，个个作战英勇无比。

一个老板，三五个下属，再加一两间陋室，几个人同心协力，白手起家。数年后，终于成就了自己的功业大厦。这样的创业故事，在商业史上不胜枚举，许多企业巨头因此而诞生。这些人的成功靠的是自己与下属同甘共苦、患难与共而得来的。那时，老板和下属的心往一块想，劲往一处使，还有什么困难不能够克服呢？还有什么因素能使他们不成功呢？

其实，同下属患难与共，并不是一件困难的事。因为，危难情况下，同舟共济，共渡难关，往往是惟一的选择。但困难过后，苦尽甘来的时候，仍能与部下共享安乐的，就不是那么容易做得到了。

春秋战国时期，重耳在即位之前，深得介子推的帮助。他即位之后便论功行赏，功大的封邑，功小的晋爵，大家各得其所。但介子推不愿受封，重耳仍把"绵上"这个地方封为介子推的祭田。此后，众臣更加竭力相报，终于协助重耳打败楚国。

"以史为鉴，可以明得失。"作为一名领导者，身处逆境时要与下属共渡难关，时来运转时千万不可居功自傲，独自享有成果。只有这样，才能赢得下属的爱戴，创造出自己的伟业。

一个优秀的领导者懂得在处于逆境时，要与下属同心协力。哪个公司都有运气不佳之时,哪个领导者也都有身处逆境之日,这时,他们知道自己必须扮演好舵手的角色,看准航道和航向,动员下属们共同努力,积极克服和解决困难。这时,千万不能摆架子,袖手旁观,指使别人。公司危险时,自己也要尽一份力,否则浪打船翻,自己也要掉进海里。

另一方面,他们也时刻提醒自己时来运转,莫忘"难兄难弟"。当时来运转、春风得意之时,千万不能翻脸不认人,做所谓过河拆桥、忘恩负义的事。这样的领导者必会为人所不齿,谁愿意自己拼命保全的竟是一个忘恩负义的小人呢?一旦领导者的魅力丧失殆尽,且背上不义的骂名,曾经的"难兄难弟"绝不会再为你效力,新来的人也会望风而逃。

管理智慧:

作为一名领导者,身处逆境时要与下属共渡难关,时来运转时千万不可居功自傲,独自享有成果。只有这样,才能赢得下属的爱戴,创造出自己的伟业。

97. 到位而不越位

有些组织经常鼓励成员参与一些决策,这是现代管理的一种方法,但这种参与是有限度的。有些骨干喜欢参与决策,甚至代替领导决策,这恰恰是组织和上级所不允许的。表态,就是表明人们对某件事的基本态度,是组织运转中经常要遇到的事情。但在组织中,表态所代表的是岗位,而不是"人"。超越岗位,随意表态,不仅是不负责任的表现,而且也是无效的。对带有实质性问题的表态,应该是领导或由领导授权才行,而有的骨干作为下属,却没能坚持这个原则。上级领导没有表态也没有授权,他却抢先表态,越俎代庖,陷领导于被动,

领导不高兴也就是很自然的事了。工作中的越位很有点"自摆乌龙"的味道，这需要靠自己领悟。

著名历史学者李亚平先生在他的《帝国政界往事·大宋实录》中说，南宋岳飞掌握重兵后，曾主动谏言皇帝赵构设立太子。这属于武官干政，干涉了皇帝的家事，触痛了赵构的心病，令他大为不快。岳飞这个举动越位得太离谱了，为他后来的惨死埋下了祸根。

还有些人喜欢抢着干工作，实际上有些工作本来由上司出面更合适，你却抢先去做，从而造成工作越位，费力不讨好。

从骨干个人职业成长角度看，恪尽职守，也是职业素养和修炼。

中国有句俗话，叫做"干活不由东，累死也无功"。我们一些组织中的骨干往往把权力当成自己的"私有财产"，在思维中喜欢从自己的角度思考问题，常常做出从局部看有成绩，但从全局衡量又是个大失误的事情。骨干需要明白，权力是谁赋予的，搞清这个问题是树立大局意识的前提。

管理智慧：

超越岗位，随意表态，不仅是不负责任的表现，而且也是无效的。

98. 随时发现，随时批评，不要拖延

在发现下属有错误时，要掌握批评的时机，正面批评别人，对谁来说都是一件十分尴尬、为难的事。但作为领导，这是你的工作内容之一。

当你要对下属进行严厉批评时，请预先跟当事人约好一个时间，同时用简单的话先点他一下，让对方有心理准备，这样你也可以提前思考一下对事件的处理方法。然后，把你要说的内容的思路理清一下，重点重申一次，这样有助于你减少不安的感觉。你不妨写一个大纲，

以情管人　以法管事

准备随时翻阅，不致因疏漏而要重讲一次。并且要经常提醒自己"把握分寸"、"保持冷静"、"不要忙"，态度要自然轻松。记着，正面和诚恳的语态，可以令受批评者较易接受和免除尴尬。

在批评时开场白是很重要的，切忌凡事用"领导认为"来开头，以免给对方造成过大的压力。可以委婉地说："你经常迟到早退，是否有什么难处？""单位有单位的规矩，你迟到早退，对其他同事的工作有影响，而且不公平！""我欣赏你做事速战速决的作风，但希望你能依单位规矩而行，以免妨碍正常工作。"

批评下属要及时，立即采取行动。随时发现，随时批评，不要拖延，如果总是想过几天再说，这样，对方就会想：我一直都是这样做的，怎么你过去就没意见呢？

但是这并不是要不加选择地即时批评，有人认为：领导是权威的代表，在与下属谈话时，只要使用肯定或提高声调的语气就行了，其实不然。作为领导，要首先考虑到对方的自尊心，不能在大庭广众之下，去纠正下属的过失并且批评他。

如果总是想过几天再说，这样，对方就会想：我一直都是这样做的，怎么你过去就没意见呢？

99. 不患寡而患不均

很多公司为了留住人才，不惜花费重金，这的确可以起到一定的积极作用。但是领导还要明白，下属的薪酬，"不患寡而患不均"，只有让下属感到了真正的公平，才能留住下属。

"我可以不计较自己挣了多少钱，但我绝不容忍坐在我对面、与我同样职位的人每月比我多拿几块钱。"这种"不患寡而患不均"的

心态在下属中普遍存在。这种心态绝不是凭空捏造出来的,而是经济学家经过多年的研究得出的结论。其实这倒不难理解——因为在一个组织内部,大家是在相同的环境下工作,个人的努力对组织绩效的影响应该更具有可比性。

从影响公司绩效的角度来看,内部的公平性比外部的竞争性更为重要。所以,只有在制定薪酬体系时将这种重要性体现出来,才能让下属感受到公平。正因如此,许多公司都在试图找到一种科学的方法对个人绩效进行衡量并与薪酬挂钩。

领导就是一个在下属的薪酬与付出之间寻找平衡的角色,既要维护公司利益的最大化,还要保证下属工作的积极性。这种平衡可以说相当难把握,稍有不慎,就可能有失公平公正,从而造成下属的不满,甚至导致人才的流失。

管理智慧:

只有让下属感到了真正的公平,才能留住人才。

100. 以情感人

相信大家都看过《三国演义》,刘备之所以能够三分天下而取其一,就在于他用人之时重在一个"情"字。以情感人,可以说是刘备的一绝。

刚开始的时候,徐庶替刘备运筹帷幄,连打两次胜仗。曹操就想着如何把徐庶挖走,刘备当然不干。但他并没有听从别人的意见死留徐庶不放,好让曹操把徐母杀了,以便使徐庶死心塌地地帮助自己对付曹操,而是一边流泪一边为徐庶送行。徐庶大受感动,于是向刘备推荐了比自己更胜一筹的诸葛亮。刘备之所以能从一个"织履小儿"而成为蜀国之主,主要就是因为他擅长以情感人,使部下心甘情愿为他去打天下。

当然，刘备一生最为人所称道的事情还是三顾茅庐。刘备不顾风雪，诚心诚意地三次来到茅庐请诸葛亮出山，并且对诸葛亮的态度十分恭敬。最终诸葛亮被他的诚意所打动，并为他制定了立国纲领，指明了他事业奋斗的方向。刘备对诸葛亮除了亲自"请之"，自己"以师事之"，还教育关羽、张飞等一班手下对其"敬之"，让刘后主"以相父呼之"。刘备临终之时还叮嘱诸葛亮，倘若刘禅不成器，还可以取而"代之"。如此用情良苦，也难怪诸葛亮要鞠躬尽瘁，死而后已了。

而像关羽、张飞、赵云、马超、黄忠等一班武将，刘备则以兄弟之情待之，例如桃园三结义。有时，刘备与他们之间的感情甚至超越了骨肉之间的亲情。当赵云大战长坂坡，于百万敌军之中救回刘阿斗时，刘备刚接过孩子，第一句话就是"为汝这孺子，几损我一员大将"，说着就要摔孩子。刘备此时"大唱"了一段"感情戏"，抓住了赵云的心！

刘备请诸葛亮，说穿了也是借助于一个"情"字和一个"泪"字，因为他当时不可能给诸葛亮解决任何问题，爵位、官职、金钱、妻小的安置等都谈不上，就连刘备自己都寄人篱下，暂住新野这么个小县城。可诸葛亮就是冲刘备那个"情"字才出山的。两相比较，刘备求才虽然没有曹操气魄大、手段多，但在争取人心这方面却十分高明。

与曹操相形之下，刘备更是知道自己的实力根本无法与曹操相抗衡，也不能像曹操那样给自己的下属们封官许愿。但是，刘备仅靠一个"情"字，却完成了他的一方霸业。如果说关羽没有被曹操拉过去是因为拜过兄弟，那么赵云则完全是刘备的眼泪给"拉"过来的。赵云本是投奔在公孙瓒帐下的，只是当刘备出兵去救徐州之时，兵力实在是太弱，就向公孙瓒提出借赵云。打完仗后，刘备硬是拉着赵云一个劲儿地流泪，不舍分手，最后感动得赵云也掉下眼泪。后来公孙瓒战败身亡，赵云无处容身就到处找刘备。当时的刘备十分寒酸，却利

用真情实意将赵云留在了自己身边。

而曹操虽然财大气粗，搜罗了大批的人才于自己的麾下，打开了局面，但不是所有的人对他都是忠心的。徐庶的人虽然来了，却"身在曹营心在汉"。在赤壁大战时，诸葛亮、周瑜的一系列计谋，徐庶都很清楚，可就是不给曹操点破。还有司马懿，论才能与诸葛亮不相上下，到后来还不是父子合伙把曹家的江山给夺了去？说白了，曹操只是在形式上征服了他的下属，但却没有在心理上征服他们，这与刘备比起来就相形见绌了。

其实，将这套理论运用到现代管理上，也是完全可行的。假如一个人生活在温馨友爱的集体环境里，那么就会懂得尊重、理解和容忍，产生愉悦、兴奋和上进的心情，工作热情和效率都会大大提高。相反，一个人生活在冷漠、充满争斗和尔虞我诈的气氛中，情绪就会低落、郁闷，工作热情就会大打折扣。因此，领导在实施感情投资时，必须抓住"真情实意"这个要领，与下属互相交心，以心换心。

有一些领导者总是感叹公司太穷、单位太小，人才招不来，招来了又留不住。可是他们都没有想过，他们对下属们动过情吗？物质待遇固然很重要，但是从某种程度上来说，精神上的待遇也是很重要的。更何况如今的职场最讲究的就是竞争，其实质就是人才的竞争。因此，领导应讲究"爱才"、"得才"，用真情实意留住人才。

管理智慧：

物质待遇固然很重要，但是从某种程度上来说，精神上的待遇也是很重要的。

101. 不要把晋升当成一种奖励的方式

管理学家劳伦·彼得曾经提出过一个令所有管理者惊诧不已的理

以情管人　以法管事

论:"在一个等级制度中,每个职工趋向于被上升到他所不能胜任的职位。"如果这个理论成立,则意味着现代企业的晋升制度存在着一个巨大的漏洞,有大量并不能够胜任所在职位的员工,获得了原本和他们的能力不相称的晋升。

彼得通过对一些企业失败案例的分析,得出了这样的一个结论:每一个员工通过自身在原本职位上突出表现获得晋升的机会,一直升到他无法胜任的职位为止。这点出了现代企业的晋升机制中的极大问题。

现代企业的晋升机制,通常都是由员工的贡献来决定的,即一名员工在工作中表现出色,就会得到晋升以作为奖励。这种形式表面上看十分公平,实际上却存在着很大的隐患。奖励式晋升的最大问题在于,它很少会考虑到员工的主观能动性及实际工作的能力。晋升的职位不一定适合员工,这就会造成企业和员工的双重损失。

在一些以经济效益为主要目的的行业中,这种情况最常见。比如房地产业和保险业,员工所带来的经济效益,被强化到了一个无以复加的地步,他们晋升的惟一渠道,就是为公司带来更多的经济收益。然而这种奖励机制从根本上而言,是没有任何建设性的。只看重经济效益的结果,是忽略了员工本身的能动性和个人品质,因此晋升的结果往往是事与愿违。

小李是一家公司的老员工,平时工作认真努力,因此一直得到部门主管的喜爱,同事们也都视他为主管的接班人。部门主管升迁之后,小李认为自己理所当然地将成为新的主管,谁知道结果却出乎他的意料:一个经验比他少很多的年轻员工被管理层选做了新的主管。小李感到很委屈,就跑去向自己的老上司诉苦。谁知道和老上司一聊天他才惊讶地发现,那个新任的主管,是自己曾经的上司推荐的。老上司见小李不明白,就对他说:"我之所以推荐那个年轻人,是因为他更适合当部门的主管。你要明白,企业的职位不是拿来做奖励用的。你的工作的确很努力,效率也很高,但是从管理能力上来说,你的性格不适合做一名领导者。这就是原因。"

很显然，主观能动性和能力才是一个企业晋升职位的最重要标准。不是每一个员工都适合成为领导人物，因此，将公司的职位晋升当作一种奖励的手段来表彰那些表现出色的员工，实际上是不负责任的愚蠢行为。

当然，彼得原理并不仅仅适用于商业管理。对于其它的一些行业而言，这样的问题同样存在，甚至是更加明显。很多政府部门的职位晋升，就是按照这种奖励的机制来运行的。业绩突出、工作时间长的老员工，往往会更容易得到领导的青睐和得到晋升的机会。这显然也和彼得提出的原理相违背。

对于一个公司而言，如果其中的一些人员被安置到了他不能够胜任的位置，必然会造成工作效率的低下，导致公司发展的停滞。这就要求公司改变"根据员工贡献决定晋升"的机制，不能因为某个人在某一项工作中有较为出色的表现，就断定他一定能够胜任更高一级的职务。要建立科学、合理的人员任用机制，对员工的能力和水平进行客观的评价，将他们安排到他们可以胜任的岗位上。千万不要把岗位晋升当成一种奖励的方式，以免造成员工的工作才能无法正常发挥，反而给公司带来损失。

管理智慧：

要建立科学、合理的人员任用机制，对员工的能力和水平进行客观的评价，将他们安排到他们可以胜任的岗位上。

102. 只有监督，工作才会加倍努力

心理学家经过多年的研究后得出结论，只要是人，就存在惰性，不可能在没有任何监督的情况下坚持不懈地工作。

英国管理学家赫勒的研究，也可以作为一个佐证。赫勒通过对人

以情管人　以法管事

们的工作进行研究之后发现，当人们知道自己的工作正在被别人监督的时候，他们往往会加倍努力，以让自己的工作效果看起来更好。

事实上，管理之所以成为一项工作，就是因为企业需要对员工的工作进行监督。对于企业而言，一个有效的监督机制，可以调动员工的工作积极性，让员工充分地投入到工作当中。

美国著名快餐公司肯德基就对此十分重视。该公司的连锁店遍布全球六十多个国家和地区，总数将近一万个，在监督的实际操作上是十分困难的。那么，肯德基究竟是如何对这些遍布各地的快餐店进行监督和管理的呢？

原来，肯德基雇用和培训了一批员工，他们的职责，就是在全世界各地出差旅行，通过佯装顾客等方式对连锁店的服务、卫生等相关的状况进行检查评分。因为这些员工受过专业的培训，而且公司对他们的身份严格保密，所以各地连锁店的店员不可能认识他们。因此，肯德基的员工们时时都能感受到某种压力的存在，对工作丝毫不敢有所懈怠。正是通过这种独特的监督方式，肯德基不但掌握世界各地连锁店的经营情况，同时也有效地对员工的工作进行了监督，从而大大提高了他们的工作效率。

在管理学上，对下属的工作进行监督和考察，是管理者必须要做的一项工作。只有这样你才能准确地了解员工的工作状况，并且以此来让员工达到某种工作效果。

明太祖朱元璋就是一个监督的高手，他经常通过自己的锦衣卫去监督下属们的行为，以此来掌握下属们的举动。有一次，一个大臣晚上宴请朋友吃饭，第二天朱元璋见了他就问道："你昨天是不是请人吃饭了？有哪些人啊？"这个大臣不敢对皇上撒谎，就一五一十地将宴请的人都告诉了朱元璋。朱元璋听了之后很高兴地笑着说："很好，你没有骗我。"随后就拿出了一份名单给那个大臣看。大臣看完之后冷汗直流，原来皇帝给他的这份名单上写的，就是他昨晚宴请的那些客人！

当然，对于现代管理者而言，应当学习的是朱元璋监督员工的这

最简单有效的领导智慧

种态度，而不是方法。过分地监督，甚至窥探下属的隐私，只会让效果适得其反。

需要注意的是，管理者监督员工的工作，不一定就是死盯着员工是否犯错。在必要的时候，对员工的工作予以肯定，表扬他的某项出色的工作成果，也能够让员工明白，你一直在关注他的工作，这同样能够收到良好的效果。

总之，对于领导者而言，监督是十分必要的一项工作，只有积极地监督员工的工作，员工才能努力做好工作，这样企业才会发展得更好。

以情管人 以法管事

管理智慧：

只要是人，就存在惰性，不可能在没有任何监督的情况下坚持不懈地工作。

103. 不可重用的六类人

①投机者不可重用。

投机型的人善于察言观色，把自己作为商品，谋求在"人才市场"上讨个好价钱，在工作上专门讨价还价。

②谄媚者不可重用。

这种人毫无才干，品质恶劣，首先观念差，意志薄弱。

③权力欲强者不可重用。

权力欲望大的人时时刻刻都念念不忘在他人面前显示自己的能力。任何事或人阻碍了他们的野心和计划，都会使他们暴跳如雷。这种人的本性是极其自私的。

④四平八稳者不可重用。

他们最主要的缺点是已经失去干劲，只是想谋取一个舒适的职位而已，根本不可能跟别人竞争。

⑤爱慕虚荣者不可重用。

虚荣型的人渴望自己是富人和名人的知己。这种人没有什么真本事，只会夸夸其谈、信口开河地畅谈他的社交生涯。

⑥自命不凡者不可重用。

这种自命不凡的人对谁都看不起，觉得世上惟有自己最有能耐。

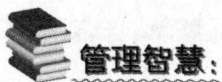管理智慧：

德厚人宜为正职，才高人宜为副职。

104. 毛泽东说"杀降不祥，孟德不为"

毛泽东一向反对杀降，反对杀俘虏，这在《三大纪律八项注意》中充分表现出来。对俘虏不虐待，不搜腰包，是不杀降的进一步发展。这是每一个领导者都应该有的宽广心胸，也是必要的。

东汉末年，曹操率兵在官渡大败袁绍，成为中国战争史上以少胜多的著名范例，为其统一北方奠定了基础。

双方交战之时，袁绍兵力数倍于曹操，曹操的形势一度岌岌可危。只因袁绍刚愎自用，不听谋士忠言，致使谋士愤而投曹，献计献策，火烧乌巢——袁军粮草重地，曹军方得大胜。

胜利后，曹军发现袁绍的文件中有大量朝中官员写给袁绍的书信，全都是讨好袁绍，以为自己谋好退路的。有人建议曹操彻底追查此事，以通敌罪名论处这些官员。

曹操否决了这个建议，也没看这些信件，命人全部烧掉。曹操说："当时形势危急，我尚不能自保，他们这样做也是迫不得已啊！"毛泽东就此曾点评曹操说："杀降不祥，孟德不为。"

"冷酷打击，坚决消灭"，这几乎是中国企业对待同行竞争对手的

以情管人　以法管事

共同作风。然而，这种"对手观"，正是中国市场无法步入健康期的最大障碍。学会尊重对手，是中国企业家亟待补上的一课。

对手是什么？

最简单地说，你是一匹赛马，那么对手就是逐鹿场上的另一些赛马。

有时，一个产品的开发、一个市场的拓展，正是由于对手的存在才得以实现。对手之间的公平竞争和精彩对决，创造出令人目不暇接的商业神话，才使我们这个商业世界热闹非凡，市面繁荣，充满了勃勃生机。

因此，在某种意义上，永远不要试着去消灭你的对手，有时候更要乐于看到对手的强盛。

在百事可乐最初的70年里，它一直是一种地方性的饮料品牌。直到上世纪初，它找准了一个对手——老牌的可口可乐，并相应制定出"年轻一代"的品牌策略。一个新的时代开始了。

因此，这对伟大的对手，从彼此的身上寻找到了灵感和冲动，并造就了一场伟大的竞争。正如后来的经济学家所评论的："百事可乐最大的成功，就是找到了一个成功的对手。"

管理智慧：

"冷酷打击，坚决消灭"，这几乎是中国企业对待同行竞争对手的共同作风。然而，这种"对手观"，正是中国市场无法步入健康期的最大障碍。学会尊重对手，是中国企业家亟待补上的一课。

105. 学会让自己适应下属

有位工程师在某著名的大公司任职。在他所在的领域里，他的能力可以说是无人不知、无人不晓。但这位工程师有个小小的缺点——

不修边幅，不重视个人外表。也正因为如此，部门主管始终对他感到不满意。

由于这位工程师的工作业绩极为优异，所以，每一次外宾来访时，都要特地到他的实验室参观。但当来宾们一到实验室，他邋遢的形象便成了人们关注的焦点。对于此事，部门主管因此愈来愈感到难为情。由于强化缺点的惯性作祟，这位主管开始对工程师施加压力，希望他仪容整洁，能符合公司的要求。

结果，这位工程师很快就被另外一家大公司重金挖走了——他们并不介意他仪容方面的缺点。而原来的公司，因为管理人才不当，把注意力偏重在细枝末节上，使得公司为此蒙受了无可挽回的巨大损失。

在学校，这样的情况也是比较常见的。比如说，有个学生的数学很棒，但语文却一塌糊涂，结果，被放大的常是他不敢恭维的语文能力。由于他的缺点被强化，而不断地受到责备，使这个学生很自然地觉得自己是个失败者，最后干脆连原本拿手的数学也都一并放弃了。

在人际交往方面，一些人常要求个性内向的人外向活泼些，要求静不下来的人沉着内敛些，而忽略了各自所独具的特色与优势。

当人们强调和放大一个人的缺点的时候，失去了自我肯定的不安全感，往往使得他发展优势的意愿一并被抹杀。

上例中的主管原本该做的是，让自己适应工程师的不修边幅，并给予他工作时更大的权限与自由——比如，让他在最有效率的时候工作，让他拥有所需要的仪器设备和研究助理，为他购买最好的研究资料和书刊。毕竟，工程师的研发能力才是公司最需要的，管理者应该是强调优势，而不是鸡蛋里挑骨头。

如果学生的优势在数学而非语文，那么作为老师，应该利用他的数学来引导其他课程。也因为老师不断地强化他的优势，这个学生才能因此建立自信心，不仅数学成绩会更好，而且因为有了自信，他会更愿意面对自己的语文问题。

成为无所不能的"通才"，只是一种理想。但事实上，一个人的能力常常只偏重在某个方面或者某几个方面的表现上。实事求是地讲，

最简单有效的领导智慧

没有一个人在各个方面的表现是完美无缺的，是符合"标准"的。

如果我们总拿自己的理想和标准去衡量一切事物，那么，天底下就没有什么人和事物是堪称美好的了。如果不理解这个道理，那么，我们很容易陷入对己对人都过分苛求的陷阱当中。

相反，当我们专注于长处和优势上，给自己和他人多一点信心与鼓励，一定程度地接受自己及别人不可避免的缺点，那么，我们各自成长和发展的空间反而会更为宽广。

管理智慧：

时刻知道，对于企业来说，下属的哪一方面才是最重要的。

106. 平易近人者，人皆近之

一个人想成就大事就要善于凝聚人心，让与之相关的人心甘情愿地帮助和追随自己。而凝聚人心最有效的方法就是做到平易近人。

有一本介绍"心理技巧"的书，其中讲了在美国田纳西州的州长选举中，兄弟二人双双出马竞选州长的事。哥哥以婴儿的微笑战术来扩大支持者；相对的，弟弟却对于这些漂亮的姿势一概不采用。当他站在演讲台上时，边摸着口袋边对听众说着："你们谁可以给我一支香烟？"

结果是弟弟获胜。

选民们因为政治家的平易近人、能向普通百姓要香烟而对他投以更多的支持。

能够跟大人物这么近乎地打交道，在普通人看来是一件很荣耀的事。领导者有时故意做出某个举动，把自己降到普通人的地位，甚至通过语言的印象让对方感到自己格外受尊重，这是借着立场的逆转挑起对方的虚荣心。

人往往有一种逆反心理，越是强硬的命令，越是不愿意服从。然而，同样是上司的命令，如果用"拜托"这句话来置换彼此的身份，人的逆反心理便会减少，常常不会感觉出这是命令。

总之，在工作场所，为了有效地调动部属，让他们帮你成就大事，你就要尽量将领导工作中的指挥、命令行为降低格调，不要在下属面前总是板着老板的面孔，要经常听取他们的建议。这也是领导者低调做人和平易近人的表现。

人往往有一种逆反心理，越是强硬的命令，越是不愿意服从。然而，同样是上司的命令，如果用"拜托"这句话来置换彼此的身份，人的逆反心理便会减少，常常不会感觉出这是命令。

107. 命令无效，请教事成

有一位成绩斐然的管理者，他的团队具有极强的凝聚力。大家都很不明白：平时看他不怎么去命令员工做这做那，可他的下属为什么就那么兢兢业业地工作呢？于是，有人就此请教这位管理者是否有什么诀窍。

这位管理者笑了笑，回答说："我的秘诀只有八个字：命令无效，请教事成。只要记住对任何人说话时，总是以建议的方式来表达就行了。"

优秀的管理者，通常都能让员工在自己面前感觉无拘无束，从而使员工能以一种轻松和谐的心态畅所欲言，把心中的所想所感和盘托出。如此，不仅有利于管理者与员工相互的沟通，也有利于管理者对员工全面地进行了解，从而能更合理地利用人才。有些过于紧张的员工在这样的气氛下，思维也能逐渐活跃起来，就像我们常说的"超常

发挥"。这个时候，他们常能考虑到先前没有考虑到的东西，因此这位员工的潜力就可能最大限度地被挖掘出来了。

所以，即使你是管理者，也不能以一种居高临下的态度随意对下属发号施令，这样只会挫伤员工的积极性。这个时候，管理者不妨换个口吻，以建议性的方式婉转地表达自己的意见，则会使员工感到被尊重，并愿意通力配合你。管理者要知道，这不仅是语言的艺术，更是你自身素质的体现。

管理智慧：

管理者不妨换个口吻，以建议性的方式婉转地表达自己的意见，则会使员工感到被尊重，并愿意通力配合你。

108. 不满不代表不忠

认为对某一事情表示不满的人，一定对公司、管理部门或对你极为愤恨，这是非常错误的看法。实际上，正是这种抱怨和不满，才使你意识到公司里可能还有其他人在默默忍受和抱怨着同样的问题。

从某种意义上说，领导者的一大职责就是听取抱怨。

默默忍受可以使下属忍气吞声，表面平静，但却会严重影响工作效率。如果你能随时处理他们的不满，解决他们的问题，抱怨者就会对你心存感激，从而更努力工作，依你的计划办事。

不满与苦衷装满内心，一旦再也装不下时，就会转变成激烈的反抗。为消除部属内心的不满，应该让他们自由的发言，使他们发泄怒气，这点很重要。此时上司若不诚心诚意听他们倾诉，他们会觉得说出口反而是多余的，更觉不满。

有着宽阔的心胸，柔和的态度，令人自由自在畅顺谈话的上司，会使员工无形中减少许多困扰。在这种上司手下工作的员工，可以当场将心中的不满完全表露出来，转而以轻松的心情工作。

管理智慧：

从某种意义上说，领导者的一大职责就是听取抱怨。

109. 领导者宽宏大量，人们就会乐于追随

　　南非民族斗士曼德拉，因为领导反对白人种族隔离政策而入狱，白人统治者把他关在荒凉的大西洋小岛罗本岛上27年。罗本岛位于开普敦西北方向7英里的桌湾，岛上布满岩石，到处都是海豹、蛇及其它动物。曼德拉被关在总集中营一个"锌皮房"里，他每天早晨排队到采石场，然后被解开脚镣，下到一个很大的石灰石田地，用尖镐和铁锹挖掘石灰石，有时从冰冷的海水里捞取海带。因为曼德拉是要犯，专门的看守就有3人。当1991年曼德拉出狱当选总统以后，他在总统就职典礼上的举动震惊了世界。

　　总统就职仪式开始了，曼德拉起身致辞欢迎他的来宾。在介绍了来自世界各国的政要后，他说令他最高兴的是当初看守他的3名前狱方人员也能到场。他邀请他们站起身，以便他能介绍给大家。曼德拉博大的胸襟和宽宏的精神，让南非那些残酷虐待了他27年的白人汗颜，也让所有到场的人肃然起敬。看着年迈的曼德拉缓缓站起身来，恭敬地向3个曾关押他的看守致敬时，在场的所有来宾以致整个世界，都静下来了。

　　曼德拉后来向朋友们解释，说自己年轻时性子很急，脾气暴躁，正是在狱中学会了控制情绪才活了下来。牢狱生活给了他时间与激励，使他学会了如何处理自己遭遇苦难的痛苦。他说，感恩与宽容经常是源自痛苦与磨难的，必须以极大的毅力来训练。曼德拉在描述当他获悉出狱当天的心情时说："当我走出囚室、迈过通往自由的大门时，

我已经清楚,自己若不能把悲痛与怨恨留在身后,那么我其实仍在狱中。"

生活中有很多无关紧要的小事,如果耗费过多的精力在这些琐事上,肯定会影响重要的事。如果我们明确了哪些事情可以不认真,可以敷衍了事,我们就能腾出时间和精力,全力以赴、认真地去做该做的事,我们成功的机会和希望就会大大增加。与此同时,由于我们变得宽宏大量,人们就会乐于追随,我们的朋友就会越来越多,敌人就会越来越少,事业就会走向成功。

以情管人　以法管事

管理智慧:

感恩与宽容经常是源自痛苦与磨难的,必须以极大的毅力来训练。

110. 对于工作出色者,及时认可

伊齐尔·魏茨曼在出任以色列总统之前,曾做过空军指挥官。20世纪60年代初,以色列空军的装备很差,只有一支小小的空军部队,远没有达到几年后赢得世界声誉时的规模。但指挥官魏茨曼将军却知道空军部队中每一个飞行员的名字,并以此向每个飞行员致辞。他还知道每一个人的个人问题和兴趣。当飞行员的妻子生小孩的时候,他会派人送去鲜花。

他提出的空军征兵口号是:"空军是最好的。"每当拿起麦克风时,他的开场白总是:"好,中东最好的空军部队有什么新鲜事?"慢慢地,士兵们树立了"我们的人数虽然很少,但却是最优秀的"信念。后来,魏茨曼被提升为以色列国防部长,不久便爆发了战争。他的飞行员在作战中没有令他失望。在"六天战争"开始后的几个小时内,他们就摧毁了352架敌机。

对于下属的评价应主要集中表现在他是否努力工作、贡献有多大,

能力及潜力的范围有多大等方面上。在这些方面，客观的测试是有限的。为达到公正的结果，应加入主观的评价。当出现难题时，领导者应该让下属告诉自己，他们心中公正的内涵是什么。你能想出多少种不同的方式来认可出色的工作？你能够分给下属多少奖品和奖金？你能够想出多少种不同的方式宣布下属的成功？你能够用多少种不同的途径亲自说"恭喜你，我们为你感到骄傲"？

对出色工作的认可，是惟一公正的途径，它能产生巨大的效益和激励。

事实上，每一个人都希望得到认可。如果这对于一个身居高位的领导者来说是正确的，那么对其他人来说就更是如此了，这也包括你属下的任何一个人。

对出色工作的认可，是惟一公正的途径，它能产生巨大的效益和激励。

111. 直来直去，有正义感

成功的领导者对自己和追随者都必须诚实。你可以一时愚弄某些人，但迟早你会因为得不到信任而被迫离开领导岗位。靠不住的人很少能成功地担任领导工作。作为出色的主管，你要想赢得信赖就必须公正地对待你的所有雇员，而不去考虑他们的能力、地位，是否有交情，是否听话。换句话说，不能任人惟亲。

雇员愿意为这样的领导者工作：他们会明确地表明自己的意图，对事实不采取骑墙态度，对摆脱尴尬局面不是反复地折腾，不说模棱两可的话。因此，你应该努力做一个直来直去的人，永远开诚布公，公平正直和光明正大。

如果你赢得了这种声誉，那么，你的大多数雇员将会以同样的态度做出反应，他们也将公平、正直地对待你，在所有交往中都光明正大。

管理智慧：

你应该努力做一个直来直去的人，永远开诚布公，公平正直和光明正大。

112. 言语要坚决，但性情要大度

惩罚不愿意执行命令的员工，必然会导致不良后果——可能会影响其他雇员，并难以说服受罚者，你较明智的做法应是转而求助另一位愿意执行命令的人。这样，你可以使他"靠边站一下"，先回去工作，待他冷静后，你再通过解释性的方法与他私下交换意见。

记住，你的职责是借助于他人的帮助来完成工作。解雇、惩罚雇员或恶化你与雇员之间的关系是不能完成工作的。你讲话要坚决，但要宽宏大度，你是在与他一起工作，而不是与他作对。

如果这些都做了，他依然有反对你的迹象，你就需要让他知道，如果他再不与你合作，将给予他适当的处分或是解雇。但是，这是最后手段，只有其它办法都无效时才使用。

管理智慧：

记住，你的职责是借助于他人的帮助来完成工作。解雇、惩罚雇员或恶化你与雇员之间的关系是不能完成工作的。

以情管人　以法管事

113. 领导者的高下，在于眼界与心胸

其实，在用人问题上最能体现一个人尤其是领导者的眼界与心胸。俗话说，人无地域之分，更无南北之别，只要为我所用，就都是自己人。这无疑是一位眼界开阔、心胸宽广的领导者。古人云：能用一人之智者，一世无成；能用三人之智者，事有小成；能用天下之智者，无事不成。而一个人是只能用一人之智还是天下之智，重在其用人的眼界。

当年曹操与袁绍共同起兵讨伐董卓时，袁绍曾问曹操，如果大事不济，则何方可踞。袁绍自己的打算是，南踞黄河，北阻燕代，兼戎狄之众，南向以争天下。后来他也果然这么做了，可结果天下却没有争着。曹操当时则说出一句志向气度显然比袁绍大得多的话来："吾任天下之智力，以道御之，无所不可。"

日后的事实证明，曹操在三国君主中以惟才是举而著称，在他的阵营里也确实人才济济。曹操一生用兵诡诈，颇重谋略，多因他帐下谋士如云之故，堪称"任天下之智力"。

曹营谋士不似诸葛亮一般包打天下，曹操要"以道御之"，也不允许他们包打天下。他们每个人各有所长，各有千秋，所以曹营谋士聚在一起是"百家争鸣"、"百花齐放"。

曹操在艰难创业中，每走一步都是众多智士的合谋。

曹操政治抱负远大，用人气度不凡。他任天下之智力，争天下之归心，甚至想把刘备孙权这样的人收服。

刘备是一个反复无常的人。他在迫不得已的情况下投靠了曹操，曹操的谋士主张杀掉刘备。曹操则认为刘备是一个难得的人才，因此对刘备十分敬重，"出则同舆，坐则同席"，总想把他纳入自己的营垒。刘备表面上应付曹操，实际上另有所图。他与曹操翻脸后，一次被曹兵打得大败，妻子和大将关羽都被生俘。在这前后，曹操的谋士

程昱、郭嘉等，几次提醒他趁机杀掉刘备，可曹操一直不肯，只要有一丝争取的希望，他也不愿放弃。

三国之主都能用人，但只有曹操想着把另外两主都为其所用。孙权作为后生，对曹操的用人，佩服得五体投地。他说："至于御将，古之少有，此之于操，万不及也。"对他来说，保江东是大局，不可能产生如何用曹操的念头。刘备是曹操的同辈，在曹操设法团结他时，他想的只是如何钻曹操的空子，捣曹操的鬼，也没有敢用曹操的奢望。一般来说，在同样的客观条件下，用人的气度与取得业绩是成正比的。天下三分，曹操得二，刘备和孙权各偏安一隅，绝非偶然。

任天下之智力，争天下之归心，最值得称道的，还是曹操正确对待反对自己的人，善于将对自己不利的人心，凝聚为对己有利的力量。曹操起兵时，只有本家族的几个兄弟和侄子做骨干，七拼八凑，不足四千兵马。他想任刘备未获成功，但在任其他优秀人才上却收到了奇效，这样就使他在短短的几年内，造就了"谋士如云，战将如林"的庞大队伍。

曹操一生征战，直到后来创立魏国，所任用的文臣武将，都来自于全国各地，用毛泽东的话来说，就是实现"五湖四海"的政策。

与曹操"五湖四海"相对的，就是搞"小圈子"。曹操没有搞"小圈子"，所以他终成大业；而与他同时代的人，终因搞"小圈子"而使初见雏形的大业中途夭折。

最早因搞"小圈子"而丧失绝好机会的恐怕是袁绍了。袁绍吞并公孙瓒后，由于地盘扩大了，便开始搞起了袁氏小圈子。他派长子袁谭任青州都督，沮授劝谏袁绍说："这一定会成为祸乱的开始。"袁绍不听他的意见，说："我想让我的每个孩子各守一州。"又让二儿子袁熙为幽州太守，外甥高干为并州太守。沮授又给袁绍讲了一个"逐兔分定"的故事以劝谏："世上常说一只兔子跑到街上，很多人追逐它，一个人捕住了，企图得到它的人就会停止行动，这是兔子已经归捕获者的缘故。年龄相同的看谁贤能，德行相当就用占卜来决定，这是古代的制度。希望你在上思考从前成功失败的教训，在下想一想逐兔分

以情管人 以法管事

定的道理。"袁绍却说："我想让四个儿子各自占据一州的土地，检验他们的才能如何。"沮授退出时说："祸患大概会从这里产生吧！"袁绍搞"小圈子"，不但让将帅寒了心，也让谋略家们离他而去。后来袁绍的儿子们兄弟相残，终于败亡。

刘备、孙权死后，其继承者也搞小圈子。刘禅把诸葛亮教导他的"近贤臣，远小人"整个颠倒过来，近小人，远贤臣，吓得连姜维这样的大将都不敢在成都驻守。孙权的儿子孙亮，用人唯宗室是举，连被父亲指定的顾命大臣诸葛恪也信不过，怂恿宗室孙峻把诸葛恪杀掉。蜀吴两国，都是因先在用人上出了问题，乱了干部队伍，丧失了民心，而后被魏国一一灭掉的。

"小圈子"源于"鼠目寸光，小心眼儿"。都是封建帝王，为什么创业的先辈们用人能着眼于五湖四海呢？那是因为他们有远大的政治抱负，宽阔的眼界。老子打下了天下，子孙们坐享其成，没有了勃勃进取，只是一天到晚琢磨人，琢磨来琢磨去，就不由自主地以圈来划了。不能设想，一登上政治舞台就搞"小圈子"的人能成大气候。

管理智慧：

能用一人之智者，一世无成；能用三人之智者，事有小成；能用天下之智者，无事不成。

114. 处处设防会损害人才的积极性

人才的需要是多层次的，除了物质上的丰裕的供给外，如果能满足他们对于信任或信赖这种情感上的需要，他们就可以发挥出创造性的作用，做出重大的贡献来。

在任用陈平这件事上，刘邦善用人才的特点便得到了充分体现。刘邦坚持自己的用人原则，手下的将士们即使有颇多不满，但鉴于刘

邦的态度，也不敢再有所非议。得到充分信任的陈平在辅佐刘邦时，忠心耿耿，尽职尽责，为刘邦打天下立下了汗马功劳。同时，他也在向众人充分展示了自己的才华——初到汉营不久，就使出"离间计"，使项羽赶走了他的重要谋臣范增，帮刘邦除掉了心头大患，为刘邦日后的胜利铺平了道路。

一个组织在用人时，要用而不疑，充分信任下属，要相信他们对事业的忠诚，放手让他们工作，使其敢于负责，大胆工作。

首先，领导者对下级必须了解，清楚下级的历史和各种现实表现。既知思想觉悟水平，又知实际工作能力，这是信任的前提条件。

其次，领导者给下级任命什么职务，就应授予相应的权力，使部属的权责统一起来，有职又有权。凡是下级职权内的事，不要随便干涉。有的领导者名义上授权，实际上包办代替，越权指挥，对下级表现出不信任，这些都会挫伤部属的自尊心和积极性。

再次，当下级做出成绩时，要及时给予鼓励和表扬；当他们在工作中遇到困难和阻力时，要给予积极的支持和帮助；当他们在工作中出了差错时，领导者要把责任承担起来，帮助他们总结经验，鼓励他们继续前进；当他们在改革创新中受到保守势力的责难时，领导者要挺身而出，为他们撑腰做主，鼓励他们坚持到底。

倘若领导者对下级处处设防，半信半疑，定会损害事业的发展。

当然从另一方面讲，领导者用人是建立在知人识人的基础上的，不了解的人，就不能轻易任用，这便是疑人不用。

管理智慧：

倘若领导者对下级处处设防，半信半疑，定会损害事业的发展。

115. 左手往外推，右手向里拉

对人可以严厉，但只懂得严厉会让对方与你反目，这不会摧毁对方的心理防线，只会破坏你们之间的关系。而在对人进行严厉的批评或惩处后，适当地表示亲密和安慰会让对方不致因怨恨而产生敌意，这既会让对方知道怎样做，又能让对方感激你的信任，使对方跟随你的脚步继续走下去。

左手往外推，右手向里拉，往往会让对方原本的意念动摇。松下幸之助以用人技巧而闻名，主要是因为他能明白他人的心理。比如他会在责骂过他手下后，非常巧妙地安慰对方。

在松下公司任职很长时间、曾任三洋电机前董事长的后藤清一先生说，有一次，他因犯下一桩小错误而惹恼了松下先生。

当他走进松下的办公室时，松下先生就拿起一只火钳拼命地往桌上拍击并斥责着他。此时的后藤先生心里很不是滋味，因为他觉得自己犯的错误并不是什么大事。正当他要不高兴地离去时，松下先生却叫住他："等一下，刚才因为我太生气了，不小心把这只火钳敲弯了，所以麻烦你把它弄直。"

后藤苦笑了一下，赶忙照着指示去做，松下看了看弄直后的火钳，笑着对后藤说："还不错！它比原来还要好。"

后来，后藤回忆说："听到松下先生说了这句话，我那颗受伤的心其实已经好了一半。"后藤挨完骂，下班后便回家了。到家后，太太准备了一桌好菜。后藤问为什么，太太说松下先生刚打来电话，说要我做些好东西给你吃。

第二天，松下先生很早就打电话问后藤："我只想问你是不是还很在意昨晚的事？没有？那样就最好了！"

后藤先生后来回忆说："听完松下先生打来的表示关心的电话，我前一天因被痛骂引起的气愤都烟消云散了，我甚至有些感动地紧握

着电话，对松下先生佩服到了极点。"

严厉后的亲密，会避免让对方因为你的严厉而被激怒，也就避免了冲突。而且如果在亲密时提到对方的优点，这无疑会赢得对方的好感。

在对人进行严厉的批评或惩处后，适当地表示亲密和安慰会让对方不致因怨恨而产生敌意。

以情管人　以法管事

116. 防止出现人才断层

史蒂夫·乔布斯，苹果公司前任总裁，在过去的很长一段时间里，他几乎就是苹果公司的代称。在他的带领下，苹果公司获得了极大的发展，成为业界的一个重要的商业标志，其产品为人们所认可和喜爱。如今，苹果公司却面临着一个重大的问题。业界专家在分析它的未来发展时提到："重要的不是苹果的现在，而是乔布斯之后，谁能够继续带领苹果前进？"的确，接班人问题已经成为苹果公司最重要的问题，将深刻影响到公司以后的发展。

一个企业要想获得长期而稳定的发展，仅仅依靠一位优秀的管理者是不够的，即使优秀的如乔布斯一样的管理能人，也要面临退休问题。因此，企业要及早建立和完善接班人的培养制度，这是保证企业长久发展的重要前提。

英国宇宙航行组织总裁奥斯汀·皮尔斯，曾经就此提出过自己的观点："企业要追寻有效的经营发展前途，未来继任的人选是相当重要的。公司的执行主管应该将该问题提升到与企业财务收支同等重要的地位上，这是让企业逐渐走上正轨的前提。"这就是"皮尔斯定律"。它给企业提出了一个重要议题：企业要想发展得更好，就应当建立一个有效的接班人制度，这样才能够保障企业持续的竞争力。

在这一点上，通用电气的总裁杰克·韦尔奇和皮尔斯不谋而合。韦尔奇曾经说过："高效的领导者都应该意识到，对他们领导能力最终极的考验，就是要看他们能否获得持久的成功，而这需要不断地培养接班人才能完成。"正是基于这一点，韦尔奇65岁时就交出了自己的指挥棒，他亲自挑选的继任者伊梅尔特成为通用电气的新总裁。他的这一决定在当时让很多人不理解。人们认为，韦尔奇正值自己职业生涯的巅峰状态，这样急着退休未免太过可惜。但韦尔奇自己并不这么看，他将此视为通用电气发展的必然："我决定退休，并不是因为我对工作已经产生厌倦或我的年纪太大，而是因为我在这个位置已经待得太久。我不可能永远在公司工作下去，公司需要一个新的领导人来带领人们前进。如果日后公司有任何一点成功的话，希望是我的这个决定带来的。"

管理者建立的接班人培养制度，可以有效地帮助企业避免在长期的发展过程中遭遇到管理人才断层的尴尬，一如今天的苹果公司一样。著名的快餐公司肯德基，就规定了管理者必须要先培养好自己的接班人之后才可能升职，原因自然也是为了防止出现人才断层的问题。

对一个企业的发展来说，培养接班人意义重大。它能够保证企业的人力资源储备不至于出现断裂，也能有效地降低因员工辞职或离职后造成的损失。人才是企业发展的基础，只有让源源不断的人才来为企业服务，企业才能够走在健康经营的轨道上。

管理智慧：

一个企业要想获得长期而稳定的发展，仅仅依靠一位优秀的管理者是不够的。

117. 智囊团的意见只能作为参考，决策还需要自己来做

当今市场的竞争，就是人才的竞争。每一个创业者以及企业经营者都应认识到：优秀的人才会使企业具有不可战胜的优势，让企业充满活力。所以，在现代商海中，我们看到，越来越多的企业开始注重智囊团的建设。

对于企业来说，智囊团必须由两个或两个以上的人组成，以和谐的姿态与积极向上的精神，为共同的目标而努力协作。

然而，对于一个领导者来说，即使组建了智囊团，最终的决策还需要自己来做。由于智囊团的成员有可能都是某一方面的专家（比如营销专家、技术专才），他们的不同意见听起来就更加言之凿凿，让人觉得很有道理，这会对决策者的判断产生干扰。因此，最终的决策者应抱着借鉴、比较的心态对待意见。决策者要处理的一个重要问题是如何在众多的信息中分辨出正确的信息。否则，智囊团只会起到反作用。

北方的一个小城镇上，有一家啤酒厂，它1986年动工兴建，1987年5月1日之前正式投产。产品自投产后销量一直很好，但厂长并没有因此自满，决定利用1987年秋冬淡季进行扩建。于是，厂长去征询智囊团的意见，结果有人反对，有人支持。反对的意见有两种，一种是一个县的啤酒厂，一万吨的生产能力已经可以了，而且由于工人少，管理方便，只管赚钱就行了。另一种意见，先积累生产经营和管理的经验，而后再适时扩建。

持这两种意见的专家们皆拿出了恰如其分的案例来说明自己观点的正确性。但厂长却清楚地意识到，小啤酒厂星罗棋布、相互残杀的"春秋时代"很快就会结束，有相当规模的中大型啤酒厂进行市场较量的"战国时代"很快就会到来。没有一定的规模，是不会有效益

以情管人 以法管事

的，只能等着被别人挤垮，或者被吞并。

于是，厂长不顾专家们的反对，毅然决断：把啤酒厂扩建到两万吨，准备随后再扩建到 5 万吨。

那么，厂长的这个决策到底是正确的还是错误的呢？看看下面这些数据，你就明白了。从 1987 年起，每年秋冬啤酒生产淡季，该厂都要进行扩建，从一万吨到两万吨，到 5 万吨，到 8 万吨，到 12 万吨，到 15 万吨，到 22 万吨，这就是直到中外合资之前，连续扩建的结果。这个啤酒厂发展壮大了，根扎深了，立足稳了，光税金一项一年就上缴国家近一个亿。而与此同时，当地的十几个啤酒厂，垮了一大半，另外少部分在艰难地维持着。虽然后来有几个啤酒厂也开始扩建，但为时已晚。

可以说，厂长的决策是正确的。对于一个优秀的企业来说，组建智囊团必不可少，但智囊团的意见却并不一定必须接受，有时只能作为管理者制定决策时的参考。

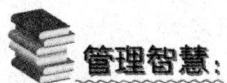

对于一个优秀的企业来说，组建智囊团必不可少，但智囊团的意见却并不一定必须接受，有时只能作为管理者制定决策时的参考。

118. 与其喊破嗓子，不如做出样子

榜样激励在古今中外一直都行之有效，它是一种行为激励。通过榜样的示范来规范、引导下属的行为，从而形成合力，趋向共同的目标。运用榜样激励需要掌握以下几个方法和技巧。

首先，要树立不同的榜样，公务员有公务员的榜样，企业管理人员有企业管理人员的榜样，知识分子有知识分子的榜样；青年有青年的榜样，中年有中年的榜样，老年有老年的榜样。各行各业、各个年

龄层次、各个地区部门都有自己的榜样。这样一来，人们对他们感到熟悉、亲切，具有可比性，就愿意向他们学习。

其次，树立榜样要实事求是，要真实可信。人为地拔高、过分地美化，不仅不能加大榜样的影响，反而会削弱榜样的力量。

最后，榜样不应终身制，不能几十年都是那一个榜样。时代在发展，社会在前进，环境变了，榜样也应随之更新。

在海尔，常听见"云燕镜子"、"晓玲扳手"等一些奇怪叫法，那是以员工名字命名的发明创造。这样做，一是对员工发明创造的认可，二是树立一个榜样，号召广大员工向他们学习。

宗庆后分析国民党为什么失败，共产党为什么成功时说，国民党的官喊的口号是"给我上"，士兵在流血，他们在花天酒地。而共产党的口号是"跟我上"，将军和士兵一起在枪林弹雨中冲锋陷阵。结果是国民党退守台湾，共产党的红旗插遍全中国。

宗庆后在工作中总是以身作则、率先垂范，居高位而不忘工人。他说，一个住五星级宾馆的老总怎么与工人对话？

榜样的力量是无穷的，与其喊破嗓子，不如做出样子。只有以身作则，以实际行动去影响人、激励人，才能起到事半功倍的效果。如果不学无术，夸夸其谈，说得多，做得少，就会使下属失望，挫伤下属的积极性，导致离心力增强。

"其身正，不令而行，其身不正，虽令不从。"领导者在树立榜样的同时，也要注意以身作则，以自己的行动去带动别人，实际上这是对越轨行为的无声批评，其效应是正面批评无法代替的。

管理智慧：

有以身作则，以实际行动去影响人、激励人，才能起到事半功倍的效果。

119. 把自己的决断变成集体的决策

优秀的领导者，总是善于把自己的决断变成集体的决策。而这个过程客观上就必须经过一系列的酝酿程序，诸如尽职调查、法律咨询、专家论证、集体讨论甚至进行票决。

通过决策程序，一是避免领导者"三拍"情况发生，即思考时拍脑门，决策时拍胸脯，执行不利拍拍屁股放弃。建立科学的决策机制，通过一定的决策程序来集思广益，完善决策。而这种决策程序的本身也是领导与决策层成员之间沟通的过程，是让大家消化吸收的过程，是达成思想统一的过程。这种决策程序也将会是最后执行决策的重要保证。

二是做到师出有名，所谓名正则言顺。孔子说："名不正，则言不顺；言不顺，则事不成。"建立民主的决策流程，便于统一思想，团结上上下下的干部员工，劲往一处使，形成合力，众志成城。

三是从制度上杜绝个人说了算。多少案例显示，企业一旦出现违规决策，特别是企业老总一人"说了算"的局面，往往给企业带来重大损失，甚至导致毁灭性结果。

与"个人说了算"相反的是民主决策。所谓实现民主决策，就是由多数人裁决，也叫票决，少数服从多数，集体承担决策后果责任。当年陕甘宁边区民主气氛浓厚，农民用候选人得到选民豆子的多少来选出自己信得过的村长，就是用的票决制。在一般的情况下，要坚持2/3原则，即对待专家的意见，没有2/3以上的人同意，不要决断；对民意测评的意见，除非特殊情况，没有2/3以上的支持率，也不要决断。决策要通过反复论证、讨论、调研和不断交流以达到共识。企业要避免发生像沈阳飞龙总裁姜伟的所为：自己突然决定飞龙进入修整期，开始整风运动，使集团领导层和上下员工摸不着头脑，结果陷入混乱，导致全线崩溃。

最简单有效的领导智慧

哈佛管理丛书《企业管理百科全书》认为，企业最高决策集团"大概以5人或7人为佳"。法国管理学家法约尔认为，企业最高决策层以4~5人为科学合理。当然在实践操作中还是因地制宜。

与"个人说了算"相反的是民主决策。所谓实现民主决策，就是由多数人裁决，也叫票决，少数服从多数，集体承担决策后果责任。

120. 严师出高徒

在企业管理中，领导者的过分柔弱往往是致命的。丹佛萨拉斯维达拉工业公司总裁杰克·伦德伯格说："不要等太阳落山了，还做不出决定。不管做出什么样的决策，总会有一些人不满意。但是，如果拖延不决，那会使更多的人生气。反正你总得有所抉择。与其晚干，不如早干。"

娃哈哈的宗庆后就是一位崇尚强势领导的企业家。

宗庆后本人并不否认自己在娃哈哈集团乃至整个国内饮料行业的"强势地位"。他说：

我和员工的关系概括为一句话就是：怕我不恨我。没有人怕你的话，这个企业绝对搞不好。但是你管他要管得有道理，同时也要关心他，那样他跟着你干才会觉得有前途。一个大企业，商场如战场，没有一个统一号令，没有一个统一行动，这个仗怎么打？根本打不了。

强势领导并不是绝对领导。在公司里大的决策我们也会和中高层干部一起讨论，定下来就一定要执行。当然，由我来拍板。

有一次开会的时候，他还提醒各位老总们，一定要理解一个道理，那就是古人讲的"严师出高徒"和"棍棒之下出孝子"，其中蕴含着很深的哲理。

在海信，周厚健也相信"慈不带兵"。他说："因为一个干部没有原则地做老好人，他所带的队伍一定是没有凝聚力的。企业的凝聚力一靠文化，二靠机制，两者是相互作用的，好的机制将丰富我们的企业文化。"周厚健不提倡发放平均分配的福利，也就是不提倡非激励性福利。他希望久而久之，海信会形成一种文化，亦即员工都认可的"海信信条"：得到一定要付出。

一般说来，公司和职员是平等的。但在公司体制内，上司与下属之间的关系，绝对不是平等的，而是上与下的关系。在对下属下达命令时，不可忽略了自己的立场。

昨天你仍和大家在同一岗位上，如今却只有你被擢升为领导，相信你必定有些顾虑。周围的同事亦习惯了以前的做法，在说话的语气和态度上，也不会有所改变。

起初由于众人无法适应新的转变，因此你亦不必太在意。但是，你必须尽早制造机会来明示你们之间的关系。若忽略了这一点，则有可能发生下属不服从命令的情形。

你是以命令的口吻对下属下达指示，然而对方却误以为你只是单纯地与他聊天或者商量某件事情而已。

只有该宽时宽，下属才能充分理解你的号令；该严时严，下属才不敢掉以轻心！

强势领导并不是绝对领导，在一些企业里面某些领导人希望把自己看做是企业的大脑，其他都是没有大脑的人，这样他就可以支配所有的人，这是不足取的。

管理智慧：

只有该宽时宽，下属才能充分理解你的号令；该严时严，下属才不敢掉以轻心！

最简单有效的领导智慧

121. 激励制度要与时俱进

战国时期，秦朝地处西北边陲，土地贫瘠，文化落后，人民生活艰难。然而在商鞅变法以后，秦朝发奋图强，上下同欲，国力日增，异军突起。尤其是秦军被称为"虎狼之师"，令六国闻之色变。这主要得益于商鞅变法中的军功授爵制度。

秦朝的军功授爵制度的主要内容为：设定秦爵，农民立功得爵，受各种优待，有机会成为中小地主。立军功的人，各按功劳大小授爵封赏。士兵只要斩杀一个敌人，就可以获得爵位一级、田宅一处和仆人数个。斩杀的越多，获得的爵位就越高。如果一个士兵在战场上斩杀两个敌人，他做囚犯的父母就可以立即成为自由人。如果他的妻子是奴隶，也可以转为平民。对于重视家族传承的中国人来说，军功爵位是可以传子的。如果父亲战死疆场，他的功劳可以记在儿子头上。一人获得军功，全家都可以受益。

商鞅开创的军功授爵这一激励制度，让普通的老百姓也有了进身贵族的机会，使全国上下同欲，形成巨大的凝聚力。"废井田，开阡陌"巩固了国家物质基础；"奖励军功"使秦国得以灭六国，一统江山。

商鞅开创的军功授爵这一激励制度，为后人开辟了凝聚群体力量向着一个方向前进的思路，至今仍然具有现实意义。这是因为人类社会虽然经过两千多年的发展早已经换了人间，可是人类的本性却不见得有多少改变。甚至有些方面有增无减，比如欲望。随着科技的进步使人类的欲望核变式的扩张，占有欲从跑马圈地到登月插旗，投鞭断流的豪夺到经济垄断的巧取，换汤不换药。

激励制度当然要与时俱进。美国哈佛大学教授威廉·詹姆士研究发现，在缺乏激励的环境中，人的潜能只能发挥出20%～30%，如果受到充分的激励，他们的潜能可发挥80%～90%。由此可见，激励是

以情管人 以法管事

挖掘潜力的重要途径。

例如，在跨国企业运用最多、最规范的股票期权的股权激励方法，就是把公司的股份作为奖励有功人员和够一定工作年限员工的一种举措。一方面可以弥补传统激励手段的缺陷；另一方面，通过这种方法，把员工牢牢地拴在企业中，让员工有强烈的归属感，不做他想，稳定了企业骨干分子队伍。据统计，美国500强中，有90%的企业采用了股权激励后，生产率提高了1/3，利润提高了50%。

Sun首席执行官兼董事会主席科特·麦克尼利深有感触地总结道："股票期权这一机制使得公司员工、管理层以及股东能够为了同一个目标齐心协力地奋斗，仅此作用就十分巨大，这也是其他许多方法无法替代的。"

在缺乏激励的环境中，人的潜能只能发挥出20%~30%，如果受到充分的激励，他们的潜能可发挥80%~90%。

122. "跟谁干"比"给谁干"更重要

我们过去常说："榜样的力量是无穷的。"在革命战争中，我们军队的领导干部常说的一句话就是"跟我上"，身先士卒，冲锋陷阵。社会主义建设初期，我们的领导干部常说的一句话是："跟我来。"铁人王进喜、优秀县委书记焦裕禄、援藏干部孔繁森无不如此。这正应验了孔子那句："其身正，不令而行；其身不正，虽令不从。"

美国著名成功学大师希尔博士有句名言："真正的领导能力，来自让人钦佩的人格。"

现代企业中，"跟谁干"往往比"给谁干"更重要。《26个策略留住核心员工》一书的作者乔丹·埃文斯分析说：

"高层管理者必须以身作则,倡导敬业精神和行为,例如,与员工探讨其职业发展规划,尊重他人亦不失尊严,以多种方式对工作业绩进行奖励等。同时还必须让各级管理者对员工不够敬业的现象负责。这意味着对那些成功的激励和挽留人才的管理者,进行奖励并将其树立为学习榜样。"

企业领导者不同于英雄,不一定要做出什么惊天动地之举,但是他要有大丈夫的精神。他可以在关键时刻挺身而出振臂一呼成为英雄,但更多的时候还是带领他的追随者、部下做好分内工作,实现既定的目标。

一位德高望重的老首长,在总结领导者的威信是如何产生的时候说:"领导的威信三分靠权力,七分是靠正确的决策、处事公正、待人真诚、以身作则来实现的。"

 管理智慧:

领导的威信三分靠权力,七分是靠正确的决策、处事公正、待人真诚、以身作则来实现的。

123. 纠正下属越权的方法

一旦发生下属"越权"现象,领导者要积极慎重地根据不同情况采取不同方法加以纠正。

①先表扬后批评。

对于下属的"越权",要做具体分析,不能简单地批评和指责。有的下属"越权",是做了应由上级主管领导决定的事,这是和他有较强的事业心、责任感,工作有积极性、主动性,不推不靠、敢作敢为、敢于承担责任等优点相联系的。和工作不负责,推一推、动一动,工作稍有难度就推给主管领导相比,这种"越权"的精神反倒显得可贵。

尤其是很多下属，抱着"多一事不如少一事"的处世哲学，能推则推，能靠则靠，能拖则拖，能等则等，能舍则舍，得过且过，分内的事都不去干，有何劲头去"越权"。对于那种出自正当动机而"越权"的下属，应该又表扬又批评。但要先表扬后批评，肯定其积极性，后指出"越权"的危害，以"越权"的具体事实帮助其分析研究，指出不"越权"而又把事情办得更好的方法。这样，下属才会为领导者的公正、体贴、实事求是所感动，才能领悟到应该发扬什么，克服什么。

②维持现状，下不为例。

领导者对下属"越权"产生的和将会产生的后果，也要做具体分析。有时，下属"越权"决定或处理的问题，可能和主管领导的思路、决策是相吻合的，是正确的，甚至有的地方干得更漂亮，成绩更出色。这样自然要维持下去。即使是这样，也要下不为例。有时下属"越权"行为与领导者的正确决策有一定差距，在成果的取得上要受一定影响，存在某些损失，但仍是正效应，无损大局。这样的情况也要维持现状，继续下去，在进行过程中，尽量使其向更好的方向转化，取得更大的成绩。

③因势利导，纠正错误。

有时下属"越权"，对问题的决定或处理本身就是错误的，已经或正在产生负效应。这时，领导者就要根据情况予以补救、纠正，"亡羊补牢"，力争把损失减少到最低限度，并教育下属吸取教训，认清"越权"的危害。

管理智慧：

对于那种出自正当动机而"越权"的下属，应该又表扬又批评。但要先表扬后批评，肯定其积极性，后指出"越权"的危害。

以情管人　以法管事

124. 会议上，不要轻易批评他人的意见

　　集体构想就是找两个以上的人在一起讨论，产生一个构想，接着产生另一个构想。不管想法有多古怪，不妨自由提出来，由这个人的想法引出别人的另一个想法，最后形成一个完整的解决方法。

　　在集体构想会议中，领导者在众人自由发表意见时须保持心平气和，要能听取各式各样的意见。有些意见也许稀奇古怪、根本不可行，但领导者也得注意倾听，这样，才能抛砖引玉，引出真正具有创见的构想来。实际上，经由集体构想得到的问题解决方法，往往是一个人怎样也想不出来的。

　　主持这种会议是一种真正的挑战，要尽可能引出众人的意见，而且不要让任何一项意见在充分讨论前被封杀；在不妨碍热烈讨论的情形下，还要对会议的进行加以适当控制。一般来说，在有效的集体构想会议中，意见会来得既多又快。通常，最好的方法就是将这些意见记录下来。

　　会议的第一步是描述问题，说明问题的状况或受到的限制。但要让大家充分深入地讨论，尽可能回答大家对这个问题所提出的疑问，然后征询解决的意见或方案。

　　将每人提出的意见全都写在黑板上或显示在电子屏幕上，让大家都看得见。鼓励大家提出新的构想，或是在原有的意见上再引申出新的意见。无论提出的建议是什么，领导者都要加以肯定。不要让与会者批评别人所提出的意见，不管这些意见多古怪、多无聊。

　　在着手讨论每个意见的可行性以前，一定要让所有的人将意见提完，同时，还要准备随时接纳新的意见。另外，还要随时回答大家对问题所产生的新疑问。

　　最后，领导者找出了似乎是最可行的数个决策方案。这时，应集中讨论这几个方案，直到产生一个多数人都同意的完善方案为止。

领导者应保证每个与会的人都明白你对他们发表意见的感激。柯特尼·惠特尼将军和麦克阿瑟将军相处了20年，当有人问到麦克阿瑟之所以伟大的原因何在时，他的回答是："他能使他的下属都感到自己有重大的贡献——觉得自己有价值。"所以，当结束讨论会时，领导者千万别忘了这最后的一步。

无论提出的建议是什么，领导者都要加以肯定。不要让与会者批评别人所提出的意见，不管这些意见多古怪、多无聊。

125. 官兵一致，同舟共济

领导者工作的一个重要方面，是采取一定的手段激励个体或群体做好本职工作，并引导他们的行为沿着组织目标前进。

领导者需要扪心自问：我是否清楚自己的权力从哪里来？是否清楚每个阶段的目标是什么？是否真正指导过下属们做人做事呢？是否真心考虑并帮助过下属解决生活上存在的种种困难呢？

春秋战国时，有位将军叫吴起，他的军事才能卓著，战功辉煌，几乎每战必胜。那么，他是如何带队伍的呢？

据说，吴起做将军时，和最下层的士卒同衣同食。睡觉时不铺席子，行军时不骑马坐车，亲自背干粮，和士卒共担劳苦。

士卒中有人生疮，吴起就用嘴为他吸脓。这个士卒的母亲知道此事后大哭起来。有人问她："你儿子是个士卒，而将军亲自为他吸取疮上的脓，你为什么还要哭呢？"

他的母亲说："不是这样。往年吴起为我丈夫吸过疮上的脓，我的丈夫在作战时就一往无前地拼命，所以就战死了。现在吴公又为我儿子吸疮上的脓，我知道儿子也要死在战场上了，所以我哭。"

吴起凭借自己的独特方式，在军中树立了威信。有了威信作基础，他的军队能在战场上所向披靡，也是很自然的事情了。

由此，我们可以联系到现实生活中的疑问：为什么总有一批人能为领导者所设定的目标全力冲刺？为什么有许多人在没有加班费的情况下，仍然愿意辛苦加班？为什么总有一批人愿意毫不保留地奉献他所有的才智？为什么所有的人都能服从管理？

答案只有一个：是威信在发挥神奇的作用。

管理智慧：

官僚主义是导致一个集体松散的主要原因。

以情管人　以法管事

126. 权力，与领导能力无关

有一群要去旅行探险的人，需要一个仆人，以便在他们的行程中为他们做饭、洗衣及处理其他一些琐碎的事情。

于是，他们拜访了一座修道院，询问是否可以帮他们找一个仆人，在旅途中随行服务。僧侣们为他们推荐了一个叫利奥的人，但是解释说，他只能与他们随行一段距离，然后就得离开他们返回修道院。

利奥为了照顾好他们，不仅为他们做一些琐碎的事情，还在他们犹豫、想退缩的时候，不断给他们以鼓励。于是，在利奥离开他们之前的一切行程都很顺利，能按照他们的原定计划去进行。

但在利奥离开之后，他们的士气逐渐衰减，群体逐渐分裂，最终他们的计划被迫取消。

他们中的一个人，在浪迹了很多年后，又来到利奥所在的修道院。他发现利奥并不是一个卑下的仆人，而是伟大的、受人尊敬的僧侣们的领导者。

真正的领导者，不一定是权力在产生影响，更多的是一种人际关系、人格魅力在形成吸引力。如果你具备了这种能力，无论你现居何位，终将受到人们的尊崇。

管理智慧：

真正的领导者，不一定是权力在产生影响，更多的是一种人际关系、人格魅力在形成吸引力。

127. 赛马不相马

领导选拔人才时，往往会更加注意那些相貌堂堂、气宇轩昂的人，对于相貌平平甚至丑陋的人则置之不理，或一带而过。殊不知，如此做法使得许多领导与优秀的人才失之交臂，令领导后悔不迭，遗恨终生。

埃利萨·雅诺韦茨是欧莱雅化妆品公司三藩市地区的营销经理。该公司高层主管、香水部总经理约翰·韦斯沃尔在巡视圣荷塞市马西百货公司的香水部门后，下令埃利萨把一名被认为不够性感的女售货员辞退。

埃利萨认为这命令不合理，不仅不符合实际需要，还有歧视的嫌疑，所以没有照办。

数星期后，韦斯沃尔再次视察马西，当发现那名"不够性感"的女售货员还在时，便立即找来埃利萨问："我不是告诉你辞退她的吗？"

这时两名金发美女经过，韦斯沃尔对埃利萨说："给我弄个这样的来。"

埃利萨继续拒绝辞退那名女售货员，因为她是该地区营业额最好的售货员之一。

没多久，埃利萨便受到上司的迫害，指责她不断犯错，成了公司

以情管人 以法管事

的负担,尽管去年她获选为欧莱雅最佳地区营销经理。

56岁的埃利萨开始患上高血压,因病请了长假。三个月后,公司便辞退了她。

愤怒的埃利萨一怒之下把公司告上了法庭。结果法院判公司歧视员工,埃利萨获胜。这给公司造成了很坏的社会影响,直接影响到了公司的销售额。

韦斯沃尔以"性感"为标准评价女售货员,认为"性感"的售货员才能更好地胜任销售工作。结果不仅失去了最好的售货员,也失去了地区营销经理,更使公司声誉受损,这无疑是一个十分愚蠢的决定。通过相貌和表情来了解人,是识人的一种辅助手段。但是,把它绝对化,把识人变成以貌取人,就会错过人才,乃至失去人才。

晋代学者葛洪在《抱朴子·外篇》中深有感触地说:看一个人的外表是无法识察其本质的,凭一个人的相貌是不可衡量其能力的。有的人其貌不扬,甚至丑陋,但却是千古奇才;有的人虽堂堂仪表,却是"金玉其外,败絮其中"的草包。倘以貌取人,就会造成取者非才或才者非取的后果。

三国时,东吴的国君孙权号称是善识人才的明君,但却曾"相马失于瘦,遂遗千里足"。周瑜死后,鲁肃向孙权力荐庞统。孙权听后先是大喜,但见面后却心中不悦。因为庞统生得浓眉掀鼻、黑面短髯、形容古怪,加之庞统不推崇孙权一向器重的周瑜,孙权便错误地认为庞统只不过是一介狂士,没有什么大用。

于是,鲁肃提醒孙权,庞统在赤壁大战时曾献连环计,立下奇功,以期说服孙权。但孙权却固执己见,最终把庞统从江南逼走。

鲁肃见事已至此,转而把庞统推荐给刘备,谁知,爱才心切的刘备,也犯了同样的错误。他见庞统相貌丑陋,心中也不大高兴,只是让他当了个小小的县令。有匡世之才的庞统,只因长相不俊竟然几次遭到冷落,报国无门,不得重用。后来,还是张飞了解到他的真才后极力举荐,刘备才委以副军师的职务。

现代企业的领导者,要真正识别人才,就要进行全方位的审察,看其是否具有相应的能力,是否有发展前途。如果不注重一个人的学识、智慧、能力等方面的因素,不注重其专长,仅凭一个人的相貌来判断其能力的大小,甚至由此来决定人才的取舍,那么,必将导致人才被埋没,领导的事业也会受损失。

管理智慧:

看一个人的外表是无法识察其本质的,凭一个人的相貌是不可衡量其能力的。有的人其貌不扬,甚至丑陋,但却是千古奇才;有的人虽堂堂仪表,却是"金玉其外,败絮其中"的草包。

128. 对身边的工作人员要慎重选择

社会主义条件下,追随执掌权力的领导者充任左右,是某些人梦寐以求之职。贪图名利"毛遂自荐"者有之;追求仕途"趋之若鹜"者有之;欲借此一展才华者也有之。因此,应该认真考察严格把关,将那些政治可靠、品行端正、业务娴熟、年富力强、忠于职守的人选拔到自己身边。

领导者选人时切忌:

①领导者不宜选择异性,特别是男性领导者不宜选择年轻貌美的女性为私人秘书;

②不能以亲故取人,让亲朋故旧、夫人子女为私人秘书、办公室主任等;

③不能以愚忠取人;

④不能以癖好取人。

同时,对身边的工作人员要严格要求。

首先,要努力提高"近臣"的素质和能力。

其次,不宜特别照顾。"近臣"是为领导者的功业做默默无闻的

奉献和牺牲的。当其有了困难时，领导者应主动给予关心和照顾。但是，不能违背原则。

最后，要尊重他们的人格。领导者与身边工作人员在政治上是平等的同志关系。"敬人者，人恒敬之"，领导者只有出自内心地、真诚地，而不是口头上的、虚假地尊重"近臣"的人格、劳动和意见，才能真正赢得他们的拥戴。

管理智慧：

"近臣"是为领导者的功业做默默无闻的奉献和牺牲的。当其有了困难时，领导者应主动给予关心和照顾。但是，不能违背原则。

以情管人　以法管事

129. 带人要带心

所谓感召力，就是感化和召唤的力量。它是领导力量最为重要的特质，也是领导力的最高境界，是被管理者对管理者的赞扬、尊敬和信任，是管理者高尚人格的展示。它是一种客观的评价，是一种心理现象，是管理者对员工的影响力、吸引力和向心力的体现。

感召力是在没有权力和金钱等利害关系下的一种影响力。它能有效改变和影响员工的心理与行为，使被领导群体达到思想与行为的相对一致，形成统一的群体目标与行动。

一个管理者是否具有感召力，是领导有效性和事业成败的关键。现代管理学之父彼得·德鲁克指出："管理者的惟一定义是其后面有追随者。一些人是思想家，一些人是预言家，这些人都很重要，而且也很急需，但是，没有追随者，就不会有管理者。"可见，管理者与被管理者是既对立又统一的两个概念，管理者最重要的能力就是感召被管理者。管理者的感召力越强，吸引的被管理者就越多。

感召力相比职务权力，作用显得更为重要，它是真正促使人发挥最大潜力，以实现任何计划、目标的关键所在。因为感召力是通过内在感化产生的，是完全建立在自愿接受的前提下，它不是一个简单的上行下效的问题，而是垂范在先、感召在后的吸引，是敬仰与信赖、折服与模仿的内在动力。

有人说，只要有了领导地位，就等于有了感召力，就能实施领导职能，别人就得惟命是从。其实不然，千百年来，为什么有那么多高高在上，拥有至高无上权力的统治者们会敌不过农民手中愤怒的锄头？因为他们没有感召力，没有感召力的权力充其量也只不过是一种淫威。滥施淫威的结果不可能让手下甘心折服，只会让自己的地位不稳。

带人要带心，要想成为一位成功的领导者，除非具备相当程度的感召力，否则，很难赢得员工的信赖和忠心。一个人之所以心悦诚服地为他的领导或组织卖力工作、奋斗，绝大多数的原因，是因为领导者让人信服。

一位员工推崇他的领导说："你和他在一起一分钟，你就能感受到他浑身散发出来的光和热。我之所以卖命努力，是因为他身上有一股强大的力量深深地吸引了我。"

由此我们不得不感慨：感召力远胜于权力。成功的领导，的确不在于职位和权势，绝大部分取决于他们有没有具备迥异于人并足以吸引追随者的感召力。

管理智慧：

没有感召力的权力充其量也只不过是一种淫威。滥施淫威的结果不可能让手下甘心折服，只会让自己的地位不稳。

130. 准时开会，开短会

列宁就非常注意这个问题。凡是他主持的会议，不论出席的人数

多少,总是按原定时间准时开会。他厌恶那种拖拖沓沓的作风,不允许随意拖延会议时间,更不允许无故迟到。即使是10个人的会议,由于一个人迟到6分钟而延迟开会。加起来就浪费了一个小时。

鲁迅说:"时间就是生命,无端的空耗别人的时间,其实是无异于谋财害命。"在高效快节奏的今天,时间就是金钱,能否准时开会,主要取决于这个单位的领导者,能否使他的下级养成准时到会的好习惯。

再者,会议的日程一定要十分紧凑,一环扣一环,使与会者集中精力讨论问题。每个环节该用多少时间,不能拉长,拉长就是浪费。一小时的会就要一小时开完,一天的会就不能开两天。

要想开短会,必须说短话。如果发言都是长篇大论,会议想开得短也办不到。汇报工作、发表意见、交流经验、作报告,都应力求言之有物,简明扼要,有话则长,无话则短,废话、空话、套话更是在所必禁。在可能的情况下,最好能限定发言时间,如交流经验的发言不超过20分钟,表态性的发言不超过5分钟等。发言时,尽量不重复别人的意见。需要领导成员到会讲话或作报告时,领导班子最好事先把要讲的东西集中起来,责成一个人去讲。不要张书记讲完,李书记讲,王书记又补充。因为那样既浪费时间,又容易出现意见不一致的现象,使下面无所适从,不好贯彻。

时间就是生命,无端的空耗别人的时间,其实是无异于谋财害命。

131. 善待性格耿直的下属

有一类人被称做"硬汉",就是那种很有个人原则,不轻易接受失败的人。这种人才个性很强,有自己独立的见解,他们性格直率坦诚，说话从不拐弯抹角。

这种人一般不受领导喜欢，因为他爱当面提意见，并且毫不含蓄，批评领导也不避讳，常使领导感到难堪。

这种人头脑清晰，思维敏捷，遇事果断。他从不会被困难吓倒，他相信人能征服一切艰难险阻。所以，英明的领导不但会用这种人才，而且还会栽培改造他，给他一些私人辅导，使他在接人待物，应付人际关系时掌握一定的技巧。

这种人一旦为领导所用，就会忠心耿耿，一往无前。

管理智慧：

这种人一般不受领导喜欢，但英明的领导不但会用这种人才，而且还会栽培改造他，让他为自己所用。

132. 高高举起，轻轻放下

首次惩罚，讲的是一个人在一个单位所受到的第一次批评、处分等。首次惩罚作为第一印象对人们今后的情绪、工作都会有较大的影响。一般来说，首次惩罚要个别进行，不宜公开点名；只要错误不太严重，处分要轻不要重；语言要温和，不要尖刻。

惩罚不是目的，是为了更好地教育下属和调动其积极性的手段。因此，要以防为主。防惩结合，教惩结合，不能为惩处而惩处。要从教育人、挽救人、调动人的积极性的目的出发，把教育与惩处紧密结合起来。

一定要坚持思想教育在先，惩罚在后；要坚持以思想教育为主，惩罚为辅。实施惩罚时，要"高高举起，轻轻放下"，平时教育从严，处罚从宽；思想批判从严，组织处罚从宽，重教轻罚。领导者运用惩罚前，如果不先警告，势必使部下产生无过受罚之感，弄得人心惶惶

进而离心离德，使惩罚的结果和目的背道而驰。所以，领导者要先教后罚，多教少罚，这样不仅能使犯错误的人减少，而且还能使人们心服口服。

管理智慧：

一定要坚持思想教育在先，惩罚在后；要坚持以思想教育为主，惩罚为辅。

133. 与下属建立良好的人际关系

随着社会的进步，对领导者的评价标准也在发生改变。传统意义上对领导者主要依靠权力的评价标准，已逐渐被现代观点的评价标准所取代——对领导者的评价更多的是依靠领导者内在的影响力作为标准。领导者对下属的影响力，才是现代领导者"好"与"坏"的重要衡量标准。

管理大师彼得·德鲁克描述说："这样风格的领导者，他们对待下属亲切而耐心，他们经常通过交谈解决双方的问题，与下属交谈时，下属会发现他们热情而随和。他们善于分析，说话就如同轻声细语地讲着故事。他们通过敞开心扉，缩短与下属在感情上的距离，与下属建立良好的人际关系。"

经过多年的研究，彼得·德鲁克还总结出："不过，总会有这样的领导者，对他们来说，对下属说一声'你早'都显得是那么的多余。他们只会点头，或'嗯'一声，表示已经看到你的存在了。即使偶尔跟下属打招呼，也是一副很牵强的样子。这样，要不了多少时间，下属也会以同样的方式回应他。因为，领导者的冷漠和难以接近，只会让下属退避三舍。"

"其实，一个真正高明的领导者是不会这样对待下属的，在他们的身上,你看不出半点领导者的架子,也不会发现哪个下属在他面前畏首畏尾、缩手缩脚地工作。而他也愿意和下属平等地往来,他们从不会把自己置于与众不同的地位上,甚至他的下属可以很随便地对他说:'喂,领导,你的新发型一点都不好看。'而他也不会因此而不高兴,他还会开玩笑地说:'是吗?那我得让理发店的老板请我吃饭作为补偿了。'"

事实上,为了获取更大的影响力,这种特质一定要培养。根据每个人的特点进行有针对性的帮助和关心,这是一个明智的领导者所要做的事情。及时沟通,了解下属心中所想,这些都有助于你与下属之间保持一种亲密的关系。这是管理大师的告诫,也是一个优秀领导者应该做到的。

领导者对下属的影响力,才是现代领导者"好"与"坏"的重要衡量标准。

134. 得人心者,得天下;失人心者,失天下

如果老板口口声声说:"公司是个大家庭,你们要像爱自己的家一样爱它,公司的发展关系着你们的利益和前途,你们要好好干,公司发展了,大伙儿都有份儿!"而到了年终,老板好像忘了以前所说过的话,做的是另一码事,赚的钱是自己的,根本就没有员工的份儿。下属的心里就会想:我干活,你赚钱,我做得多么好,都没有我的份儿,给这样的老板卖命,犯不着呀!有了这种心态的员工,做事就得过且过,抱着所谓"不求有功,但求无过"的心理应付了事。久而久之,能人成了庸人,公司不被挤垮才怪呢!

更有黑心的老板,违背了做人的基本准则。为了自己赚钱,拼命

以情管人　以法管事

压榨员工,让员工满负荷,甚至超负荷地工作,而薪水却极少。有的老板,为了超额利润,大幅度地减员,人员是减半了,产量却增倍了。久而久之,员工对这种压榨必然会非常反感,弄得公司怨声载道,能干的纷纷跳槽,走不了的也在背后骂街。

古人说得好,"得人心者,得天下;失人心者,失天下。"老板要想得人心,应当忠实地实施利益分享的原则。利益分享——这是当今时代的一条重要的原则,也是对员工的一种激励策略。平时,给员工薪水适当高一些,对员工有劳有得,有功更有赏,随着公司收益的大幅提高,员工也能从中受益更多。老板果真这样做了,公司怎么会留不住人才呢?员工有什么理由不好好工作呢?

不要以为,利益分享是老板在吃亏;不要以为,把好不容易赚来的钱分给员工,老板的收入就会骤然减少。事实证明,善于与人分享的老板,并不会使他们失去什么,反而使他们赚得更多。慷慨地与下属分享劳动所得,分享成功的收获,必然会得到更多的回报。老板有了慷慨的名声,员工们更加安心效力,人才就会不招自来,还愁没钱可赚吗?

管理智慧:

老板要想得人心,应当忠实地实施利益分享的原则。利益分享——这是当今时代的一条重要的原则,也是对员工的一种激励策略。

135. 打个嘴巴揉三揉

无论任何团队,当员工犯下不可原谅的错误时,身为领导无可避免地要对其加以斥责。

真正善于领导的统帅,在痛斥下属之后,一定不忘立即补上一句安慰或鼓励的话语。因为,任何人在遭受领导的斥责之后,必然垂头

丧气，对自己的信心丧失殆尽。此时领导若能适时地利用一两句温馨的话语来鼓励他，或在事后私下对其他下属表示：我是看他有前途，所以才舍得骂他。如此，当受斥责的下属听了这话后，必会深深体会"爱之深，责之切"的道理，从而更加发奋努力。

作为下属，他出现失误，本身也会自责，同时也在怀疑自己会不会失去你的信任。下属当然明白你对他失去信任将会意味着什么。这个时候，你可以与他一同研究出现失误的原因，而后以真诚的态度，而不是以领导者对下属的态度提出改良的建议。要表明你以后会继续信任他。

如果可能的话，你也给自己揽一份责任，与他共担失误，减轻他的精神压力，赢得他的信任。

先喝糖水，再下苦药。

136. 既要会唱白脸，也要会唱红脸

管理工作中，领导需要应付各种各样的人，所以只有一手是不行的。用单一的方法解决问题，不可避免地会产生副作用。如果对下属太宽厚，便约束不住人，结果员工无法无天，经常迟到，工作拖沓……如果对下属太严厉，下属唯唯诺诺，公司里则万马齐喑，毫无生气……每一种方法都是有利必有弊，不能两全，由此看来，领导者必须善用两手。

"红脸"、"白脸"来源于京剧脸谱。脸谱分为各种颜色，如红、白、黑、蓝、紫等色，脸谱上的面纹常衬以他色，渲染烘托主色。"红脸"正直，忠肝义胆，比如关羽关云长；"白脸"代表狡诈，奸佞险恶，比如曹操曹孟德。

以情管人　以法管事

高明的领导者懂得，为了趋利避害，需要交替运用红白脸。有时，合唱双簧，一个唱红脸，一个唱白脸。有更高明者，像会变脸的演员，根据角色需要，不断变换脸谱。今天还是温文尔雅的贤者，明天就变成了杀气腾腾的武将。历史上，不乏善用此法之高手。

东魏时，宰相高欢独揽大权。临死时，他把儿子高澄叫到床前，做了许多人事安排。他特别提到了慕容绍宗，此人是当朝唯一一位能跟自己的死敌侯景相抗衡的人才，说"我故不贵之，留以遗汝"。可见，高欢故意扮白脸，做恶人，不提拔这个对高家极有用处的贤才，目的是把好事留给儿子高澄。

高澄继相位之后，照父亲的既定方针办，给慕容绍宗高官厚禄。人情自然是儿子高澄的，慕容绍宗感谢的是高澄，顺理成章高澄唱的是红脸。没过几年，高澄的兄弟高洋登基，做了北齐的开国皇帝。这就是父子联手，红白脸相契，成就大事之例。

作为现代领导者，要树立权威，起用能人，既要会唱白脸，也要会唱红脸，但不能过头了。红白脸相间，既是方法，又是艺术，要真正掌握它，必须花些工夫。

管理智慧：

领导需要应付各种各样的人，所以只有一手是不行的。用单一的方法解决问题，不可避免地会产生副作用。

137. 法不容情

企业管理者在强调规章制度时，一定要注意严格把关，员工的一些小错误，只要不是原则性的问题，可以采取比较缓和的方式来进行处理。但如果涉及到了原则问题，就一定不能够姑息，认为制度也不外乎人情，这是不能保证制度的严肃有效性。

唐朝时，曾经发生过这样一起案件：有一个官员，因为私人恩怨杀害了一个平民，之后改名换姓到别的地方去做了官。那个平民的两个儿子为了报仇，四处查探，最终将这个官员杀死。之后，他们向官府自首。老百姓们乃至政府官员都很同情他们的遭遇，认为应该赦免他们的罪行，就连宰相张九龄也向唐玄宗提出了"法律不外乎人情"的建议，主张赦免他们。但是唐玄宗认为：这两个兄弟为冤死的父亲报仇，虽然是孝义使然，但是他们的行为已经严重触犯了国家的法律。一旦这种行为得到了政府的姑息，后果就不堪设想。因此，他决定按照法律将这两兄弟斩首，之后再表彰他们的孝义行为。

我们或许会认为唐玄宗的这一做法有些不近人情，但是从国家的安定大局考虑，这是十分必要的。如果一个人触犯了法律而得不到有效的制裁，就等于是鼓励老百姓犯法。

在现代企业中，管理者如果因为员工的一些行为情有可原，就对他们触犯了企业利益的问题不闻不问，那么这无疑是在告诉员工：这样的做法是被允许的。这显然会助长不良的风气，导致公司的规章制度成为一张废纸。因此，坚持建立有效的奖惩措施，对于一个企业而言是十分必要的。

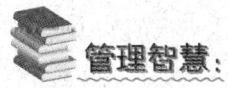管理智慧：

涉及到了原则问题，就一定不能够姑息，认为制度也不外乎人情，这是不能保证制度的严肃有效性。

138. 推功揽过者，人皆敬之

领导者在领导过程中，一定是既有功劳又有过失。那么，是推功揽过，还是推过揽功？这将对领导者的领导地位产生很大的影响。从古至今的事例都证明，凡是推功揽过的人都能有效地激励下属，使事

业取得成功；而推过揽功的人则会削弱下属的斗志和积极性，必然使事业走向失败。

当年刘备率万人进攻许昌，被曹操打得大败。刘备率残兵千人仓皇逃至汉江沿岸，处境狼狈，军心涣散。刘备当时对身边的将士感叹说："诸君皆有王佐之才，不幸跟随刘备。备之命窘，累及诸君。今日身无立锥，诚恐有误诸君。君等何不弃备而投明主，以取功乎？"诸将闻听此言，都悲痛落泪，即使有些怨气，也顿然冰释了。大家同仇敌忾，军队凝聚力大为增强。推功揽过、扬人之长、责己之咎，正是刘备能够抓住人心，激励将士为他誓死效命的重要原因。

与其形成鲜明对比的是，袁绍的势力一度强大，手下人才济济，威震中原。但是他本人刚愎自用，好大喜功，以致势力逐渐衰亡。在官渡之战中，田丰诚恳地劝告袁绍不要出兵，他不仅执意不听，反而将田丰囚禁下狱。吃了败仗后，众人都以为田丰该当重用了，没想到袁绍却不敢正视自己的错误，因为羞见田丰竟将他赐死。这也彻底寒了所有将士的心，致使袁绍众叛亲离，终被曹操所灭。

推功揽过是激励团队成员的重要手段。如果工作有了成绩，无论自己的作用有多大，领导者都应该尽量将功劳推给下属，强调是下属的辛勤努力才使工作顺利完成的。同时，在工作出现错误或失误时领导者要勇于承担责任，就算都是下属的错，也应该首先责怪自己领导不力，把过失全揽在自己身上。这样推功揽过，豁达超然，不计较个人名利的领导方式，将使领导者拥有更高的威信，为下属所尊重。相反，如果领导者推过揽功，只能像袁绍一样为人所摒弃。

只有把功劳推给下属，才能得到更多下属的尊重。很多人认为刘邦是个流氓皇帝，这实在有失偏颇，既然能在群雄逐鹿中得以胜出，刘邦一定有他的过人之处。适时褒奖众将，将功劳推给大家，就是其中最重要的一点。在分析取得天下的原因时，众将都认为是刘邦本人的能力高强，刘邦却将功劳都推给了萧何、张良和韩信，认为"此三者，皆人杰也，吾能用之，此吾所以取天下也"。这就是刘邦的高明之处。把功劳推给下属，一方面抬高了下属，对他们进行了充分的肯定、赞扬，满足了下属的荣誉感；另一方面也拉近了彼此之间的距离，使下属更愿意为自己效命，这就叫"士为知己者死"。有眼光的领导者，都会首先把功劳推给下属，以便更好地激励他们。

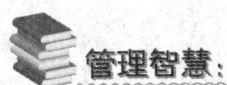管理智慧：

只有把功劳推给下属，才能得到更多下属的尊重。

139. "打一巴掌"一定要打得响，打得绝

领导者运用惩罚手段时，应更富有技巧性。"打一巴掌"很重要，但一定要打得响，打得绝。具体说来，打这一巴掌要有如下要求：

①打得要"稳"。采用强硬手段惩罚一个人，也是要冒风险的。这主要在于，被惩罚者有时有良好的人际关系，有时掌握着关键技术信息，有时有着很硬的后台。拿这样的人开刀，就要对其背景多加考虑，慎重行事。惩罚不当终会带来抵制和报复，因此，在动手之前首先应想到后果，能拿出应付一切情况发生的可行办法。

②打得要"准"。批评、惩罚都要直接干脆，直指其错误，直刺痛处，争取一针见血。有时候，某员工总是犯同样的错误，或者代表一类人的错误，这时的惩罚一定要选准时机，待其犯错最典型、最明白、最有危害性时方痛下杀手，这时切忌无事生非，不明事实，也切忌小题大做。这样才会让受罚人口服心服，有苦说不出，也才会真正让众人引以为戒。

③打得要"狠"。一旦认准时机，下定决心，便要出手利落，坚决果断，毫不容情。切忌犹豫不定，反复无常，拖沓累赘。

一些杰出的领导者的经验是：一旦采取坚决措施，便变得冷酷无情。即使当他们不得不解聘某人时，也并不因强烈的内疚而变得犹豫不决。这样做，也是在向众人显示：我的做法是完全正确、适宜的，

并对自己的做法毫不后悔，充满信心，这是最好的选择。

要加强对员工的约束，就应该有强化纪律的书面规范，以保证下属受到公平的对待，避免一时冲动给他们过于严厉的惩罚。下面是强化纪律的四个阶段：

第一次犯错，口头警告。下属必须知道他们哪里错了。要记下给他们警告的时间、地点和周围环境。

第二次犯错，书面通知他们，并警告说下次若犯错误，或扣工资，或换工作。这封警告信一式三份，一份给犯错误的员工本人，一份给上司，一份存档。

第三次犯错，临时停止工作。根据错误的性质及程度，给予长短不同的停工时间，停发一切报酬。

第四次犯错，降职降级，或者调换工作，直到开除。根据各种因素，做出上述惩罚之一。其中，调换工作是最常见的。因为这样做，既可免除解雇给他造成的打击，又可以使自己减少一个问题户。调换工作部门之后，你要将该人的资料全部移交过去。

管理智慧：

一些杰出的领导者的经验是：一旦采取坚决措施，便变得冷酷无情。即使当他们不得不解聘某人时，也并不因强烈的内疚而变得犹豫不决。

140. 要公平公正，但不搞平均主义

当一个人做出成绩并取得报酬以后，他不仅关心自己所得报酬的绝对量，而且还关心自己所得报酬的相对量。因此，他要进行种种比较来确定自己所获报酬是否合理。一种比较称为横向比较，即将自己获得的"报偿"与自己"投入"的比值与组织内其他人做比较，只有

相等时，才认为公平。另一种比较是纵向比较，即把自己目前投入的努力与目前所获得报偿的比值，同自己过去投入的努力与过去所获报偿的比值进行比较，只有相等时他才认为公平。还有一种是本组织内的人与组织外的人相比较而产生的对公平的判断。

员工通过以上比较，判断自己是否受到了公平的待遇。这种判断直接影响到他的情绪，他的工作行为。不公平感的消极作用是十分明显的，它不仅压抑一个人健康向上的良好心境，而且影响他的聪明才智与创造才能的发挥。最近一项研究证实，如果从上级那里得到公正待遇，那么员工的血压会维持在低水平，心脏病的发病率也比受到不公平待遇的人低30%。因此，专家认为，公正能使企业员工慢性压力减小，也意味着员工患冠心病的风险减小。

为体现公平、公正的原则，必须反对平均主义，克服"一刀切"的简单做法。平均主义与激励是"冰炭不同器，水火不相容"，正是因为多年的平均主义，才使中国企业效率低下，员工懒散。据调查，实行平均奖励，奖金与工作态度的相关性只有20%，而进行差别奖励，则奖金与工作态度的相关性达到80%。差别性是激励的重要原则。实行公平、公正激励，还必须对全体员工一视同仁，不偏不倚。不能允许有人借助权力因素或私人感情搞特殊化。否则，将产生严重的负面效应，影响员工队伍的稳定，损害组织的利益。

古人云"不患寡而患不均"。如果不是把这个"均"理解为绝对平均，而是理解为获得与投入相匹配的报偿，那将是一种理想状态。在这种状态下，员工的心态最为平衡，效率与效益也最高，压力感也最小。

管理智慧：

不公平感的消极作用是十分明显的，它不仅压抑一个人健康向上的良好心境，而且影响他的聪明才智与创造才能的发挥。

141. 可以严于律己，不可严于律人

于谦是中国历史上的一位著名人物，《明史》称他"英迈过人，历事三朝"。他的命运与明朝的两次重大事件——"土木之变"和"夺门之变"紧密联系在一起。"土木之变"之后，他成为救时的英雄，举国拥戴；而"夺门之变"则使他身败名裂，命丧刑场。于谦的悲剧固然是由多种因素促成的，但有一个问题可能是于谦至死也未能想透的，那就是自己的一身正气致使同僚最终倒戈相向。

"土木之变"于谦立下了盖世的功劳，而"夺门之变"是文臣武将及宦官联合"倒谦"的结果。在"倒谦集团"中，文臣、武将、宦官分别以徐有贞、石亨、曹吉祥等为代表。这些人在"土木之变"后，曾与于谦共同守卫京城并共同拥立新君。然而，在随后的日子里，这些人对于谦由协作、支持逐渐转变为敌视，必欲除之而后快。

这是为什么呢？原因很简单，那就是于谦做事情唯标准是从的价值观。

电视剧《大明风云》中，有一段情节是描述于谦的个人生活的，讲的是他的结发妻子早亡，他一生怀念，对其他的异性一概不接受。在那个历史时期，男人妻妾成群是很平常的事情，但他对感情的执著如一，可见其为人处世的原则性及其标准。

古人做官颇有讲究，所谓"水至清则无鱼，人至察则无徒"。在传统思想文化熏陶下的官僚士大夫，在官场中表现出来的是两种截然对立的价值观。一种是刚正不阿、不谙熟也不肯融合于圆滑的官场，不愿曲意奉迎他人，对于懦弱、贪腐多有鄙视；另一种则是投机钻营，左右逢源，见缝插针，一切从个人私利出发，拉朋结党。毫无疑问，在封建社会的官场中，后者更为普遍。于谦的原则性几乎于不近人情，从而得罪了那些投机钻营、牟取私利者。于谦始终坚持自己的信念，律己律人，但最终的悲剧性结局一定在他内心留下了永久的困惑。

原则性强、律己律人、刚直不阿、不肯变通是于谦一类人的天性，也正是这样的天性，成就了他们的事业，也导致了他们的孤立，在非常时期不可避免地会遭遇坎坷曲折。

于谦是一个执著的理想主义者，是民族英雄。但他至死都未明白中国传统文化中，那些为大部分人所认同的为人为官之道。他的所作所为在后人看来是正义而高尚的，但在当时的人际环境中不仅难以被理解，反而成为招致怨恨的主要因素。于谦的悲剧是时代造成的，也是其个性的必然结果。

"原则性强、律己律人、刚直不阿、不肯变通"成就了一些人的事业，同时也导致了他们的孤立。

142. 停止把问题推给别人

1999年，曾是美国第一大零售商的凯玛特，开始显露出走下坡路的迹象。有一个关于凯玛特的故事在广为流传。

在1990年的凯玛特总结会上，一位高级经理认为自己犯了一个"错误"，他向坐在他身边的上司请示如何更正。这位上司不知道如何回答，便向他的上司请示："我不知道，您看怎么办？"而上司的上司又转过身来，向他的上司请示。这样，一个小小的问题，一直推到总经理帕金那里。

帕金后来回忆说："真是可笑，没有人积极思考解决问题的办法，而宁愿将问题一直推到最高领导那里。"2002年1月22日，凯玛特正式申请破产保护。造成凯玛特的破产有很多管理和运作上的原因，但同时也与公司内部流行的"把问题留给老板"的办事作风有着莫大的关系。

以情管人 以法管事

有一位著名的企业家说："员工必须停止把问题推给别人，应该学会运用自己的意志力和责任感，着手行动，处理这些问题，让自己真正承担起自己的责任。"当然，你有很多理由，其中最普遍的莫过于：领导者没有给我足够的权力、他总是批评。如果按照你的想法，领导者要把他的权力全部赋予一个还需要指导的人，并且，面对错误，不能提出反对意见！你知道，如果没有奖罚措施，几乎没有人愿意改变自己——哪怕那是一个实实在在的错误。

一位管理学家曾经说过："领导者并不是问题的解决者，而是问题的给予者。"事实上，你和上司、老板的工作关系就是这样简单——你去工作，而不是由你去安排上司的工作（把问题推给上司）。所以，在落实责任的过程中，你应该随时提醒自己——解决工作上的问题是我分内的职责！

管理智慧：

领导者并不是问题的解决者，而是问题的给予者。作为企业中的一员我们一定要树立让"问题止于自己"的工作理念，不能让问题和错误进入下一个工作环节，更不能对工作中的错误视而不见。

143. 近则庸，疏则威

孔子说过一句话："临之以庄，则敬。"这句话的意思是说，领导者不要和下属过分亲近，要与他们保持一定的距离，给下属一个庄重而严肃的印象，这样就可以获得他们的尊敬。

领导与下属保持距离，有许多独到的功能。

首先，可以避免下属之间的嫉妒和紧张。如果领导与某些下属过分亲近，势必在其他下属之间引起紧张的情绪，从而人为地造成不安定的局面。

其次，与下属保持一定的距离，可以减少下属对自己的恭维、奉承、送礼、行贿等行为。

第三，与下属过分亲近，可能使领导对自己所喜欢的下属的认识失之公正，干扰用人原则。

第四，与下属保持一定的距离，可以树立并维护领导的权威，因为"近则庸，疏则威"。

作为一名领导，要善于把握与下属之间的远近亲疏，使自己的领导职能得以充分发挥其应有的作用，这一点是非常重要的。所以，与下属建立过于亲近的关系，并不利于你的工作，反而会带来许多烦恼。

有些领导想把所有的下属团结成一家人似的，这个想法是很可笑的，事实上也是不可能的。退一步说，即使你的每一个下属都与你亲如同生兄弟，但你想过没有，你既然是本部门、本单位的领导，那么，当部门、单位的利益与你亲如兄弟的下属利益发生冲突、矛盾时，你又该如何处理呢？

 管理智慧：

有些领导想把所有的下属团结成一家人似的，这个想法是很可笑的，事实上也是不可能的。

144. 不要有意无意地收回授权

请留心你会在有意或无意地收回授权。有意或无意地收回授权，这种现象并不少见。当你已明确授权某人做某事后，而在某一天，当你在走向办公室的路上碰见他时，漫不经心地问了一句："你的计划向某某谈过了吗？"你会发现他像一个泄了气的皮球，仅仅因为你的那句话，你等于从他那里把一切授权都拿了回来。

也许你是无意的，但客观的结果是：不管他愿不愿意，他都会照

你说的去同某人讨论那个计划,那么授权也就真正的结束了。

真正的授权,应该越过一条把在心理上的所有权交给受托人的想像的线,任何暗示都无异于公开的收权。

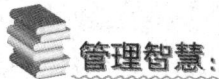

任何暗示都无异于公开的收权。

145. 远离诚信危机

信誉是什么?就是忠诚,不欺骗。《论语》中说:"吾日三省吾身:为人谋而不忠乎?与朋友交而不信乎?传不习乎?"古人特别讲究"为人谋"要忠诚,"与朋友交"要讲信誉。

对领导者来说,信誉是一种资本,是一种"金不换"的资本。有信誉就可以聚合队伍,可以取信于人。在很多时候,办企业和做人一样,实际上是一个永无止境挣信誉的过程。因此,一位知名企业家曾感叹天底下最容易挣的是钱,最难挣的是信誉。为什么这样讲?因为他认为钱是那种靠技巧和力气就可以挣到的东西,无非是挣多挣少的问题。而信誉是不能靠技巧挣到的,要靠内在的品质与自觉。因此,一个政府、企业或者个人,如果透支信誉,必定会付出惨重的代价。

由香港影星成龙演绎的那则广告,使"爱多"几乎家喻户晓。在胡志标这个年仅30岁的广东青年带领下,爱多公司创建了中国VCD市场最响亮的牌子。

到2000年,历经了债务堆积、广告停播、股东危机、法院封楼、员工离开等一系列的打击后,红极一时的爱多终因欠巨额债务而陷入了困境,破产在即。到了4月份,爱多危机爆发一年整,胡志标又出了事,因涉嫌商业欺诈,被警方刑事拘留。因此,有理由问一下,号称"我们一直在努力"的爱多和它的领导者胡志标"一直在往哪儿努

以情管人 以法管事

力"？

　　爱多走到今天，其中一个最低级的错误，便是缺乏最基本的商业信用。1999年初，在爱多初现病象的时候，据《中国企业家》杂志披露，爱多连起码的商业信誉都不讲。爱多的一位供应商曾说，他们公司与爱多合作几年了，当初为了争取爱多的订单下了不少的工夫，认为与爱多合作是一次好机会。谁知好景不长，从1997年底开始，爱多先后占用该公司资金800多万元，现在还欠着500多万元。另一家公司也反映，在与爱多公司合作的几年中，对方从一开始就未能按时履约支付货款，至今仍有240多万元货款未还。这位供应商还表示，爱多林老板（胡志标妻）曾经亲口表示："我公司作出如下承诺：12月（1998年）结束前40万元的期票兑现给贵公司；1月（1999年）前付出85万元，春节前付清余款，还望贵公司能接受此计划。"可是，直到现在还是一分钱未还。尤其让这位供应商不解的是，1998年12月19日，爱多还开出了一张40万元的空头支票！同样收到空头支票的另一位供应商直言不讳地批评说，爱多工作效率低，与合作方没有诚意。

　　写到这里，即使读者不知道爱多为何会有今天的尴尬，也能理解爱多为什么会衰落，一个不讲信誉的公司迟早会被市场所淘汰。

　　作为中央电视台的标王、VCD的龙头老大，通过广告轰炸，爱多在人们心目中已经树立起了非常好的品牌形象，可以这样说，爱多在人们心目中的地位是超出一般的VCD品牌的。由于人们对爱多的期望偏高，而爱多本身的技术和管理却跟不上，与一般品牌的VCD技术没有差别，这必然导致其在人们心目中的地位的滑坡。可以说，爱多夺得标王，进行广告轰炸，其实质是在透支其信誉，透支爱多这个品牌，而这种透支的结果，迟早会给企业、给胡志标带来巨大的不幸。

　　而且，胡志标本人因涉嫌商业诈骗行为，被警方拘留，这样的事情也不多见。在中国比较知名的民营企业家当中，胡志标好像是破天荒的第一人，成了"第一个吃螃蟹的企业家"。如果大家都这样吃螃蟹，中国肯定没的救了，更别说"播种爱心，创造未来"。胡志标曾

最简单有效的领导智慧

经抱怨:"所有的人都对不起我,都是请来的咨询策划人害了我!"却极少反省自己,他应该好好问一问自己:"我对得起别人吗?我有信誉吗?"

管理智慧:

天底下最容易挣的是钱,最难挣的是信誉。一个政府、企业或者个人,如果透支信誉,必定会付出惨重的代价。

146. 保持一定程度的深沉

作为一名领导者,思想感情不能轻易外露,即有必要保持一定程度的深沉。这对维护领导尊严,有效地管理下属,有着只可意会不可言传的作用。

看过魔术表演吗?魔术师可以变出各种各样令人惊讶的戏法。这些戏法可以很大,比如让一个大象消失,或者把一个漂亮的美女切成两段等等。也可以很小,比如只是玩几张卡片或几枚硬币。戏法的大小并不重要,关键是要迷惑观众的眼睛。许多魔术师看起来都很有吸引力,其原因就是因为我们不知道他们到底是如何变出这些戏法的,魔术师也从来不会告诉我们他是如何变戏法的。正是因为这一点,魔术师往往给人以很神秘的感觉。他们也知道一旦告诉你真相,就会减少他们的神秘性。

如果有人知道如何做我们所不能理解的事,那我们就渴望跟随他。无论如何,如果这个人看起来具有一些能够唤起忠诚和激情的特殊能力,那他本人也富有激情。

领导者保持一定程度的深沉,会使下属感觉到在领导者那里一定有着许多正确、高明的策略和方法,是下属们望尘莫及的,从而提高领导者的威信。反过来遇到一点小事,领导者就立竿见影地表现出自己的情绪,会让下属认为你很浅薄,对你的领导能力也一定会缺乏信心。

一般人被视为性情中人,或许会因此而沾沾自喜;领导者若被认为是性情中人,便应该深刻地检视自己的言行了。

管理智慧:

领导者保持一定程度的深沉,会使下属感觉到在领导者那里一定有着许多正确、高明的策略和方法,是下属们望尘莫及的,从而提高领导者的威信。

147. 意见和指示要分开

有些领导对下属下命令和提意见时,都用一个态度一个语气。这样就很容易导致下属误解,从而导致工作上的失误。

一个厂长欲推行绿化工程,他率领有关人士做现场巡视时,一边走一边比划着"这里可以种些夹竹桃"、"这里可以种些杜鹃花"……一个月以后,这里都遵照厂长的指示种满了植物,而厂长没有提到之处仍是老样子。过了一段时间,厂长突然想起了这件事,便将总务科长叫到了办公室:"上次谈到的绿化计划,你还没有呈报上来,是不是有什么问题啊?"

"啊?那一件事,早就实施了。"

"谁下的决定,我怎么不知道呢?"

"怎么会呢!你在那日巡视工厂时,就下达了指示,我特地记录下来了。"

这就是一场误解造成的工作失误。其实厂长心目中认为这项绿化工程需要一大笔经费,那些话只是为了下属做计划时作参考的,没想到下属竟把它当成命令了。

以情管人 以法管事

总务科长虽没受训,但也心怀不满。

其实做领导的,对下属说话也不可太随便,因为下属会把你的一字一句都当作指示奉行不误。不过,最关键的一点还是领导应该把自己对下属的意见和指示分开,遇到指示,要特别强调明说,交待清楚。

到合适的时候再下达命令,比那些经常性的指示威力大得多,如果你胡乱说一大通,只能让下属瞎猜:那是意见还是命令?这样的话,就很容易造成工作的失误。

管理智慧:

对下属说话也不可太随便,因为下属会把你的一字一句都当作指示奉行不误。

148. 认真负责,才能站稳脚跟

抱着认真负责的态度,先公后私,把工作做好,这是作为一个领导者的最高的原则,最重要的操守。

因此,对于某一个同事,如果私下里有什么不愉快,无论是多么不喜欢这个人,但在工作方面,我们还应尽全力和他保持良好的关系,绝不在公事上故意与他为难。相反的,要在公事上关心他、帮助他,同心协力把工作做好。你可以不借给他钱,可以不和他在一起消遣,但和他一起工作的时候,你要很有涵养地把他当作你的合作伙伴。

另一方面,对自己私交很好的朋友,也千万不可在公事上随便纵容他们做一些对公司不利的事。如有不当行为,必须加以指正,应该利用你跟他的私交,对他加以说明,加以劝告。不可姑息一个朋友去犯错误,这样会毁了他的人格、前途和名誉,你也失去了这个朋友。

如果你能在工作上,做到绝对地认真负责,对各种业务非常熟悉,对同事做到诚恳和善,同心协力,对自己私生活做到严肃、纯正、朴实、健康——如果你能够努力做到这几点，就可以说是已经站稳了脚跟。

这样，你在公司里、在同事间，就已经建立了一种威信。人人都知道你很负责、能干，对同事很好，人人信任你，尊重你。即使有人想说你的坏话，造你的谣言，损害你的名誉，人家也不相信他，反而会支持你、帮助你，孤立那些无事生非、别有用心的人。

天长日久，许多同事都团结在你的周围，有工作找你计划，有困难找你帮助，有什么纠纷也找你来调解，有什么有关公共福利的事情，也会推选你出来负责，你在公司的地位也就更加稳固了。

管理智慧：

抱着认真负责的态度，先公后私，把工作做好，这是作为一个领导者的最高的原则，最重要的操守。

149. 罚不失恩，严中有爱

宋朝大将曹彬督帅徐州兵马时，手下有个官吏犯了法，按军法应打军棍。但曹彬没有让人马上执行，过了年才旧账重提，如数打了犯法的官吏。有人不解，去问曹彬。曹彬说："我得知他刚娶了媳妇，如果在那时打他，按他们那里的风俗，他的父母一定会认为儿子被打是由于媳妇带来了不吉利，很可能从早到晚地打骂她，使她难以安生，那样，也会影响这个官吏的情绪。所以，才故意缓了一阵子，但是军法也没有因此受到损害。"在场的人听了，都心悦诚服。

古人提倡"虽用法，而能得法外意"。这"法外意"，大概也就包括罚不失恩、严中有爱的意思吧。曹彬"逾年而杖"生动地体现了这一精神。

我们的管理工作中惩罚不是目的，而只是手段，目的在于使被惩

罚者受到教育，决心改过。惩罚手段的运用是问题的关键。运用不好，就可能达不到目的甚至偏离目的。有人总以为罚和爱是绝对对立的、不可并施的，这是片面的。"逾年而杖"就处理好了恩威并重的关系。

当然，罚不失爱、恩威并重并不是凭想当然就可以做到的。如曹彬，起码做了一些调查和分析的工作：了解到"此人新娶妇"，还了解到当地新郎遇事而"舅姑必以妇为不利"的风俗，进而分析到"若杖之"，该新过门的媳妇势必会吃尽苦头，难以生活下去。缓行其事，既关照他的实际情况，而"法亦未尝屈焉"。这样入情入理，才能得到大家的认可和钦佩。

以情管人　以法管事

管理智慧：

我们的管理工作中惩罚不是目的，而只是手段，目的在于使被惩罚者受到教育，决心改过。

150. 不可顽固地坚持前后一致

如果你想让自己的行为前后一致，这种一致是来自于事实根据呢，还是仅仅为了得到情绪上的满足？你会不会觉得承认错误很羞耻？因为自傲很容易让人坚持错误。你以前的判断出现错误是在所难免的，如果你继续坚持这些错误，惟一的原因就是因为你之前就是这么认为的，或者你不改变是为了要面子。为此你可能要付出很大的代价。只有顽固不化的人才会坚持永远的前后一致。所以你应当以事实的正确与否为标准，而不可顽固地永远坚持前后一致。

1912年美国总统初选时，在新泽西州的一个小小的城市里进行过一个集会，在那个集会上，罗斯福需要对着一群粗野的农民发表演讲。演讲过程中，当罗斯福提及女子选举权的好处时，一个粗大的声音从听众中传来："上校先生，5年前你可不是持这种主张的啊！"

罗斯福的答复充分地表现出他的人格。他说："没错，朋友，那时的我学识浅薄，所以我错了。现在我进步了。"他的话里并没有"但是"、"假若"，或者其他逃避性的言辞，而是直率勇敢地向大家表达了一个坚强而有头脑的人应有的果敢与决断——证明他能与时俱进，承认他之前是学识不够，而现在进步了。

许多领导者认为：必须采取专断的行为才能使下属服从他们的领导。事实上，他们这种权威对于那些下属中无能的人来说或许有必要，因为这种人无论做什么事都需要别人事先替他们想好。即使这样的话，领导者也不可以固执地认为自己之前说错的话是对的。他或许可以用专断的方法去掩饰自己，哄着他的下属接受他的错误，但是如果他够聪明的话，就决不会去同样哄自己。

管理智慧：

你以前的判断出现错误是在所难免的，如果你继续坚持这些错误，为此你可能要付出很大的代价。

151. 不能机械地依靠数字评估下属

鲁迅先生在《中国文与中国人》中，借用一位瑞典汉学家高本汉之口，对中国人思维的模糊性进行了一番绝妙的描述："西洋人著书时，认为模糊是劣等的文风，中国人恰恰相反，认为这是美妙文雅，而且愿意培养它。"模糊正是"没有观念的智慧"。

这种"没有观念的智慧"体现在"没有立场"上。《论语·子罕篇》说过："子绝四：勿意，勿必，勿固，勿我。"意思是说孔子有四件事不做，不凭空揣测；不绝对肯定；不固执己见；不唯我独是。这是极聪明的态度，它对各种可能性都宽容。换一种说法，叫做不偏不倚。这是苏格拉底不可能有的智慧，因为它绝对不是一个观念，而是

模糊的一片，说也说不清。

所以，中国人不喜欢单一而机械的衡量标准，喜欢从整体和多个角度，多个侧面寻找合理的平衡点。而现代西方单一的薪酬制度和绩效管理，非常强调量化指标的提取和跟踪，这是基于西方人擅长分析推理的特点，而且西方企业还有高效的信息系统作基础。但在很多中国企业这些基础都没有，如果也去追求完全的量化，就有很大的难度。并且，一个94分的员工就一定比一个85分的员工优秀？其实，真正高境界的管理，恰恰在于对人对己内心世界的洞察与感知。

如果一个管理者完全陷入仅靠数字来评价下属的工作好坏，那么这个企业组织就会变成简单的机械运动，不仅毫无生机，而且组织的行为将会被扭曲，下属就会出现短期的急功近利的行为，为数字而战，甚至出现为数字而造数字。如果一个组织所有的部门都陷入此种活动，那将是很可怕的，这会对组织的长期发展与稳定起到破坏作用。强化量化指标的后果是：浮躁之风盛行，急功近利的行为越来越突出。这就是许多企业由于搞经营承包不顾后果的短视行为频繁发生的原因。

管理智慧：

强化量化指标的后果是：浮躁之风盛行，急功近利的行为越来越突出。

以情管人 以法管事

152. 算得太精明了，反而赚不到钱

台湾"塑胶大王"王永庆说："买的也要吃饭，卖的也要吃饭。"如果买方恨不得卖方出血，卖方恨不得一块烂铜卖成金子的价钱，这就是不给别人留余地了！

所以，华人首富李嘉诚说："一单生意只有自己赚，而对方一点不赚，这样的生意绝对不能干。"

对谋利而言，算得太精明了，反而赚不到钱。

这是什么原因呢？因为大家都好利，你只要把牢大处，小处留一两分便宜给人，别人尝到甜头，自然乐意与你交易。只要"水"天天从你这里过，你永远不会缺水。若是太精明，滴水不漏，别人跟你打交道，见不到什么好处，反而一不小心就上当，那么他在跟你打交道时，会变得越来越谨慎，甚至断绝跟你的交易。大家都改了水道，不从你的水库里过，你怎能不水干见底呢？

王永庆的管理理念是：点点滴滴求其合理化。他领导的台塑集团，经常投资建厂，对建筑成本的核算几乎到了精确入微的程度，其成本核算手册足有一本书厚，对于各项材料和人力使用的标准都一一陈列分明。所以，台塑的建筑成本控制居世界顶级水平，假设美国人要100元来建的房子，日本人需要80元，而台塑只需要70元。仅此一项，就为台塑节省数十亿台币。

但在与客户合作方面，王永庆并不大算。比如有一年，因石油危机，导致台塑生产成本大幅升高，其他同类公司纷纷提高产品售价，但王永庆为了保障客户的利润，决定降低本公司的利润目标，维持原价不变。他的想法是，这样做台塑短期受损，却长期有利：把一元钱留给客户赚，客户发展壮大了，多跟台塑做生意，就可能为台塑带来两元钱的利润。既然如此，何必怕客户赚钱呢？

做生意即是做人。人生是奇妙的，要做出艺术水准，或者至少高于一般水准，确实需要用慧心去领悟其道。赚少多得，赚多少得，看似不合逻辑，但其中肯定有某种必然如此的道吧！这种道只有智者能够领悟并奉行之，所以成大事的总是这些人。

管理智慧：

若是太精明，滴水不漏，别人跟你打交道，见不到什么好处，反而一不小心就上当，那么他在跟你打交道时，会变得越来越谨慎，甚至断绝跟你的交易。

153. 让他负责，就要给他权力

领导者是部门的行政长官，处于部门中心的地位，在权力的运用上，应做到大权独揽，小权分散。任何领导者，对那些全局性的、重要的、关键的、意外的问题必须亲自处理外，对那些局部的、次要的、一般的、正常的工作，则尽可能地让部下去处理。如果领导者做工作不讲科学，一味蛮干，忙忙碌碌，到头来很可能"捡了芝麻，丢了西瓜"。古今中外领导者在集权和侵权问题的处理上，留下了许多经验和教训。

西汉丞相陈平，有一次皇帝问他："全国一年判决多少案件，收多少钱粮？"他回答："这些事，可问主管部门。丞相只主管群臣，不管这些事。"

诸葛亮被后世誉为智慧和聪明的化身，但他的致命弱点便是"政事无巨细，咸决一亮"。他为了报答刘备的知遇之恩，完成先帝的托孤之重，"寝不安席，食不甘味"，"夙夜忧叹"，终于积劳成疾，只活了54岁就谢世了。连他的对手司马懿也曾预料到："食少事烦，岂能长久？"后人在推崇他"鞠躬尽瘁，死而后已"的敬业精神和运筹帷幄的超人才华之余，又对他事必躬亲的作风予以批评。把大小事情都自己揽过来，日夜拼命干的领导者，一方面，不但自己忙得团团转，甚至像诸葛亮那样累死，而另一方面，部下被夺去了应有的权力，其积极性大受挫伤。《韩非子》中有一事例：

中山国相国乐池，奉命出使赵国，为了管好队伍，他在门客中选出一个能干的人带队。走到半路，车队不听指挥乱了行列，乐池责难那个门客说："我认为你是有才能的人，所以叫你来带队，为什么弄得半路上就乱了阵脚？"那门客回答："要管好队伍，就要有职有权，能根据各人的表现对他实行必要的奖惩。我现在是下等门客，你没有授给我这方面的职权，出现失误为什么要怪我呢？"

以情管人　以法管事

所以，领导者要腾出精力、时间抓大事。掌控全局，就必须使用分权术；要想调动部下的积极性，就必须授予部下相应的权力。授权，用一句通俗易懂的话来说，就是领导者将应属于部下的权力授给部下。对领导者来说，授权是应该掌握的一项基本的领导技能。

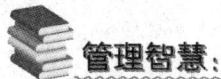

日夜拼命干的领导者，一方面，不但自己忙得团团转，而另一方面，部下被夺去了应有的权力，其积极性大受挫伤。

154. 运用金钱的力量

路易十四拥有锐利的眼光，懂得如何运用金钱的力量——策略性的慷慨让贵族对他屈膝。

每当他注意到有固执的朝臣，而他必须取得对方的影响力时，或者为了压制住对方的势力，他就运用自己庞大的财富来"垦地"。首先路易不理睬这位朝臣，让他焦虑不安。接着这名朝臣会突然发现他的儿子被赐予津贴丰厚的职位，或者大量的资助涌进了他的家乡，或者国王赠送他长久以来羡慕的一幅画，各种赏赐和礼物从路易手中源源而来。直截了当的贿赂可能会激起对方的反感，路易的做法更加细微。面对任何植物无法生根的坚硬泥土，路易会在撒种之前翻松泥土。

路易了解，在人们对金钱的态度中，包含了根深蒂固的情感因素，这项情感因素永远不会消失。收到礼物的人，无论金钱或是其他方面的礼物，突然之间就像孩子一样不设防，尤其是礼物来自权威人士。他们自然而然地打开心扉，意志松懈，就像路易把土翻松一样。

睿智的人永远不会忘记，免费提供的事物必然是诡计。如果朋友给予你利益却不要求付费，事后他会索取比你得到的更加昂贵的东西。这就是讨价还价隐藏的问题，包括物质和心理两方面。因此，你要学习付费，而且要以高价。

睿智的人永远不会忘记，免费提供的事物必然是诡计。

155. 把自己隐藏于制度之后

作为管理者，你不能因为自己是"领导"就对别人颐指气使，也不能对下属"平易近人"到他们瞧不起你，不把你当回事的程度；你不能玩弄权术，让别人觉得你太阴险，也不能诚实到你心里有什么事别人马上就能看出来；既不能冷酷到不近人情，又不能心肠太软；你既要做到和蔼可亲、平易近人，又必须令出禁止、威严有度……可见，管人是一门艺术，更是一套高深的谋略。

老子就曾教导领导者要无为而治。而这种无为，实际上是有为，不仅是有为，而且是有大为。

有一次阳子臣问："假如有一个人，同时具有果断敏捷的行动与深入透彻的洞察力，并且勤于学道，这样就可以称为理想的官吏了吧？"

老子摇头回答说："这样的人只不过适合做个小官吏罢了！只有有限的才能却反被才能所累，结果使自己身心俱乏。如同虎豹因为身上美丽的斑纹才招致猎人的捕杀一样，有了优点反而招致灾祸，这样的人能说是理想的官吏吗？"

阳子臣又问："那么，请问理想的官吏是怎样的呢？"

老子回答说："一个理想的官员功德普及众人，但在众人眼里一切功德都与他无关；其教化惠及周围事物，但人们却丝毫感觉不到他的智慧。当他治理天下时不会留下任何施政的痕迹，但对万物却具有潜移默化的影响力。"

"无为而治"只是人力本身的"无所作为",但所制定的制度在发挥着极大的作用。只要严明法纪,完善制度,下属的注意力就转移到这些形式上的条文中,而不是管理者身上。管理者隐藏于制度之身后,以制度管理员工,这才是真正聪明的管理之道。

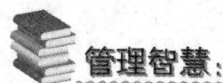

管理智慧:

只要严明法纪,完善制度,下属的注意力就转移到这些形式上的条文中,而不是管理者身上。

156. 赞扬之后,不说"但是"

在一些特定条件下,批评他人,指出别人工作中的错误和疏漏不能过于直接,因为那样容易造成对抗情绪,从而导致他错上加错。而委婉的批评、善意的指导则容易让人接受。

约翰·瓦纳梅克每天都要到自己的店里去一趟。有一次,有位顾客等在柜台前,没有人理会她。店员呢?他们正聚集在另一个角落里聊天。瓦纳梅克不说一句话,静静走到柜台后,亲自帮那位女士结账。他把东西交给店员包装后,便走开了。他虽没有说一句话,但令那些店员很惭愧。

有许多人在真诚的赞美之后,喜欢拐弯抹角地加上"但是"两个字,然后开始一连串的批评。举例来说,有人想改变孩子漫不经心的态度,很可能会这样说:"杰克,你这次成绩进步了,我们很高兴。但是,你如果能多加强一下代数,那就更好了。"

在这个例子中,原本受到鼓舞的杰克,在听到"但是"两个字之后,很可能会怀疑到原来的赞美之辞。对他来说,赞美通常是引向批评的前奏。如此,不但赞美的真实性大打折扣,对杰克的学习态度也不会有什么助益。

如果我们改变一两个字,情形将会大为改观。我们可以这么说:"杰克,你这次成绩进步了,我们很高兴。如果你在数学方面继续努力下去的话,一定会跟其它科目一样好。"

这样,杰克一定会接受这番赞美的,因为后面没有附加转折。由于我们也间接地提醒了应该改进的注意事项,他便懂得该如何改进,以达到我们的期望。

 管理智慧:

间接提出别人的错误,要比直接说出口来要温和,且不会引起别人的强烈反感。

以情管人 以法管事

157. 给下属带来轻松和谐的气氛

1982年底的一个星期天的晚上,里根总统邀请了包括乔治·布什、欧文·克里斯托和汽车大亨李·艾柯卡在内的几个人参加了他在白宫举行的一次非正式性晚餐。

他在给客人的请柬上特别注明可以穿便装,随便一些,不用拘束。

在这个小小的聚会上,艾柯卡和舒尔茨就贸易与经济问题大谈了起来。尔后,艾柯卡还对美国的非工业化问题、工业政策及国家等方面说了一些自己的看法。然而,令人吃惊的是,一向健谈的总统此时却几乎一言不发,只是静静地坐在那儿。他似乎一点也没有清清嗓子,以权威的姿态指出对错的想法。

晚餐结束的时候,里根总统亲自围着餐桌为来宾们斟上法国葡萄酒。当走到艾柯卡身边时,总统轻声地对他说:"不要告诉任何人,我这儿还有几瓶法国佳酿。如果我在加利福尼亚的朋友得知我给你们斟法国葡萄酒,他们可能会气得发昏。"

此时此刻的里根,是一个热情幽默的里根。他知道怎样把握住晚餐的欢乐气氛,而不愿以参加那种令人不愉快的争论而破坏了这种氛围。

在一个轻松的环境里,放下领导者的架子,会让你更有人格魅力。

158. 适当地露些锋芒

中国有句老话,叫做"英雄惜英雄,好汉爱好汉"。所谓的"英雄"、"好汉",指的就是那些有本领、有才能、敢说敢干、有闯劲的人。这样的人因为具有开拓精神,表现突出,所以成为人们爱戴的对象。因为跟这样的人在一起,可以学到很多东西,使自己在不知不觉中增长了知识和才干。尽管有时候他们的锋芒会让人感到一种威胁,但是人们还是喜欢这种有个性有能力的人。

而那些老好人们,尽管他们一脸笑,与世无争,颇有"仁"者风范,但却不能得到他人发自内心的尊重。因为他们才不外现,别人根本不知道他们究竟有"几斤几两"。与他们谈论问题,一味的"是、是、是"或"对、对、对";让他们拿个主张,他们会说"就按你说的办"、"我没意见"、"我听大家的意见"……这样没有一点锋芒的人,又怎能担当大任呢?上级自然不敢重用这样的人,而同级对他也往往出于礼貌,见面点点头,甚至会说一句恭维的话:"经理,真是好人!"但是你可曾想到,在这恭维背后,他真实的想法是什么吗?他会想"这样的人,成不了大气候"、"妇人之仁,不足为虑"。一个被认为无能的人,一个对别人构不成威胁的人,又怎能引起别人的重视呢?

因此,如果你想与你的同级们长期和睦相处,如果你想得到他们的尊重和友谊,那不妨与他们适当地争一争,露几手绝活让他们看看。

相信，当你战胜他们的时候，从他们那里得到的不会是怨恨和打击，而是羡慕和尊敬。这不正是你所追求的吗？

 管理智慧：

一个被认为无能的人，一个对别人构不成威胁的人，又怎能引起别人的重视呢？

以情管人 以法管事

159. 过度热情的背后往往是陷阱

超常的忠心未必是真情。齐桓公一世英明，战国七雄霸主，竟没有看清超常忠诚背后的陷阱。他的一个厨师易牙，曾将自己的儿子烹杀，以适桓公之口，桓公认为这是忠诚，其实这是失去人性的献媚和钻营。桓公没有看破，还在管仲病榻前询问是否让易牙任相。管仲说："人情莫大于爱子，其子且忍之，何有于君？"桓公没有听管仲的劝告，仍亲近、重用易牙、公子开方和竖刁这些小人。在他病重期间，三个小人封锁消息，桓公连一口粥、一滴水都喝不上，死后不得下葬，致使尸体生虫。三个小人还擅立世子，祸乱国家，甚至谋反，几乎使齐国灭亡。

过度热情的背后往往是陷阱。改革开放前的某县县长缺位，一些可能成为候选的人都在积极表现自己，他们之间相互较劲，明争暗斗，甚至发展到派系之间的相互攻击。

可当地委派来一位新县长后，原来的争斗偃旗息鼓，不约而同地把怨恨转移到新县长身上。他们各施其能，在一片虚伪的奉承背后，展开了一个又一个的小伎俩：这位新县长的亲友来了，司机班长把仅有的小车热情地派出去迎送，其他副县长要车（当时县级干部没有专车），司机班长说："接送县长亲戚了。"听者心里很不是滋味。新县长的穷乡亲来了，民政局长殷勤地接走了，每人发了几十元"补助费"(相当于当时一两个月的工资),并告知有困难就找民政局。

这帮穷乡亲也不知趣,隔三差五到民政局要钱。这钱当然都记在了县长头上,并在县里各机关中密传。春节将至,政府办公室主任将值班室仅有的一台彩电搬到新县长住处,说是春节没人看,您先看几天。可当县委书记到政府检查值班情况时,问彩电哪里去了,大家异口同声地说:"县长搬走了。"当地委考核这位新县长时,上上下下一片反对声,地委只有将其调走。可见,小事不设防,大事必遭殃。

管理智慧:

要看透热情背后所带有的深意,需要冷静的头脑和理智的分析。

160. 明确地下命令

我们常遇到这样的情景:领导对三位下属说:"去把那个样本拿来。"但是三个人只是相互看了看,并未做任何回应——此时若你还没有明确由谁来做,结局是谁也不会去做。

这就是下命令者犯的错误。你要指明:"小林,拜托你了!"

我们也经常会听到这类的指示:"谁来把这份原稿打好?""那个资料,谁帮我拿过来?""谁来帮一下忙?"

领导说的"谁"到底在哪儿呢?下属经常是一头雾水。

如何下一道有魄力的命令,使下属能顺从地依自己的期望来完成所交待的任务,并且不能有犹豫的机会呢?

①大声下命令。若你的声音太小,有可能被部属误以为是在说一件不重要的事情。因此,你必须使他们明白:这是上司在对部属下命令。

②在众人面前下命令。如此,下属便能拒绝其他任务而先去完成你交待的任务。

③表情严肃，并且威严地下命令。这并不代表逞威风，你必须让部属感受到你的决心和意志：对于这件工作我很认真，拼了命也要完成它。我绝不会原谅那些违抗企业命令，或者浑水摸鱼的家伙。

若能如此大刀阔斧地下命令，相信一切事情皆能如你所愿。

161. 不能给上级"你有些奸诈"的感觉

你想显示自己的精明时，不能使上级感觉你奸诈。即便上司是一个有心机的人，他也不希望有一个奸诈的下属。

南宋时期的秦桧，可以说得上是一个十分奸诈的人。他有一个下级，为人也很奸诈。为了讨好秦桧，这个下级有一次送给他一张地毯。秦桧把这张地毯往屋里一铺，正好合适，不多一寸，也不少一寸。秦桧由此想到，这个人太精明了，他连我屋子的大小都已丈量出来了，还有什么事情能瞒得了他呢？有了这种想法后，那个下级的命运也就可想而知了。

俗话说"知渊中鱼者不祥"。意思就是看透别人的心思并按其心意而行，并不是件好事。

轻易看穿他人的意图，就是对他人智慧的嘲弄。由此我们可以看出，过于精明只会适得其反，聪明有度远比精明过度更能得到上司的认同。

以情管人　以法管事

看透别人的心思并按其心意而行，并不是件好事。

162. 心态决定势态

对于企业管理而言，领导人与员工的思想状况，很大程度上决定着生产作业的状况。如果你承认"做事情总会出差错"的观点，那么问题一定会出现。质量管理大师克劳斯说："如果你将良品率预定为85%，那便是表示容许15%的错误存在。"这样，你肯定不能提高产品的质量。

第二次世界大战中期，美国空军和降落伞制造商之间发生了分歧，因为降落伞的安全性能不够。

事实上，通过努力，降落伞的合格率已经提高到99.9%了，但军方要求达到100%。因为如果只达到99.9%，就意味着每1000个跳伞士兵中，会有一个因为降落伞的质量问题而送命。

但是，降落伞商却不以为然，他们认为99.9%已经够好了，世界上没有绝对的完美，根本不可能达到100%的合格率。

军方在交涉无果的情况下，于是改变了质量检查办法：他们从厂商前一周交货的降落伞中随机挑出一个，让厂商负责人装备上身后，亲自从飞机上往下跳。

这时，厂商才意识到100%合格率的重要性，奇迹很快就出现了：降落伞的合格率一下子达到了100%。

传统的观念认为，质量管理的目的是把错误减至最少，这本身就是一个错误。应该努力的目标是把事情完全做好，达到完美无缺的程度。

管理智慧：

如果你承认"做事情总会出差错"的观点，那么问题一定会出现。

以情管人　以法管事

163. 喜怒不形于色

　　第二次世界大战就要结束之时，反法西斯同盟的巨头美国总统杜鲁门、英国首相丘吉尔、苏联主席斯大林齐聚波茨坦进行会谈。

　　会议进行期间，杜鲁门别有用心地对斯大林说，美国已经研制成功一种新式杀伤性武器，其威力比最先进的导弹还要大许多。他暗示说这种新武器就是原子弹，并且反反复复地重复着原子弹的杀伤威力问题。说完之后，杜鲁门双眼一动不动地盯着斯大林的面部表情，希望从那张沉着如同一潭静水的脸上看出一些变化。但是，杜鲁门失望了。坐在远处的英国首相丘吉尔也在和杜鲁门做着同样的事情，他从另一个角度对斯大林的神态进行了仔细的观察。但结果和杜鲁门完全一样。事后，丘吉尔对杜鲁门说："自始至终我都盯着他的一举一动，但他没有丝毫的变化，好像一直在倾听着你的谈话，仿佛对你们的新型武器早有所知。"本来杜鲁门和丘吉尔打算以此来要挟恐吓斯大林，想在战争结束时多捞取点利益，但见斯大林对此无动于衷，只得作罢。

　　其实，斯大林当时的神情全是装出来的。对于杜鲁门的暗示他听得明明白白，但他努力控制住自己的情绪。会议结束之后，他马上离开，命令自己的科研人员加紧研制原子弹。不久，苏联也研制成功了自己的原子弹。

管理智慧：

　　关键时刻，要努力控制住自己的情绪。

164. 微笑是最好的领导

如果你想到处树敌或使你的领导效益降低，你不妨在大庭广众之下指出某个人的错误。你会使这个人感到窘迫，以后他不但不愿跟随你，可能一辈子都不会原谅你！假如在场的人有支持他的，你的敌人就更多了！

因此，绝对不要轻易尝试！赞美是合乎人性的领导法则，适当得体的赞美，会使你的员工感到很开心、很快乐。这时候，你会经常听到员工的心声：领导赞美我的表现，我就知道他是真挚地在关心我，尊重我，并且很熟悉我的工作内容。同时，你会得到意想不到的回报，你的员工感受到自己的表现受到肯定和重视时，他们会以感恩之心表现得愈加出色、愈加精彩。

一有机会就赞美你的下属，永远不要嫌多。赞美你的下属，你可以用真诚的微笑来表示和表达。许多人都认为：微笑的力量，无坚不摧，微笑是最好的领导。

管理智慧：

一有机会就赞美你的下属，永远不要嫌多。

165. 勿轻易"纵向兼职"

纵向兼职，就是一个领导者身兼两级职务。在这种情况下，领导者在安排工作或找人谈话时，不可能每句话后面都解释一下他这句话是以某身份说的，另一句话是以另一级领导的身份说的。下级或平级因此也往往无法判断他是在哪个级别上在进行工作分配，因而常常导

致误会。

某车间主任兼副厂长,分管全厂的职工福利工作。他所在的车间有一职工因家庭困难申请补助,这位兼职副厂长签字批准后,使财务部门犯了难。财务制度规定这类申请必须有车间主任、主管副厂长两人签字,现在两人成了一人,财务部门只好如数付款。后来其他车间的主任也直接给这类申请签字,找财务人员领款,他们的理由是,每个车间主任都必须对自己的下属负责,别的车间主任有财权,他们也应该有。因此,这一项财务制度就被破坏了。

凡纵向兼职,除非在某一职务上什么事也不管,即虚职,否则就会产生混乱。我们说,领导者兼职就要履行所兼职务的职责,这样,当下级把矛盾原原本本地交上来时,而领导者又不得不亲自做出处理,处理的依据则往往是间接的汇报反映,使处理的结果常常倾向于独断和片面。

如果在某一个职务上什么事也不干,那又何必兼职呢?此外,兼职后哪一级的会议都要参加,只有发言权,并无任何职权,这对组织无任何好处,而个人的时间也被白白浪费掉。如果仅仅是为了地位和待遇而兼职,那么就应该把他看作部门内多余的人。

管理智慧:

凡纵向兼职,除非在某一职务上什么事也不管,即虚职,否则就会产生混乱。

166. 并不是所有的山头都一定要铲平

一个企业就是一个小社会,免不了会有若干个明争暗斗的利益小团体。这种帮派和山头的形成,不仅会影响一个单位或部门正常工作的开展,更会造成成员之间的矛盾和冲突。对那些已经影响到日常工作正常运转,并且可能引起严重后果的山头,领导者决不要手下留情,而是下狠心铲平之以绝后患。

凡是有资格、有能力拉起山头的人都颇有"背景"。他们或者是因为在单位里工作时间较长,或者是"开国元老",或者是某方面的专家,或者是有真本事而自己认为没有得到重用的人,如此等等。一般说来,这些人的周围都有一批人,这批人是他们忠实的或者不忠实的追随者。他们往往有着自己小团体的利益,这种小团体未必是组织的某一个部门或者某一个分支机构,他们因不同的缘由而划分。这就是所谓的拉帮结派。

山头之间往往是矛盾重重甚至势不两立,一旦组织的决策影响到某一个山头的利益,"山大王"就会找管理者讨说法,管理者也就有了很多的麻烦,组织甚至会因此造成四分五裂的局面而不可收拾。所以,对待这些妨碍大局的山头,领导者决不能等闲视之,必须下狠心予以清除。

而清除的有效办法就是"挖墙脚"和"掺沙子"。把主要首脑调出这个部门,叫"挖墙脚";派新的员工进入这个领导班子,叫"掺沙子"。当帮派问题刚露头时,可以只"挖墙脚";稍严重一些,可以"掺沙子"。问题很严重了,就需要双管齐下。

当然,并不是所有的山头都一定要铲平的。如果多个山头在你的领导下可以获得良性发展,那么组织的整体规模就会不断地壮大。有一句话说得好"山头再高也高不过庙"。如果管理者能够俯瞰和控制全局"一览众山小",那么,还担心什么山头呢!

管理智慧:

有一句话说得好"山头再高也高不过庙"。如果管理者能够俯瞰和控制全局"一览众山小",那么,还担心什么山头呢!

167. 任期过长也是弊病

美国学者库克提出了一种称作"人才创造周期"的理论，他认为人才的创造力在一个工作岗位上呈现出一个由低到高，到达巅峰后又逐渐衰落的过程，其创造力高峰期可维持 3～5 年。人才创造周期可分为摸索期、发展期、滞留期和下滑期四个阶段。库克认为，在衰退期到来之前适时变换工作岗位，更能发挥人才的最佳效益。

美国著名企业家艾柯卡在 1978 年就任克莱斯勒公司总裁。他用了三年时间把公司从破产边缘挽救了回来，创造了辉煌炫目的业绩，从此名声大振。但是到了 1989 年第四季度，即在相隔七年之后，公司再度出现危机。此后企业开始陷入困境，连续出现巨额亏损，公司人心涣散，巨头相继离去。艾柯卡回天乏力，被赶下台。

有人认为，艾柯卡在总裁位置干得太久了，这样弊多利少。连任多年，势必在公司内部产生不满。还有人认为，艾柯卡从福特公司带到克莱斯勒公司的几员干将，也因长期在其手下工作而失去忠于公司的精神。这是艾柯卡第二次大跌落。第一次是在福特汽车公司，他已经升到总经理的位置，正春风得意，却被赶走了，当时他伤心至极。但感情是一回事，事实是另一回事。

艾柯卡的失败不能不说是多方面原因造成的，一些曾经是美国的大企业，尤其是大汽车公司都出现过巨额亏损。但我们从他的跌落中不难看出任期过长的确也是弊病。因此，要根据人才创造周期理论，让那些在企业中任期过长而失去创造力的人及时"下岗"。

以情管人　以法管事

 **管理智慧：**

要根据人才创造周期理论，让那些在企业中任期过长而失去创造力的人及时"下岗"。

168. 别将工作掺入过多的友谊

任何事情都不能过度，和顶头上司走得过近，会给自己招来很多麻烦。

首先，和上司走得太近，可以让上司了解你的优势，同样也可以暴露你的缺点。我们并不是说要特别隐瞒什么缺点，但人的心理很微妙，由于"距离产生美"，当你和别人保持一定距离的时候，别人往往更易看到你的优点；而走得很近时，则"审美疲劳"，更易发现你的缺点——"老婆总是别人的好"就是这个道理。职场终究是个做事的地方，如果你在工作上颇有能力，何必多事，让自己其他的缺点冲淡这些优势呢？

其次，和上司走得太近，容易招致他人嫉妒。要求身边的同事，尤其是与你有竞争关系的，评价你时完全做到客观是不现实的。你很有能力，很勤奋，业绩出色，但如果你与上司太近，其他同事定会觉得你的成绩，多半是靠拍马屁、与上司搞关系得来的。人都有自我保护心理，面对他人表现好过自己时，更容易将他人的成绩解释为外因（老板帮忙），而非其个人的实力——人们大都会不自觉地逃避"别人比我更好"这种损害自我价值感的现实。

再次，有些中层领导者常常只从个人角度出发，一厢情愿地认为，上司和我关系铁，以后定会关照我。如果做换位思考，站在上司的角度考虑，你们的铁关系，有可能是种拖累。当他要提拔人的时候，即使你能力很强，他也很可能因为你们那众所周知的很铁的关系，"大义灭亲"把你 Pass 掉，因为这样才不会被指责为"任人唯亲"。

此外，如果你和上司的关系中掺入过多友谊的成分，你往往在工作的时候也会不自觉地表现得很随意，这无形中对领导的权威构成了威胁，当你的上司感受到这一点的时候，他就会开始刻意地疏远你了。

最后，别忘记一朝天子一朝臣的道理。管理层发生变动是常有的

事，新领导往往更愿意使用他信得过的人。如果你被当成过去领导的人，也许你该做好被打入冷宫或者走人的准备了。

站在上司的角度考虑，你们的铁关系，有可能是种拖累。当他要提拔人的时候，即使你能力很强，他也很可能因为你们那众所周知的很铁的关系，"大义灭亲"把你Pass掉。

以情管人　以法管事

169. 多讲"礼"，少讲"理"

"礼"和"理"，同音却不同义，二者的差别也是十分大的。"礼"是指"礼貌"；而"理"呢，则是指道理、理由。与领导相处，既需要讲"礼"，也需要讲"理"。然而，相比之下，"礼"比"理"有时显得更为重要。

无论是谁，都喜欢讲"礼"的人，因为这能使人感到自己受到了尊重。俗话说"礼多人不怪"。没有谁有理由对一个讲"礼"的人表示讨厌。然而，"理"就不同了。在很多场合中，也需要讲"理"，比如你与别人争论某一话题时，只有双方都讲"理"，才能得出比较客观的结果。

可是，讲"理"的情形，一般都是发生在不存在等级差别的场合中。和领导相处，如果你总是想着要和他讲道理，一味摆出自己很有"理"的样子，就必然会引起领导的反感。

领导有领导的道理，最起码，你和他摆起架式来讲理这件事本身，就会使领导认为你并不是一个讲"理"的人。

然而，对于"礼"，大家却有一个比较一致的看法。一般说来，"礼"的原则在古今中外都是大同小异的，比如握手、鞠躬、微笑、还有"请"、"谢谢"等，都是一种讲"礼"的表现，是对对方的尊重。

即使在你想和领导讲"理"的时候,最好也要按照"礼"的要求去做。

管理智慧：

如果你总是想着要和他讲道理,一味摆出自己很有"理"的样子,就必然会引起领导的反感。

170. 建立你的人脉圈

在人际交往中,你可能不得不卸掉一些关系网中的额外包袱,其中或许包括那些相识已久但对你的职业生涯无所裨益的人。

但是,你仍然需要建立一个良好、稳固、有力的核心关系网,它由10个左右你能靠得住的人组成。这首选的10个人可以包括你的朋友、家庭成员和那些在你职业生涯中彼此联系紧密的人。他们构成你的影响力内部圈,因为他们能让你发挥所长,而且彼此都希望对方成功。

当双方建立了稳固关系时,彼此会激发出强大的创造力,相互的情感或能力达到最佳的境界。为什么将你的核心关系网定为10个人呢?因为强有力的关系需要你一个月至少维护一次,所以10个人或许已经用尽你所有的时间了。

对这个核心关系网中的成员,你必须通过电话、传真、聚会、电子邮件或信件等,保持经常性的联系,以免关系疏远。比如,记下他们特别重要的日子,在他们的生日或结婚纪念日送去你的问候和祝福,当他们中有谁升职或调到新的组织去时,及时表示祝贺……同时,也让他们知道你的个人情况。比如,去度假之前,打电话问问他们有什么需要。此外,不论核心关系网中谁遇到麻烦,都应立即与他联系,

并主动提供帮助。这是维持关系的最好方式。

有一位哲人说:"一生幸与不幸,关键在于你能否处理好与身边七八个人的关系。"

只要把核心关系网打理好,你在事业和生活上都会得心应手。

管理智慧:

维持对你益处不大的老关系,只会意味着时间的浪费。

171. 关键在于你的影响力有多大

以情管人 以法管事

那些获得成功的人,从来就不会停止对自己的宣传,他们的目的很明确:被认识、被记住、被购买。他们的信仰是"酒香也要吆喝着卖"、"是金子就赶快去发光"。很难说他们的"才能"一定比你强,但会吆喝的一定比不会吆喝的更容易卖掉。

除了不愿意吆喝,更多人是因为不懂怎么去吆喝。因为大多数中国人从小就知道做人最好谦虚一点、含蓄一点,推销自己是被大家所不屑的。虽然人人都知道毛遂自荐的典故,可人们好像并不欣赏他,反而大家更喜欢像诸葛亮那样被三顾茅庐,觉得那样才有面子。

可是细心的人会发现,今天他们要面对的挑战,已经开始从"生产自己"向"销售自己"转移。你需要走出去、带点微笑、张开嘴巴、勇敢而真诚地告诉别人你是谁?能为他们带来什么?为什么你能?你想得到什么?事情就这么简单。很多人不愿开口,你开了口,你就成功了。

别太在乎你的面子和架子,否则就不会有人在乎你是谁。想要证明你自己,最好先让别人认识你、记住你,有谁会购买他们不知道的商品呢?

如果连自己都不愿意大声吆喝自己,谁又会在乎你是谁呢?

有人将各种影响人们事业成功与否的因素做了如下划分：工作表现占10%，给人的印象占30%，而在公司内曝光机会的多少则占到60%。在当今这个时代，工作表现好的人太多了，工作做得好也许可以获得加薪，但并不意味着能够获得晋升的机会。晋升的关键在于有多少人知道你的存在和你工作的内容，以及这些知道你的人在公司中的地位和影响力有多大。

美国《财富》的副主编威尔·华盛顿说："许多人以为只要自己努力，上司就会提自己一把，给自己出头的机会。这些人自以为真才实学就是一切，所以对提高个人的知名度很不在意，但如果他们真的想有所作为，我建议他们还是应该学学如何吸引众人的目光。"

如果你现在认同了引人注意的重要性，就可能会想："像我这样的人不知道是不是可以吸引上司的注意呢？"答案是肯定的。但是，要抓住问题的根本。在公司中上司决定一切，所以你吆喝的核心任务是让上司注意你。不过你一定要注意方式和技巧，这是非常重要的，否则会引起上司的反感。

当然，你的上司绝不会无缘无故地注意到你，你应该主动去争取机会来表现自己。身为主管，你应当在自己的工作部门中把工作做得尽善尽美。但也许你所从事的工作与公司的主营业务并没有太大的关系，因此你的能力发挥会受很大的限制。在这种情况下，不要灰心，因为机会是可以靠自己的努力去争取的。

管理智慧：

想要证明你自己，最好先让别人认识你、记住你，有谁会购买他们不知道的商品呢？

172. 你可以批评，但不要贬损

人在犯错时，最受不了的是大家对他的群起而攻之，因为这会伤害他的感情。他也许会承认错误，但无法接受这种批评的方式，这将使他对上司、对同事充满敌意，一旦有机会，就可能以牙还牙。

如果你希望自己的批评取得好的效果，就要在攻心上下功夫。一定要记住，你要做的事实际上是一种说服的工作，即打动对方的心，使对方回到正确的航向上，而不是贬低他。即使你的动机是高尚的，是真心诚意的，也要注意场合问题，并要记住，对方的自我感觉也在起作用。当有其他人在场时，哪怕是最温和的方式也很可能引起被批评者的怨恨，因为他已感到他在同事或朋友面前丢了面子。

所以，对于一些过失，最好采取单独面谈的方式，只要他认识到错误，就没有必要当着全办公室的人要他做公开的检讨。只要在你的办公室里，面对面地跟他谈，就足以使他反省了。任何具有上进心的人都不愿犯错，从他个人的角度看也是这样，何况你的目的只是让他改进，而不是贬损他的人格。被批评者也会认识到你完全是为他好，且顾全他的面子，必会对你心存感激。你的批评，他也就能够听得进去了。

管理智慧：

你要做的事实际上是一种说服的工作，即打动对方的心，使对方回到正确的航向上，而不是贬低他。

以情管人　以法管事

173. 临危不乱：越紧张就越想不出办法

商场如战场，对于企业而言更要学会临危不乱。领导者在面对突然而来的不利于本公司发展的问题时，所采取的措施直接影响着企业今后的发展。比如几年前的三株集团，面对顾客的投诉而乱了阵脚，匆忙之下直接否认，推卸责任，给消费者留下了非常恶劣的负面印象。几年后，三株集团就倒闭了。可以想象，一个得不到消费者信任的企业还有什么能力生存下去？

而同样的问题在美国强生公司则有截然不同的应对方式。有消费者在服用强生的止痛药后死亡，经调查，药内含有毒素，怀疑是有人投毒。强生公司的做法不像三株集团那样推卸责任，而是在媒体上发表声明，向受害者道歉并进行赔偿，同时毅然收回了全球范围内的已经卖出去的药剂。虽然损失达数千万元，但他们却以崇高的社会责任感赢得了消费者高度的赞誉，强生品牌更加深入人心。

任何时候都不能够乱了阵脚，你越紧张就越想不出办法，反而会让问题变得更加复杂，甚至偏离了问题的核心，衍生出更多的麻烦来。面对突如其来的事情，我们要做的第一件事，便是将情绪稳定下来，如此，才能镇定地想出解决的方法。

管理智慧：

任何时候都不能够乱了阵脚，你越紧张就越想不出办法，反而会让问题变得更加复杂，甚至偏离了问题的核心，衍生出更多的麻烦来。

以情管人　以法管事

174. 树立一个"虽然脾气不好，但心肠很热"的形象

领导者在工作中，不免有生气发怒的时候，这足以显示领导者的威严与权势，对下属形成一种震慑的效果。应该说，对那种"吃硬不吃软"的下属，适时发火施威，常常胜于苦口婆心和"温情脉脉"。

适度、适时发火是必须的，特别是涉及原则问题或在公开场合碰钉子时，或对有过错的人帮助教育无效时，必须以发火压住对方。如果领导者的确是为下属着想，为工作着想，领导的火气，也能被下属所理解。

即使你所发之火是完全正确的，但也应注意发火的尺度。

首先，发火不宜把话说过头，不能把事情做绝，而要注意留下感情补偿的余地。领导者一言九鼎，在大庭广众之下，一言既出，驷马难追。而一旦把话说过头，则事后便骑虎难下，不好收场了。

其次，发火宜虚实相间。对有些人应当众说服，不动肝火，这既能防止和制止其错误行为，也能显示出领导人运用威慑的力量，设置了防患于未然的"第一道防线"。但对有些人则不宜真动肝火，而应以半开玩笑半认真的方式去进行这种虚中有实、情意双关的表达，使对方既不能翻脸又不敢轻视，内心往往存有顾忌。

另外，发火时要注意树立一种被人理解的"热心"形象，要大事认真，小事随和，轻易不发火，一旦发火就要叫人服气，长此以往，领导者才能在下属心目中树立起令人敬畏的形象。从日常观察中可见，令人服气的发火总是和热诚的关心帮助联系在一起。领导者应给下属留下自己虽然脾气不好但心肠很热的印象，从而使发火得到人们的理解和赞同。

发火应不忘善后。领导者发火，不论怎样高明总是要伤人的，只是伤人轻重不同而已。艺术地善后应体现出明暗相济的特点。"明"

即是领导者亲自登门谈心、解释甚至"道歉",对方有了面子,一般会顺势和解。"暗"是指对器量小者发火过了头,如果面谈也不易挽回时,就应采用"拐弯抹角"或"借东风"的方法,例如在其他场合,故意对第三者讲他的好话,并适当说些自责之言,使这些"善后语言"间接地传入他的耳中,这种背后的好话很容易打动、感化他。另外,也可以在他困难的时候暗中帮忙。这些暗中善后,会使他对领导者由衷地感激。

领导者在处理任何问题时,都应该遵循对事不对人的原则。这样不仅真正地做到了尊重下属,而且也有利于问题的解决。

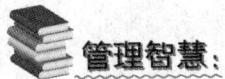管理智慧:

发火时要注意树立一种被人理解的"热心"形象,要大事认真,小事随和,轻易不发火,一旦发火就要叫人服气。

175. 要盘马弯弓,引而不发

下属犯了错误,或造成公司重大损失,当然要追究责任,要批评、处分甚至撤职、开除。但在事情和责任没有搞清楚之前,千万不要急于处理。如果处理错了或重了,伤了感情,事情就很难挽回了。

你如果还没有处理,那么主动权就掌握在自己手里,想什么时候处理就什么时候处理,而且如果你处理得好,不仅不会伤害到部下的感情,反而会赢得部下的心,使其成为自己忠实的拥护者、跟随者。

某公司的销售部主管因在签订合同时出现失误,造成了公司的重大损失。对于这种严重的错误,总经理完全可以将这位主管撤职。

但是他并没有急于做出处理。他分析了两种可能:一是这位主管本身不称职,不宜于再继续担任这个职务;而另一种可能是"好马失蹄",由于一时大意而出现失误。如果是后者,那么将他撤职就会毁

掉一个人才。总经理进一步考虑,目前还找不到一个更合适的人顶替这一职务,一旦将他撤职,将会影响公司的其他工作。

于是他把这位主管找来,告诉他自己将要对这件事做出处理,但具体如何处理并没有明确告之,事情就这样拖了下来。

在这段时间里,这位主管为了挽回上次的损失,一直兢兢业业地工作,为公司的发展做出了自己的贡献,同时用事实证明他做这项工作是称职的,上次的失误是意外情况。

不久,总经理再次把他叫去,对他说,鉴于他近期的业绩,本来准备给予嘉奖,但因为上次的失误还未处理,故功过抵销,将功抵过,既不嘉奖,也不处分。这种处理方法的效果无疑是好的。既没有影响整个公司的运作,同时又令这位主管以及其他员工心服口服。

在处理这件事的过程中,总经理盘马弯弓,引而不发,处处主动。箭在弦上,则随时可发,若箭出弦则一发不可收。所以,"引而不发"不失为一种灵活的处事之道,把握主动权,争取最有利的局面。

管理智慧:

箭在弦上,则随时可发,若箭出弦则一发不可收。所以,"引而不发"不失为一种灵活的处事之道。

176. 要"王道",不要"霸道"

对于国家和管理,中国古代存在"王道"与"霸道"二学说。王道是协调,是仁爱,是内展,是合理地利用他人的智慧和力量为自己服务。王道是懂得尊敬他人、信赖他人,设身处地地为他人着想。

而霸道则是与王道正好相反,它是竞争,是残酷,是外张,是企图让自己变成炸弹,哪里有反对的声音,它就在哪里引爆。

从管理的角度看,霸道就是决策者头脑发热、自信心异常膨胀甚

至狂妄。他无法意识到自己的能力及精力不足，无法意识到一个人的力量不足以处理或解决所有的问题，反而为了加强自己的权威而加紧集权控制，扫除异己。这样做的结果，最终会导致自己压力更大、管理效率更低、企业效益更差。尽管如此，很多企业的领导者却还都在固守着霸道，惟恐别人"威高镇主"，这使得众多优秀的企业走向了失败。我们不能不为之扼腕叹息。

被誉为"美国汽车大王"的亨利·福特，在其事业发展到顶峰时，便以为自己没有什么做不了的，没有什么解决不了的问题，于是变得刚愎自用、嫉贤妒能，他决不允许下属的势头强过自己，不敢更不愿把权力授给任何人，甚至还不顾一切地将立下汗马功劳的员工解职。部属们心寒至极，人心涣散。其结果是导致事业的大滑坡——福特汽车公司丧失了昔日的威风，福特三世也于63岁时，被迫忍痛割爱，辞去了福特公司的董事会主席的职务，彻底宣告了"万年福特王朝"的结束。

相反，美国钢铁大王卡内基本人对钢铁制造、钢铁生产的工艺流程可谓知之甚少，但他却能够使手下的300名精兵强将，爆发出工作的激情，最后，"众星捧月"地将自己捧上了钢铁大王的宝座。

管理智慧：

从管理的角度看，霸道就是决策者头脑发热、自信心异常膨胀甚至狂妄。

177. 要平等，但不要平起平坐

"人与人是平等的"，这是人们在谈到人际关系时的一种普遍观念。客观上人与人应该是平等的，然而，当人们扮演着一定社会角色来进行交往时，却并不总是能够平起平坐的。因为人们在社会中所扮

以情管人　以法管事

演的角色不同，就需要树立起不同的社会形象，为了维护这种社会形象，就不可能平起平坐。

试问，在饭店里服务人员能够与客人平起平坐吗？显然不能。在饭店服务人员当中，早就流传着这样的顺口溜："客人坐着你站着，客人吃着你看着，客人玩着你干着。"不管这种说法带有怎样的情绪色彩，你都不能不承认，它的确反映了一个事实：服务人员不可能与客人平起平坐。

在单位内部，在上级与下级之间呢？从下级服从上级这个意义上来说，他们也是不能平起平坐的。一个上级的"上"，一个下级的"下"，这两个字，已经把不能平起平坐的意思，说得再清楚不过了。

总之，无论在服务人员与客人的关系中，还是在上级与下级的关系中，如果大家都平起平坐，那就不存在谁为谁服务和谁管谁的问题了，各人的社会形象也就难以区分了。

我们必须清楚的是，人们由于扮演着特定的社会角色，而不能平起平坐，这和人与人之间是不是平等，是两个不同性质的问题。能不能平起平坐，这是角色与角色之间的问题，而是不是平等，这是人与人之间的问题。

在社会生活的许多场合，我们只要弄清楚，一个人所扮演的是什么样的社会角色，就知道该如何去跟他打交道。人们扮演着不同的社会角色，就有了不同的权利和义务。因此，人们一旦进入角色，就往往不能平起平坐。

管理智慧：

我们只要弄清楚，一个人所扮演的是什么样的社会角色，就知道该如何去跟他打交道。

178. 虎气不足、猴气有余，成不了好领导

在一些领导者修养的书籍中，人们囿于固有的思维定势，总是认为凡是领导者，其待人接物永远应该端庄稳重，平易和蔼。发怒与领导角色的行为规范不符，会有损领导者的形象。

有的领导者在工作中即使碰到怒不可遏之事，也强迫自己抑而不发，似乎这样很有修养。其实，不发怒与动辄发怒一样，都会贻误工作，损害领导者的形象。"气血之怒不可有，理义之怒不可无。"我们虽不应当凭个人意气发火，但为真理、正义动怒却是理所当然、必不可少的。

在原则问题上、事关重大的紧迫问题上、部属失职渎职等问题上，领导者的发怒对当事人具有刺激性和震撼力，对旁观者也有警示作用，有利于问题的解决，推动工作的进展。这类动怒是领导者忠于职守的表现。适当宣泄自己的感情，不能算是失控。在很多部门和工作岗位上，如果领导者没脾气，虎气不足，"猴气"有余，文文静静像个小媳妇，不会发怒，反而成不了好领导。

管理智慧：

如果领导者没脾气，虎气不足，"猴气"有余，文文静静像个小媳妇，不会发怒，反而成不了好领导。

179. 将军不敢骑白马，亡者不敢夜秉烛

《庄子》中有一句话叫"直木先伐，甘井先竭"。其意是：挺直的树木先遭砍伐，甘甜的井水先被汲尽。比喻有才能的人容易受到迫害。

由此观之，也的确如此。有一些才华横溢、锋芒太露的人，虽然容易受到重用提拔，但也容易遭人暗算。

南朝王僧虔，是东晋王导的孙子。宋文帝时官为太子中庶子，武帝时为尚书令。年纪很轻的时候，僧虔就以善写隶书闻名。宋文帝看到他写在白扇子上面的字，赞叹道："不仅是字超过了王献之，风度气质也超过了他。"当时，宋孝武帝也想以书法名闻天下，僧虔便不敢露出自己的真迹，常常把字写得很差，因此而平安无事。

《淮南子·说山训》有两句话："将军不敢骑白马，亡者不敢夜秉烛。"它的主旨是：不要过于引人注目，否则很容易成为众矢之的。所以越是有才华的人，如果不会自我保护，就会因才华而过早地陨落。

唐代的顺宗在做太子时，亦好做壮语，慨然天下为己任。太子有能名，服人心，自然也是使自己顺利当上皇帝的一个先决条件。但太子能过父皇，又往往有逼父退位的举动，所以又会因遭父皇的猜忌而被废黜。因此聪明的太子不能表现出太强的才干，造成太响的名气。

有一次，他曾对东宫僚属说："我要竭尽全力，向父皇进言革除弊政的计划！"他的幕僚王叔文告诫他："作为太子，首先要尽孝道，多向父皇请安、问起居饮食冷暖之事，不宜多言国事。况且改革一事又属当前敏感问题，你若过分热心，别人会以为你邀名邀利，招揽人心。如果陛下因此而疑忌于你，你将何以自明？"太子听后恍然大悟，于是立刻闭嘴不言。德宗晚年荒淫而又专制，太子始终不声不响，直至熬到继位，方有了唐朝后期著名的顺宗改革。

管理智慧：

越是有才华的人，如果不会自我保护，就会因才华而过早地陨落。

以情管人　以法管事

180. 不能"牛不吃草强按头"

领导的任务简单地说，就是找合适的人做合适的事，然后鼓励他们用自己的创意完成手上的工作。领导者要想说服下属，让他们依照你的意思行事，就必须摸清下属的性格，对不同的人采用不同的方法，既不能千篇一律，也不能"牛不吃草强按头"。

身为领导者不能忽视下属的性格问题，只有了解了他们的性格，才能采取正确的对策，以理服人。

三国时期，诸葛亮作为领导，对下属的性格可谓了解得极其透彻，他能针对不同的下属而采取不同的对策，因此能让所有下属都心服口服。

关羽自傲自大，诸葛亮在派他去华容道之前，就利用他的自大、自傲，使其立下军令状。其后，关羽果然如诸葛亮所料，放走了曹操。他也从此对军师诸葛亮更加信服。而张飞，性格鲁莽，脾气暴躁。诸葛亮对这一莽汉则采取激将的办法，往往激得张飞不惜性命南征北战，从而取得胜利。事后，张飞对诸葛亮也是心服口服。孟获有少数民族的特点，淳朴但又勇猛无比，对待这样的人，诸葛亮则采取了攻心战术。七擒七纵，使孟获由衷地佩服诸葛亮，并从此对诸葛亮、对蜀国死心塌地。

作为领导者，面对着有不同秉性的下属，要懂得去了解他们的性格，把不同性格和具有不同特长的下属，放在不同的位置上以充分发挥他们的才能。

管理智慧：

身为领导者不能忽视下属的性格问题，只有了解了他们的性格，才能采取正确的对策，以理服人。

181. 切忌打击报复而不择手段

一匹马多年来独享一块肥沃的草地，后来有一只鹿也发现了这块草地。

本来按这匹马的食量，就是活一万年，也吃不完这块地上的草，但它却对鹿的闯入心存不快。

于是，它想借助人的力量征服可恨的鹿。但狡猾的人却说："我抓不到鹿，除非你让我骑着追上它。"马同意了，结果人骑着马追上了鹿。

本来马和鹿的奔跑速度是人远不能及的，但为了报复鹿，马甘受其缚，结果它们都成了人的俘虏。

直到这一刻，马才感到悔恨，但一切已无法改变，最终的赢家，不是跑得最快的马，也不是跑来分一杯羹的鹿，而是有智慧的人。

直到今天，马依然被人带上辔头，为其劳作，马是否反思过自己的错误呢？

明朝末年，李自成率起义军攻入北京，俘虏了吴三桂的女人陈圆圆。吴三桂冲冠一怒为红颜，遂引清兵入关，结果是把李自成赶跑了，同时自己也失去了自由，成了清人的鹰犬。虽然日后有所反复，但也没有洗去千古罪人的骂名。所以说，逞一时之快，为了打击报复而不择手段，终会让自己付出沉重的代价。

记住，遇到麻烦的时候，你要保证解决问题的方法不比问题本身更糟。

遇到麻烦的时候，你要保证解决问题的方法不比问题本身更糟。

以情管人　以法管事

182. 首先，控制住自己的情绪

一天，几个人冲进美国第 25 任总统威廉·麦金莱的办公室，向他提一项抗议。为首的是一个议员，他的脾气很大，开口就用难听的话咒骂总统。而麦金莱却显得异常平静，他知道，现在做任何解释，都会导致更激烈的争吵，这对于坚持自己的决定很不利。他一言不发，默默地听这些人叫嚷，任他们去宣泄自己的怒气，直到这些人都说得筋疲力尽了，他才用温和的口气问："现在你们觉得好些了吗？"

那个议员的脸立刻红了，总统平和而略带讥讽的态度，使他觉得自己好像矮了一截，他仿佛觉得自己粗暴的指责根本站不住脚，而总统可能根本就没错。

后来，麦金莱总统开始向他解释自己为什么要做那项决定，为什么不能更改。这位议员并没完全听懂，但他在心理上已经完全服从总统了。他回去报告交涉结果时，只是说："伙计们，我忘了总统所说的是些什么了，不过他是对的。"

麦金莱总统凭着他的自制力，在心理上打了一个大胜仗。

管理智慧：

唯有先自制，方可制人。

183. 多向公司负责，少向下属负责

有一天，你接到老总的通知，你掌管的部门要裁减一名员工，并由你去做他的思想工作。你会感到十分烦恼。因为每一个下属都有其特长，最重要的是你与下属合作愉快，交情也不错，你该怎么办？

身为领导,有义务保护和照顾下属,但作为中层主管,当下属面临被辞退时,请你保持冷静,对事情分析清楚。首先,摒除下属是你的好友这个包袱,一旦有了无形的压力,你一定不够客观。事实上,站在公事公办的立场,是没有人情可讲的。

其次,面对你的下属,坦诚地把整件事的来龙去脉讲一遍,告诉对方,绝无任何隐瞒,否则,难以面对好友。

面对公司老总,你没有必要申辩什么,但你可以把下属以往的良好纪录和成绩拿出来,提醒老总,这是一个人才,偶尔失误,还是应该给予机会的。何况你若失去这个助手,工作可能会受到影响。

记住,你应向公司负责而不是向下属负责,这与义气无关。老总做出怎样的裁决,都应该遵守,你也应该问心无愧。

要想成为一名成功的领导者,到任何时候都不能怕扮黑脸,否则只会左右为难,处处被动,里外不是人,最终将一事无成。

以情管人　以法管事

要想成为一名成功的领导者,到任何时候都不能怕扮黑脸。

184. 仅仅提出建议,让别人得出结论

密苏里州一家电子产品制造公司的副经理凯利·瑞安莱,曾这样总结他在工作中的经验:

我发现让一个人改变他的工作方法或者工作程序的最好方法,是让这个人认为这一切都是他自己想出来的。我表彰他的主观能动性和预见性,他也相信那全都是他第一个想到的。这样对我们双方都有好处,他会感到自己的工作更重要、更安全,而生产效率也得到提高,这是我所期望的。

上星期五我对一个工人说:"杰克,我认为如果我们把3号切割

机搬到那边去,然后再加两个电动卷绕站的话,我们的生产速度还能提高。我想听听你是怎么考虑的。"一天后,他来到我的办公室说:"凯利,这个周末,我有了一个最好的主意,如果我们把3号切割机搬到这里,然后再加两个电动卷绕站,我们在组装线上就能少走不少冤枉路,这样我们的生产效率能提高5%到10%。我们不妨试试看。"那正是我想让他去做的,这种方法要比告诉一个雇员去做什么要好得多。人们都不喜欢被别人告诉怎样去做他们的工作,他们喜欢按照自己的方法做事。这种建议的方法每次都非常见效,每次我都如愿以偿。雇员由于提出了新的方法受到嘉奖,这样,我们双方都感到很愉快。

对于这种方法只有一个特殊的要求:时间和耐性。要慢慢地去做,切勿急躁。经那个人花费一定的时间去理解和消化你的思想,让它一点点变成他自己的思想。当你这样做了以后,你会得到巨大的好处。

戴尔·卡耐基曾经说过:"如果你仅仅提出建议,而让别人自己去得出结论,让他觉得这个想法是他自己的,这样不更聪明吗?"许多实践也表明,人们对于自己得出的看法,往往比别人强加给他的看法更加坚信不疑。

如果你仅仅提出建议,而让别人自己去得出结论,让他觉得这个想法是他自己的,这样不更聪明吗?

185. 权力不等于威信

1955年12月1日,是美国历史上一个值得永远纪念的日子。那天,在阿拉巴马的蒙哥马利市,一位名叫罗莎·帕克斯的美国黑人妇女拒绝服从一位汽车司机要她离开座位到公共汽车尾部就座的命令——这个命令符合当时盛行的公共汽车种族隔离惯例。由于触犯了

以情管人 以法管事

蒙哥马利市的种族隔离法令,帕克斯太太遭到拘捕。

这件事引起了当地一位牧师马丁·路德·金的关注,他认为这种现象必须加以纠正。随之,他在蒙哥马利号召开展联合抵制乘坐公共汽车的群众运动,以非暴力的群众运动形式,反对在公共汽车上实行种族隔离政策。马丁·路德·金也因为在为期382天的蒙哥马利抵制乘坐公共汽车运动中发挥了领导作用,而受到当地广大黑人群众的拥护,这也使他以民主权力运动领导人的形象成为全国瞩目的人物。

马丁·路德·金在没有人授予他职务权力、自己也没有刻意去追求权力的情况下,为什么可以成为民权运动的领袖呢?罗伯特·塔克在他的著作《政治领导论》中称这种人为"非委任领袖"。

"非委任领袖"不拥有职务权力,但他们仍然可以成为政治领袖,领导他人。他人愿意、也乐于接受他的领导乃是为"非委任领袖"的个人威信所影响。

权力与威信之间有着异常紧密的联系,这是毫无疑问的,但是它们又是截然不同的。无权的人同样可以有威信,而有权的人却未必拥有。领导者希望自己的权力给他带来威信,然而权力不等于威信,领导者如果明白这一点将会给自己及别人带来很大的好处。

管理智慧:

权力与威信之间有着异常紧密的联系,这是毫无疑问的,但是它们又是截然不同的。

186. 为自己制造一种神秘感

关于"官架子",早在几百年前,意大利的政治学家马基雅维里曾做过精辟的阐述:"君主应通过种种手段,甚至包括表面上的装腔作势和耍花招来获得别人的尊重、爱戴和潜在畏惧。"我们也可以把

"官架子"理解为一种"距离感"。

官架子的作用不可小觑,实乃工作之需、身份之需。摆架子是领导者立威必不可少的手段之一。一点架子也不摆,反而让人瞧不起,工作起来难以服众。

而没有架子、随和的态度会使下属产生一种错觉:这个领导好说话,是不是让他给我解决一下我的问题?这样长此以往,势必会使下属抱着侥幸的心理来请求领导事事躬亲,而一旦不能满足就会心生怨恨。

此外,如果你是一个愿意把自己的一切都毫无保留地展示给下属的领导,就可能培养下属根据你的喜怒哀乐来调整与你相处的方式,并进而顺着你的好恶来为自己谋取利益。这样,你也就会在不知不觉中,被下属的意志所操控。因此,城府越深的领导者,越不会随意流露自己的某些情绪,以免被下属窥破弱点,予人以可乘之机。

官架子还可以掩饰领导能力的不足。没有一个人是全能的,如果你在下属面前暴露过多,完全和他们坦然相见,"深入到群众中去",你的缺点和优点就会同时被下属了解。但下属往往是看不到或很少看到你的优点,而经常会在背后议论你的缺点。除非你有柳传志的水平,有掌控全局的魄力,驾驭下属的能力,那么缺点暴露在下属面前也无妨。但如果水平不高,最好还是避免丢人现眼。

有句谚语说:"被发现就是被主宰。"如果领导的缺点暴露在下属面前,就很容易被居心叵测的下属把握,进而被影响利用。如果领导的缺点暴露太多,被下属充分了解,他们便没有了敬畏之心。所以,最好不要暴露自己的缺点,摆一摆架子,增加与下属的距离,减少接触,为自己制造一种神秘感。

管理智慧:

有句谚语说:"被发现就是被主宰。"如果领导的缺点暴露在下属面前,就很容易被居心叵测的下属把握,进而被影响利用。

187. 要把握好身体语言的尺度

　　管理者和员工沟通时的很多小细节，往往会影响到员工对管理者、公司以及工作的看法。中国人心思细密，在交往中喜欢察言观色，一些员工常常会从管理者和他们的沟通中寻找蛛丝马迹。他们很注意管理者说什么，以及没有说什么。他们也很在意管理者的聆听能力，以及他们关心员工的程度。如果管理者疏忽了一些小细节，那么和员工之间的沟通就会产生障碍。

　　管理者在沟通时也要注意情绪控制，过度兴奋和悲伤的情绪都会影响信息的传递与接受，尽可能在平静的情绪状态下与对方沟通，才能保证良好的沟通效果。

　　管理者在与员工沟通的过程中，应用好肢体语言。肢体语言在沟通过程中非常重要，有50%以上的信息是通过肢体语言传递的。管理者的眼神、表情、手势、坐姿都可能影响沟通。管理者是专注凝视对方，还是低着头或左顾右盼，显然会造成不同的沟通效果。管理者坐姿过于后仰会给下属造成高高在上的感觉，而过于前倾又会对下属形成一种压力。因此，管理者要把握好身体语言的尺度，尽可能地让对方不会感到紧张和不舒服。只有让对方尽可能地放松，才能让他说出真实的感受。

　　总之，管理者要想让下属敢说话，说真话，就要在沟通的过程中努力营造最佳的氛围。

管理智慧：

　　如果管理者疏忽了一些小细节，那么和员工之间的沟通就会产生障碍。

以情管人　以法管事

188. 不能大搞"扶上马，不撒缰"

《吕氏春秋》记载，孔子的弟子子齐，奉鲁国君主之命到父去做地方官。但是，子齐担心鲁君听信小人谗言，从上面干预，使自己难以放开手脚工作，不能充分行使职权，发挥才干。于是在临行前，主动要求鲁君派两个身边近臣随他一起去上任。

到任后，子齐命令那两个近臣写报告，他自己却在旁边不时地去摇动二人的胳膊肘，捣他们的乱，使得整个奏章写得很不工整。于是，子齐就对他们发火，二人又恼又怕，请求回去。

二人回去之后，向鲁君抱怨无法为子齐做事。鲁君问为什么。二人说："他叫我们写奏章，又不停地摇晃我们的胳膊。字写坏了，他却怪罪我们，还大发雷霆。我们没法再干下去了，只好回来了。"

鲁君听后长叹道："这是子齐劝诫我不要扰乱他的正常工作，使他无法施展聪明才干呀！"于是，便派他最信任的人到父向子齐传达旨意："从今以后，凡是有利于父的事，你就自决自为吧。五年以后，再向我报告要点。"子齐郑重受命，从此得以正常行使职权，发挥才干，父得到了良好的治理。这就是著名的"掣肘"典故。后来，孔子听说了此事，赞许道："此鲁君之贤也。"

古今同理，领导者在用人时，要做到既然给下属职务，就应该同时赋予与其职务相称的权力，不能大搞"扶上马，不撒缰"，处处干预，只给职位不给权力。

领导者用人只给职不给权，事无巨细都由自己定调、拍板，实际上是对下属的不尊重、不信任。这样，不仅使下属失去独立负责的责任心，还会严重挫伤他们的积极性，难以使其尽职尽力，到头来工作搞不好的责任还得由领导者来承担。

所以，放手让你的下属去施展才华吧，只有当他确实违背了工作的主旨时，你再出来干预，将他引上正轨。只有将下属的积极性全部调动起来，你的事业才能获得成功。

 管理智慧：

领导者在用人时，要做到既然给下属职务，就应该同时赋予与其职务相称的权力，不能大搞"扶上马，不撒缰"，处处干预，只给职位不给权力。

以情管人　以法管事

189. 不可预测是令人畏惧的武器

为什么我们如此害怕地震与龙卷风？因为我们不知道它们什么时候会来袭。一场地震过后，我们惊骇地等待下一次的余震，虽然程度没那么严重，但是不可预测性常常会在我们心里投下深深的阴影。

动物的行为有既定模式，因此人类才得以猎杀它们。鳄鱼每次上岸捕猎后，总是沿着原路返回到水里。猎人们便根据它们的这种习性，在它们来时的路上插上锋利的尖刀，这样就轻而易举地捕获凶猛的鳄鱼。

人们总是努力在判断和了解你行为背后的动机，所以，一旦你做出一个完全让他们无法解释的行为时，他们就会落居守势。人们对于不了解的人和事物，常常会表现出心慌意乱而不知所措。

画家毕加索说："最好的算计就是不要算计。一旦你有了一定的知名度，其他人都会猜想你所做的事必定有一个聪明的理由。事先过分审慎筹划你的举动是很愚蠢的，你最好的方法就是行事漫无章法。"

毕加索与艺术经纪人罗森堡共事多年。起初，毕加索赋予经纪人相当大的自由来处理他的作品。但是有一天，没有任何明显的理由，毕加索告诉罗森堡，他的画不再让他卖了。后来，毕加索对此事作出这样的解释："罗森堡接下来两天会绞尽脑汁想要知道为什么，我是不是收了其他经纪人的好处？我会继续工作、睡觉，而罗森堡所有的时间都在猜测我的居心。两天之后他就会回来，精神焦躁、忧心忡忡地说：'好朋友，如果我给你更多的钱，更好的条件来代理你卖这些画，你会拒绝吗?'"于是，毕加索达到了自己的目的。

不可预测不仅仅是令人畏惧的武器，打破日常行为的模式更会引起周围人的骚动，激发别人对你的兴趣。人们会谈论你，对你的言论和行为做各种猜测和解释，使得人们无法遗忘你。这时，你就会获得越多的敬重，影响力也会越来越广泛。

不可预测不仅仅是令人畏惧的武器，打破日常行为的模式更会引起周围人的骚动，激发别人对你的兴趣。

190. 切勿忽视"小角色"

要知道，人是最复杂的动物，你应该尽力去了解你的下属中潜藏着哪些人物，他们各自有哪些才能、特长，有什么样的家庭背景、社会关系，他们的同学、朋友都是一些什么人，他们的同学、朋友又有一些什么样的家庭背景和社会关系。

不要忽视"小人物"，在他们身上不经意的态度，有可能带来意想不到的连锁反应。也许，你只是因为一点儿家务事而心情不好，但却把这种不良情绪带到了工作中，并且不加遏制地在下属中任意发泄，让这些微不足道的"小人物"成为"出气筒"、"受气包"，当然大多数下属只能忍气吞声。但是，其中一些有个性且自尊心很强的人，可能会在某一天乘你不备，重创你一下。

也许，这些人有很不一般的家庭关系，其中可能就有人可以直接参与对你的提拔任免，你的行为正处于人家的监控之中。"授人以柄"，岂不因小失大？

以情管人　以法管事

也许，这些人颇有才华，几年以后，其中可能会有人处于和你平级，甚至高于你的位置，这样，就等于给自己树立了未来的敌人，使你后悔莫及——早知如此，何必当初？

《三国演义》里的曹操更是因为对待"小人物"态度的不同而影响大业。在官渡之战兵处劣势时，曹操听说袁绍的谋士许攸来访，竟顾不得穿鞋，赤着脚出来迎接，对许攸十分尊重。许攸感其诚遂为曹操出谋划策，帮了他大忙。礼贤下士的曹操借助这个"小人物"的力量成就了许多大事。

然而，曹操也吃过忽略"小人物"的亏，当他正一帆风顺时，西川的张松前来献地图，他却态度傲慢，以致给张松留下了"轻贤慢士"的坏印象，所以张松改变了主意，把本来要献给曹操的西川地图，转而献给了刘备。这对曹操来说不能不是事业上的一大损失。可以想象，曹操对张松如果像当年对许攸那样尊重，西蜀的地盘说不定早就成了曹操的了。

世界是不断变化的，没有一成不变的事情。"小人物"不会甘于永远充当"小角色"，或许有一天也会变成"大人物"，多一个朋友总比多一个敌人强。也许，当你消息闭塞时，会有一个你意想不到的朋友，给你送来一则起死回生的消息，帮你力挽狂澜；也许，当你仕途低迷时，会有人扶你一把，从此柳暗花明；也许，在你的单位进行民主评议的时候，你这个群众关系好的人所得的票数就会比别人多很多。

管理智慧：

世界是不断变化的，没有一成不变的事情。"小人物"不会甘于永远充当"小角色"，或许有一天也会变成"大人物"。

191. 不要超越正常的上下级关系

无论什么时候，领导就是领导，即使你们的关系很不一般，也并不意味着你能把他当成朋友来看待。事实上，想通过与领导做朋友这种"捷径"，获取工作上的便利乃至在公司的提升，是一种不可取的方式。不可否认，与领导增加交流对你的工作会有很大的帮助，但是任何事情都是有尺度的，一旦超越正常的上下级关系，反而会产生不良的后果。

在一个公司中，如果你把精力都用在和领导的周旋上，关系过于亲近，就会被认为是领导的人，被同事看作领导的心腹和安插在他们之中的间谍，自然会引起同事们对你的戒备，以及种种不必要的猜测。即使你"君子坦荡荡"，也总有"小人常戚戚"。

况且，"一朝天子一朝臣"，领导层的变动不可避免地会波及下属的职位变动，新任管理层一般会在人事上来个"大换血"。如果你在别人的印象里是前任领导的人，那么，这时也许你该做好走人的准备了。

管理智慧：

任何事情都是有尺度的，一旦超越正常的上下级关系，反而会产生不良的后果。

192. 可以看破，不能说破

曹操与刘备青梅煮酒论英雄，此时的刘备羽翼未丰，寄人篱下，他绕了一大圈，就是不说自己和曹操是英雄。说自己是英雄，必将暴

露与曹争天下的雄心，曹必杀之；说曹操是英雄，又怕戳穿曹操的篡汉之心，曹定不会放过。

对于一个有高远目标的人，如果脸上露出来，嘴上说出来，则是愚蠢的。换言之，你可以想着它，但不能说出它。在"潜龙勿用"阶段，积蓄力量，隐忍不发；在"见龙在田"、"或跃于渊"阶段，则可小试牛刀；而在"飞龙在天"阶段，则应大展才华。如果在不该出头时强出头，是莽汉，必然事败受辱。

管理智慧：

对于一个有高远目标的人，如果脸上露出来，嘴上说出来，则是愚蠢的。

193. 让自己站在竞争者中间

要想提高自己的身价，单靠才能与品德还是远远不够的。就像出售商品一样，如果单以质量取胜，不足以赢得过多的顾客；一味降价，更是费力不讨好的事。最好的办法莫过于——不断涨价，并使顾客感到货很抢手，如果不赶快行动，有钱也买不到了。简而言之，就是站在竞争者中间，给他们以竞争压力。

毕加索在历经早年的贫困后，终于成为全世界最成功的艺术家之一。但是很长时间，他没有将自己全权委托给任何一位经纪人，虽然这些人从四面八方包围着他，个个都以吸引人的优越条件和承诺诱惑他。他没有上钩，反而表现出对他们的服务毫无兴趣的样子。这套伎俩可把那些经纪人逼疯了，就在他们为他而竞争时，作品价格也就自然节节高涨了。

如果你渴望权力和影响力，那就让自己站在竞争者中间，审时度势。当竞争的双方或多方争相争取你的关注时，你立刻就会成为抢手货，看起来会非常有影响力。这种策略会让你增加自己的分量，获得更多的权力。

要想更完美地施行这套策略，必须保持内心的自由，不要受情感的牵绊。做自己的主人，而不是为别人摇旗呐喊。

管理智慧：

当竞争的双方或多方争相争取你的关注时，你立刻就会成为抢手货，看起来会非常有影响力。

194. 不批评多数人

当领导的常常会遇到这种情况，就是大多数人犯错误，比如单位开会，大多数人都迟到了。

面对这种错误，你不提出要求，不做批评，就会使这种风气日盛一日，从而影响单位纪律的严肃性；提出批评会得罪多数人。中国有句古话叫"法不责众"。挨批评的人多了，大家都会无动于衷；点谁的名进行批评，谁就会心中不服。"大家都是这样，又不是我一个，凭什么单挑我的刺？"大多数人有着共同的心理，会觉得你的批评是故意找茬儿，挑人毛病，与人过不去，说不定还要"触犯众怒"！

那么，这个时候应该怎么办呢？聪明的领导会采取表扬少数的办法来服众，以达到教育多数人的目的。

比如说，总经理召开工作会议，只有财务部主任准时到达会场，其他人全部迟到。总经理大为恼火，但他没有批评任何人，只是表扬了财务部主任，高度赞扬了他的守时作风。结果其他人都面带愧色。

因为迟到的人当中很可能有人有正当理由，如果不分青红皂白，将他们批评一通，那么有正当理由者必然心中不服，觉得冤枉要申辩。他们一申辩，其他人也会纷纷申辩，结果不但达不到目的，还把大多

数人都给得罪了。

其实在场的人谁也不怕批评,因为有这么多人陪着,又不丢脸,一旦有人申辩,何不跟着起哄?若将"有正当理由的"和"没有正当理由的"区别对待又不可能。就算你能区分,后者也会恼怒。

所以,表扬少数者是最佳的做法,既扬了正,又压了邪。受表扬者当然高兴,对大多数人来说,虽然你含蓄地批评了他们,但并没有得罪他们,他们一方面感到羞愧,一方面还觉得你给他们留了面子,会对你更加感激和服气。

领导行使批评的手段时不可触犯众怒,不能把所有的人都得罪了。

195. 不要过早地决定接班人

对于公司经营发展前途,公司的后继接班人选是件相当重要的事。接班人问题,是任何公司都要面临的问题,只是面对的形式不同而已。领导者不论是有任职期限的还是没有明确任职期限的,都要在在位时物色培养好自己的接班人,否则在你任职期满或退休后,公司就会陷入混乱,甚至使公司一蹶不振。

接班人不应只有一个,而应是多数。当然,到最后只能有一个。但未到最后关头,不要做出这个决定。过早决定接班人,除了不利于自己今后的管理工作之外,还会影响其他人的士气——接班人如果已定,自己再奋斗也就无价值了——这是人们最普遍的想法。而且对接班者本人,也容易滋长骄傲情绪,甚至萌发野心提前"抢班夺权",使一个原本优秀的人才毁于一旦。

要多选几个,告诉他们都有做接班人的机会,但要经过观察和锻炼。这几个候选人因此就会奋力争先,相互竞争。公司再以增强扩充个人的经验为由，不停地互调职位。这不但具有训练的效果，更会显露出各人的才能和短处。

可以在适当的时候给接班人独当大任的机会，看他是否会为所欲为。这种实习对接班人是绝对必要的。

过早决定接班人，除了不利于自己今后的管理工作之外，还会影响其他人的士气。

196. 胁迫只是一种权宜之计

有些时候，领导者因管理或工作上的需要，要使部下的意志屈服，那么，最有效的方法就是让其感到有危险——或是降薪的危险，或是免职的危险，这个方法就是领导使用被赋予的权力进行胁迫。

胁迫是强权的一种手段，领导者运用不当，只能让部下感到是以权压人，众心不服，影响工作。若运用得当，说明领导者领导有方，众心所向，有利于企业整体形象，所以胁迫是强有力的管理手段。

人如果受到胁迫，一定会心生抗拒。这种状态若能持续一定时间，当到了难以继续忍受时，就会开始产生服从的意志。如果消除其恐惧感，这种意志马上就会消失。

在采用胁迫手段时，管理者必须注意要彻底消除对方的抵抗意志，否则不会有什么效果。半途而废，只会增加部下的反抗心理。

领导者在使用胁迫手段时有许多缺点，比如：它会使下属在心中积累不安与不满，这种无法发泄的不安与不满的感觉不断累积，如果形成无法控制的力量而爆发出来，事态会因此出现麻烦。

因此，作为领导者平时还是以人性化的管理为主。

胁迫手段说到底是一种权宜之计，是迫不得已时才采用的应付危

机的手段，因此平时则要用良性的管理方式，尽量减少危机的积累以及最后爆发。

如果领导者一旦采取了胁迫手段之后，应随后采取一定措施以消除过度的紧张情绪和局面。黑脸唱完，还要唱白脸，这样才能使管理恢复正常，以达到使用胁迫手段的最终目的。

管理智慧：

胁迫是强权的一种手段，领导者运用不当，只能让部下感到是以权压人，众心不服，影响工作。

197. 做新的决策时，不能墨守成规

许多人在做决策的时候往往只凭经验，不去想想环境发生了什么变化。他们会凭几年前的失败经验告诉你："老兄，5年前我就这么做了，根本行不通。"他们没有想到，5年后情况发生了变化，以前不适用的做法现在没准是恰逢其时呢！

还有一种人，他们死死抱住以前的规矩，不敢越雷池一步。他们顽固地认为："这个方法5年前有效，现在当然还有用。"在他们眼里世界是静止的。

朱利安·马赫年轻时在一家杂志社做记者。第二次世界大战后的一天，他与一名从纳粹集中营中逃出来的罗马尼亚小伙子共进午餐。小伙子靠在纽约大都会剧院门口以出售演出纪念品为生。

五月里的一个星期二，天气晴朗，剧院里正上演着著名指挥家索匀·赫罗克指挥的芭蕾舞剧，演出票早就销售一空，小伙子的纪念品也全卖了出去。过了一个星期，又是星期二，天气依旧晴朗，剧院上演着同样的舞剧，演出票又销售一空，而小伙子的演出纪念品却几乎一份也没卖出去。

小伙子问马赫为什么同样是星期二,结果却大不相同。马赫的回答十分简单:"因为这是另一个星期二。"

因此,每当你要做新的决策时,千万不能墨守成规,不要以为你以前失败过现在还会失败,也不要以为,你以前成功过将来还会成功。

不要以为你以前失败过现在还会失败,也不要以为,你以前成功过将来还会成功。

198. 团队的力量是伟大的

在高明的领导者眼里,没有废人,正如武功高手,不需名贵宝剑,摘花飞叶即可伤人,关键看如何运用。

在一次宴会上,唐太宗对王珪说:"你善于鉴别人才,尤其善于评论。你不妨从房玄龄等人开始,都一一做些评论,评一下他们的优缺点,同时和他们互相比较一下,你在哪些方面比他们优秀?"

王珪回答说:"孜孜不倦地办公,一心为国操劳,凡所知道的事没有不尽心尽力去做,在这方面我比不上房玄龄;常常留心于向皇上直言建议,认为皇上能力德行比不上尧舜,让皇上很丢面子,这方面我比不上魏征;文武全才,既可以在外带兵打仗做将军,又可以进入朝廷担任宰相,在这方面,我比不上李靖;向皇上报告国家公务,详细明了,宣布皇上的命令或者转达下属官员的汇报,能坚持做到公平公正,在这方面我不如温彦博;处理繁重的事务,解决难题,办事井井有条,这方面我也比不上戴胄;至于批评贪官污吏,表扬清正廉洁,疾恶如仇,好善喜乐,这方面比起其他几位能人来说,我也有一日之长。"

唐太宗非常赞同他的话,大臣们也认为王珪完全道出了他们的心

声，都说这些评论是正确的。

从王珪的评论可以看出在唐太宗的团队中，每个人各有所长，但更重要的是，唐太宗能将这些人才依其专长运用到最适当的职位上，使其能够发挥自己才能，进而让整个国家繁荣强盛。

未来企业的发展不可能只依靠一种固定组织的形态而运作，必须视企业经营管理的需要组成不同的团队。所以，每一个领导者必须学会如何组织团队，如何掌握及领导团队。领导者应以每个下属的专长为思考点，安排适当的位置，并依照下属的优缺点，做机动性调整，让团队发挥最大的效能。

管理智慧：

未来企业的发展不可能只依靠一种固定组织的形态而运作，必须视企业经营管理的需要组成不同的团队。

199. 流言止于智者

八卦话题一向是同事间联络感情的最佳砝码。尤其是在茶水间、洗手间这两间"谈话室"里，往往是众家流言的最大集散地，也是大家说老板坏话的"秘密花园"。然而，八卦可以多听，但不能多讲，最好只进不出。所谓"祸从口出"，口水是名副其实的"祸水"，不管是泄露自己的私事，或转述听来的是非，都可能让自己陷入言多必失的危险境地。

要做到尊重他人，首先就要自觉地保守他人的秘密，就算你知道的再清楚也要假装糊涂。如果你知道了一个人的秘密，无非是通过两个渠道：第一，是由这个人亲自告诉你的；第二，就是道听途说。

如果是对方亲自告诉你的，那你可真的"打死也不能说"。别人这么信赖你，你怎么可以把他的隐私随便地散布出去呢？如果是通过其他的途径得知了这样的消息，这更好办，你也不知道这些是真是假，那么就让消息在你这里堵塞吧！俗话说"流言止于智者"。你愿意做智者还是愚人？所以，一定不要成为"耳语"的散播者，这些耳语，比如领导喜欢谁、谁最吃得开、谁又有绯闻等等，就像噪音一样，影响人的工作情绪。

所谓"祸从口出"，口水是名副其实的"祸水"，不管是泄露自己的私事，或转述听来的是非，都可能让自己陷入言多必失的危险境地。

200. 与无数个青蛙接吻

西方人喜欢"唯以成败论英雄"，其核心意识是社会达尔文主义的"物竞天择，优胜劣汰"——你胜了就是优，败了就是劣，其它全都是废话。而中国人的同情心很强，总喜欢袒护弱者。他们的成败观就是"不以成败论英雄"，虽然在客观上是"成王败寇"，但实际上中国人在尊崇成功者的同时，对失败者也抱有很大的同情，比如，大多数中国人都对虽然刚愎自用但磊落坦荡的项羽更有好感，而并不怎么瞧得起市井无赖出身又爱玩弄权术的刘邦。

中国人的这种成败观，其实是一种眼光及其长远的成败观，认为"胜败乃兵家常事"，一次乃至多次的失败不一定就是"狗熊"，他们重视的是那种屡败屡战、永远向前的精神。

所以，唐朝杜牧在《乌江亭》中写道："江东子弟多才俊，卷土重来未可知。"他觉得项羽因为兵败垓下而自刎乌江，是一件遗憾的事情。他认为，江东人杰地灵，奇才辈出，如果项羽能包羞忍耻，退回江东，重整旗鼓，卷土重来，鹿死谁手也犹为可知。

"只奖励成功者"的激励机制将会导致"只重视结果，不重视精

神和思想"，这对企业文化是一种挫伤，容易让成功者骄傲，而让失败者更加气馁。因此，管理者不仅要奖励成功，也要奖励失败，而把惩罚仅仅留给那些怕犯错误而不行动的人。

有一个童话故事，说是女巫把一个王子施了魔法，变成了一只青蛙。只有等到一个爱他的公主亲吻一下，他才能变回王子，那个公主也能得到幸福的生活。但是那么多的青蛙，又不会说话，哪一个是王子呢？于是公主就给每个青蛙一个吻，最后终于有一个变成了王子。著名的 3M 公司，有一个特别的口号是："为了发现王子，你必须与无数个青蛙接吻。""接吻青蛙"经常意味着失败，但 3M 公司把失败和走进死胡同作为创新工作的一部分。其哲学是"如果你不想犯错误，那么什么也别干"。

对待那些在尝试新事物或者创新过程中愿意和能够从自己所犯错误中吸取教训的员工，管理者就应该承认他们的动机是积极的，并且给予一定的鼓励，这对员工自身和组织都会产生深远有利的影响。但如果下属犯下的的确是愚蠢的错误，管理者可以试用其他的技巧，鼓励他们发现问题的真正根源。允许失败并不是放任自由、不负责任，对待那些在同一块石头上绊倒两次，从不汲取教训，没有学习的能力或者根本不愿意学习的下属，有必要把他们从组织中剔除。

管理智慧：

不仅要奖励成功，也要奖励失败，而把惩罚仅仅留给那些怕犯错误而不行动的人。

201. 解聘一旦决定，就要当机立断

对一个老板而言，在经营管理工作中，最难做的就是解聘员工了。如果解聘的方法不正确，很可能会给企业带来严重的后遗症。例如，

以情管人　以法管事

被解聘的人会认为老板对他不公平，因而采取一些过激的行为，或者留任的人员情绪受到影响，形成人人自危的局面。这些对公司都是极为不利的。

那么，在解聘员工时应注意哪些问题呢？

首先，解聘员工的工作并不是从宣布解聘之日开始做的，而是在这之前。也就是说，在最初聘用员工时，老板就应考虑到将来可能解聘的事。这样，你就会有准备地、比较自然地、顺理成章地在你认为需要时解聘某人。当然，这并不是要你每天找员工的错误，而是要建立一个能够准确无误地评价员工工作能力和成绩的机制，包括检查小组、规章制度、年度考绩表等，使被解聘者自己"解聘"自己。

如果到了该决定的时候了，这就是老板们应牢记的一点：解聘员工必须果断。有一位老板说过，他在管理中犯过的一个大错误，就是迟迟没有解聘一个不称职的员工。只要你聘用人，就得解聘人。你拖延解聘的时间，并不能给他带来什么益处。他在你这里已经没有继续做好、升迁的可能了，你为什么不放他到另一家公司去寻找发展机会呢？

解聘某人，常常是不得已而为之的事。一旦你决定了，就要当机立断，绝不拖延，绝不要被眼泪、恐吓和愧疚感所吓倒。

当然，在宣布解聘决定前，也有一些细节不能忽视。你应该尽可能地把这件容易激化矛盾的事情处理得更稳妥一些。

你要了解一下，这个人是否在短时间内就要退休？他的家庭情况如何？无论怎样，不要在你宣布完解聘决定后，你才知道他的妻子已住院好几个月了。

你还要看看当初和此人签的聘用合约，不要让他控告你违反合约。

现在可以宣布解聘决定了。这应该由你来亲自宣布，可以有一些适当的人在场，作为谈话的证人。要注意谈话的地点，最好是在一个没有倾向性的地点，如会议室、休息室。因为让一个从未进过经理室的员工进经理室，他会有一种恐惧感。也要注意选择谈话的日子，切忌在被解聘者的生日、结婚纪念日等时间宣布决定，不然会使对方产

生一种强烈的被伤害感。

　　谈话时要注意不要刺伤对方的自尊心，但也不要拐弯抹角，要开门见山，要让他明白他被解聘了，并无可挽回。你可以表示同情，但不可过头，以致他认为还有挽回的余地。在气氛有些缓和之时，再将遣散费、补助金给他，还可以给他一封信，信中写明解聘他的原因。

　　总之，你要让他感到公司对他是仁至义尽了。解聘他，不是出于你个人的好恶，而是出于对公司利益、工作的考虑，也出于对他本人前途的考虑。

　　你解聘了一个人，你卸下了一个包袱，你将一个可能变为你的敌人的人又转化为朋友或一般人，你也以此警示了留任的员工。这就是成功的解聘。

管理智慧：

　　解聘某人，常常是不得已而为之的事。一旦你决定了，就要当机立断，绝不拖延，绝不要被眼泪、恐吓和愧疚感所吓倒。

202. 解释，要点到为止

　　在与上级相处的过程中，下级难免会受到上级的批评。大多数情况下，这种批评是对的，但也有上级做出错误批评的时候。在上级批评错了的情况下，下级采取什么样的态度，将直接影响上下级的关系。这里特别要注意的是，在面对上级的错误批评时，下级不必马上解释。因为你越是急于解释，就越会使上级觉得你不诚恳、不虚心，不乐意接受他的批评。因此，与上级相处时，一定要谨慎地使用"解释"。

　　如果真的需要解释时，也要有选择地解释，不要面面俱到。无论是当面向上级解释，还是通过其他途径向上级解释，都要本着"宜粗不细"的原则。也就是人们常说的"点到为止"。切不可纠缠于细枝末节。只要在大的方面解释清楚就行了，切忌喋喋不休地逐个细节地给上级解释。如果你不得要领，不把大的问题解释清楚，反而在枝节问题上滔滔不绝，那么，即使你本来有理，恐怕也难以收到好的效果。

所以，在向上级解释前必须认真思索，把事情的来龙去脉理清楚，弄清哪些要向上级解释，哪一点或哪几点必须解释清楚，这样才不至于在向上级解释时"东一榔头，西一棒子"，什么都想说，却又什么都没有说明白。

切不可纠缠于细枝末节。只要在大的方面解解释清楚就行了，切忌喋喋不休地逐个细节地给上级解释。

203. 运用"间歇式"奖励

心理学家曾做过这样一个实验：首先准备两个箱子，其中一个箱子只要一推动拉杆，食物便会出现，此种情况称为"完全强化"的箱子。另一种是"间歇强化"的箱子，也就是在推动拉杆时，偶尔才会出现食物。

然后在两个箱子里各放一只老鼠。当第一个箱子里的老鼠发现，推动拉杆就会出现食物时，会不断地持续此种动作。在过了一段时间后，当老鼠推动拉杆时便不再给予食物，久而久之，每次推动拉杆都不会出现食物的那只老鼠就不再推动拉杆，也不再存有出现食物的希望。至于偶尔会出现食物的箱子里的老鼠，反而仍不断尝试推动拉杆，希望食物的出现。由此可见，间歇强化的效果比完全强化的效果持续的时间更为长久。

现在网上风行一时的"斗地主"游戏，之所以受到人们的喜爱，便是因为它充分运用间歇强化的效果所致。这种游戏每天只送给你

4000个欢乐豆,而不是无尽无休地送给你直到你不想玩为止。它会让你在玩兴正浓的时候,因欢乐豆不足1000个而使游戏戛然而止,这会让你在第二天早早地坐在电脑前再开始这种游戏。

因此,在企业管理中,偶尔给予奖励比每次都给予奖励的方式,效果会来得更好。

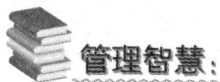

间歇强化的效果,比完全强化的效果持续的时间更为长久。

204. 谨防"多重领导"

拿破仑曾说过:"宁愿要一个平庸的将军带领一支军队,也不要两个天才同时领导一支军队。"既然是领导,当然都想让下属按自己的命令做事,哪怕是一个平庸的领导。但是如果两个人同时领导一个部门,又彼此意见不一,一个说要向东一个说要向西,那下属该怎么办?只有原地不动,等两个领导意见一致了再说。这是决策层安排的错误。一定要在两个领导里定出一个主次来,下命令的只能是一个人,而不能两个人平起平坐,一个不服一个,这样只会坏事,不会成事。

当然如果这两个领导有一致的目标,倒是没问题,但这样是不是对人员的一种浪费,一个人就可以做的事却偏要安排两个人?

假如企业中存在多种管理方法或不同风格领导甚至不同的目标时,就会让员工无所适从,没有目标执行方向。不同的领导有不同的要求,不同的工作存在不同的标准,也往往让执行者感到迷茫。

所以,当领导者或管理者在大声疾呼"企业的执行力太差"、"员工的借口太多"时,他们应该对自己的行为进行反思,想一想自己下达的指令是否明确,是否也存在自相矛盾或朝令夕改的现象?来自企业高层的声音相同吗?底下的员工是不是也正是带着多块"手表"工作着？他们知道自己正在朝哪个方向努力吗？

**管理智慧：**

下命令的只能是一个人，而不能两个人平起平坐，一个不服一个，这样只会坏事，不会成事。

205. 不可"宁要奴才，不要人才"

管理者在工作中往往会碰到一些桀骜不驯的下属，他们足智多谋，有能力有魄力，同时又锋芒毕露，雄心勃勃，处处透着慑人之威。这些下属常常提出与上司相反的意见，而往往又能显示出他们意见的高明。这使很多管理者不知如何对待他们：用他们又难以驾驭，搞不好弄得自己威信扫地，被他们取而代之；不用他们又人才难得，非他们事业不能振兴。

一些抱着"宁要奴才，不要人才"信条的管理者，对这种人往往倍加压制，把他们放在不显眼的位置上，不让其崭露头角，以便磨掉他们的锋芒。这种管理者其实是最愚蠢的，表面上他们的权力、地位不受威胁，威信得以维持，但是代价是人才外流，众叛亲离，企业部门处于半死不活的状态。管理者为维护个人的名望与地位而不顾企业或部门的荣衰，可谓本末倒置。

俗话说"水涨船高"。管理者如果能够参透其中的道理，不但不会害怕能力强的下属，而且还能够驾驭他们，敢于使用强者不就是证明自己更强吗？如刘备、宋江比起他们周围的人来说似乎都是最无能的，可是他们却成功地驾驭了那些比他们强得多的人才、将才，而且他们的"英雄桂冠"又刚好是借后者的英雄业绩得来的。若没有梁山一百零八将，宋江凭什么威震山东？若没有诸葛亮和关羽、张飞，刘备又何以独霸一方？汉高祖刘邦被人称为"大草包"，文不如张良，

武不如韩信,可是若他容不下这两人,又凭什么打败盖世英雄项羽而登上王位?一个聪明的管理者,应该从历史中得到教益。

下属是水,管理者是船,船哪有怕水涨的道理?下属能干是部门的光荣。即使不说是"领导有方",至少也可以说是"用人得当",这难道不是顺理成章的事吗?

不过水能载舟,亦能覆舟。真正的人才可用,但极难用,如何同桀骜不驯的下属协调好关系,用好他们,就看管理者的本事了。

管理智慧:

下属是水,管理者是船,船哪有怕水涨的道理?

206. 不要立刻说"不"

明智的下级,不会在上级刚交待完任务时,就立刻解释说自己不能接受这项任务,他会非常"愉快"地接受任务。即使他明知道自己无法完成,即使他心里并不愉快,甚至在离开领导的办公室时,他也不忘记说一声:"谢谢您对我的信任,谢谢您给我这样一个难得的机会,我一定努力,不会让您失望的!"这样的回答,自然会令领导高兴。

而实际上,他回去后根本就没有开展工作,因为这本来就是一个"缓兵之计"。也许过一两天,他会主动找到上级,向他阐述自己不适合做这项工作的理由,上级不会因为他这样做而对他有所猜疑,因为在上级的心目中,他已经尽力了,不是他不想为领导分忧,而是确有客观原因。

也许上级还会想自己的这位下属一定在近一两天内绞尽脑汁想解决问题的办法,只是因为实在无能为力才不得不找自己的。对这样的"好"下属,哪个上级不喜欢呢?下级在推掉任务以后,还会向上级推荐一些合适的人选去完成任务，以表示自己的尽职尽责。

管理智慧：

明智的下级，不会在上级刚交待完任务时，就立刻解释说自己不能接受这项任务。

207. 胡萝卜加大棒

史称朱元璋为"雄猜之主"，既野心勃勃又疑心重重。他当上皇帝后，打天下时那种虚心纳贤、任人惟贤的作风全抛到脑后，朝思暮想的是如何维护他的绝对尊严和家天下。为此，他以各种手段排除异己、残杀功臣。

李善长在随朱元璋征战中，以多谋善断著称。开国初，在组织制定法规制度、宗庙礼仪期间，与朱元璋关系如鱼水一般，朱元璋将李善长比为汉初的萧何，称他为"功臣之首"，任命他为开国后的首任丞相。朱元璋江山坐稳后，对李善长的态度大变，过去被朱元璋称赞为"处事果断"，现在则说他"独断专行"；过去朱元璋特许李善长对疑难大事先处理后上奏，称赞他"为朕分忧"，现在则说他"目无皇上"。朱元璋对李善长功高权大，产生了疑忌之心。但考虑到李善长功高望重，轻举妄动恐生不测之变，于是就采用又打又拉，伺机清除的伎俩。

深知朱元璋为人的李善长察觉到皇上对他的猜忌后，一连几天都称患病没有上朝，并给朱元璋上了个奏章，一来对不能上朝议政表示歉意，二来提出致仕（退休），察看朱元璋对自己的态度。按惯例朱元璋应下旨慰问、挽留。但是，他来个顺水推舟，随即批准了李善长退休的请求，毫不费力地把李善长赶下了相位。

朱元璋削夺了李善长的相权，免除了对自己的威胁。但不少人心

中暗骂他寡情毒辣。为了笼络人心，安抚李善长，朱元璋把自己的女儿临安公主下嫁给李善长的儿子李棋为妻，朱李两家又成了姻戚。

任何一位成功的领导，都应该懂得"胡萝卜加大棒"的哲学道理。

以情管人　以法管事

208. 识人要全，知人要细

识人的目的是用人，因此，着眼点就应放在一个人的长处上，注意力应集中在一个人的优点上。正如美国管理学家德鲁克所说："一个聪明的经理审查候选人时绝不会首先看他的缺点。至关紧要的，要看他完成特定任务的能力。"这和医生检查身体全然不同，因为医生的目的是做出诊断，对症下药，他则要千方百计地运用各种手段发现异常，找出病因。

三国时期的钟会，是魏国一名出色的谋士。他7岁时，其父带着他和他的哥哥去见魏文帝曹丕。他哥哥见到皇帝很惊慌，汗流满面，而钟会却从容镇定。曹丕问他哥哥为什么出汗，他哥哥答道："战战惶惶，汗出如浆。"曹丕反过来又问钟会为什么不出汗。钟会回答说："战战栗栗，汗不敢出。"曹丕、司马懿都惊叹钟会的才华。如果从钟会的回答中看到的是"少有野心"，世上就难有可用之才了。钟会不但不能脱颖而出，而且还是打击的对象。

清代思想家魏源指出："不知人之短，不知人之长。不识人长中之短，不知人短中之长。则不可以用人，不可以教也。"

事实上，人各有所长，亦各有所短，只要能扬长避短，天下便无不可用之人。从这个意义上说，领导者的识人、用人之道，关键在于先看其长，后看其短。

唐代柳宗元曾讲过这样一个故事：一个木匠出身的人，连自己的床坏了都不能修，足以证明他锛凿锯刨的技术是非常差的。可他却自称能造房，柳宗元对此深表怀疑。后来，柳宗元在一个大的造屋工地上又看到了这位木匠，只见他发号施令，操持有方，众多工匠在他的指挥下各自尽心干事，有条不紊，秩序井然。柳宗元大为惊讶。对这人应当怎么看？如果因为他不是一个好的木匠就弃之不用，那无疑是埋没了一位出色的工程指挥家。这一先一后，看似无所谓，其实十分重要。如果只看一个人的长处，就能使其充分施展才华，实现他的价值；如果只看一个人的短处，长处和优势就容易被掩盖和忽视。

因此，用人应首先看他能胜任哪些工作，而不应挖空心思挑其毛病。《水浒》中的时迁，其短处非常明显——偷鸡摸狗成性。然而，他的长处也非常突出——飞檐走壁的功夫。当他上了梁山，被梁山的环境所感化、改造，他的长处就被派上了用场。在一系列重大的军事行动中，军师吴用都对他委以重任，时迁成了这些军事行动成功的关键性人物。由此可见，对人，即使是对毛病很多的人，也要先看他的长处，如此才能把他的才干完全利用起来。

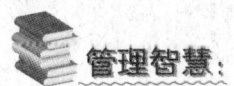
管理智慧：

用人应首先看他能胜任哪些工作，而不应挖空心思挑其毛病。

 不要随便道歉

发现错误就要改正，而及时道歉也是一种美德。那些固执己见不改错误的人，人际关系是不会融洽的。

但是，作为一名管理者，如果总是太过轻易地道歉，却也不见得是什么好事。时常向下级道歉，就会给人一种印象：你对自己的工作一点责任感和信心都没有。

以情管人　以法管事

有些管理者一旦发现自己工作中的失误，便马上召开大会，当面承认错误，连连道歉。乍看起来，这样的管理者坦率，勇于承担责任。但是仔细一想，这何尝不是一种不负责任的表现呢？这么轻易地道歉，显得他不太有责任感，更何况有些时候根本没有道歉的必要。所以，管理者不要轻易说"对不起"。

"不要随便道歉"，对这句话更深一层的理解应该是，做什么事之前都要深思熟虑，三思而后行，一旦认定，则要充满信心地去做，要尽力将事情做好，免得造成将来的遗憾。

抱这种工作态度的人，一定能将工作做好，并能得到下级的信任。

一个经常轻易道歉的人，是一个不可靠、不能委以重任的人。虽然坦率的个性可取，但如果表现得太过分，那么，与恳切的认错者比较起来，更像是个不可取的胆小鬼。

管理智慧：

时常向下级道歉，就会给人一种印象：你对自己的工作一点责任感和信心都没有。

210. 福利只能慢慢增加，不能逐渐减少

人们对已经到手的东西绝不肯轻易放弃，而且对任何一种有损其利益的改变都有一种排斥情绪。因此，领导者不要轻易削减下属的利益。

给予部下的利益，只有逐步增加，而不能减少。而且增加也应是部下能够理解、体会，并有实际意义的增加。空头支票或部下不愿意接受的替代物，都会遭到反对。

创办美国玛丽·凯公司的玛丽·凯，曾受雇于一家公司。这家公司有一次决定重新修订佣金的办法，在修改完所有的有关该项目的条文后，公司的老板准备在一系列的地区销售会议中，亲自宣布修改后

的新方案。玛丽·凯陪同他参加了第一个会议。

参加会议的有将近50位经理。老板说，从今天开始，他们从公司所得的提成将由原来的2%减至1%。取代另一个1%的是，每招收一个新的销售人员就能得到一个很好的礼物。然后，他拉起一块白桌布，桌上摆着很多家用产品，有时钟、收音机和录音机等。他说，这些礼品任他们选择，吸收训练的人越多，他们就能得到越多的礼物。

这时，有一个女销售经理站起来，极为愤慨地说："公司怎么能这样对待我们？你可知道，即使是原先给我们的2%的提成也还是不够的。现在你要把我们的提成减半，要拿那些不值钱的东西来代替，你把我们当白痴了！"她随后气冲冲地夺门而去。其余的销售人员也表示出了极大的不满，之后一个个愤愤而走。老板一下子丧失了一个州的销售人员，而且都是最优秀的。销售会议就这样结束了。

原定的计划"流产"了，公司只好再重新修订销售佣金的提成办法，恢复到原来的2%。但是那50名销售人员一个也没有回来，公司白白丧失了这些得力干将。

要收回部下已经得到的利益，必定要遭到部下的强烈反对，不论你的理由是什么。人们对于已到手的东西绝不肯轻易放弃，而且人们对于任何一种改变都有一种排斥的情绪。即使这种改变是有益的，在员工没有充分理解、体会到这种改变所带来的好处前，他们也会持反对的态度。人有一种对新的、不同的东西有所抗拒的心理，这是一种自然反应。

如果领导者要剥夺部下的既得利益，而以对方不愿要或者不需要的东西来取代，不仅会遭到部下的反对，还会使领导者的威信丧失殆尽，甚至是使公司的业绩受到很大的影响。

管理智慧：

要收回部下已经得到的利益，必定要遭到部下的强烈反对，不论你的理由是什么。

最简单有效的领导智慧

211. 如果说下属是狼的话，领导者就必须是虎

领导者要时时刻刻保证自己具备掌控能力，如果说下属是狼的话，那么，领导者就必须是虎。

狼性凶残，富于进攻，它们野心勃勃，如果不能够有效地控制的话，则可能成为祸患。

领导者则需扮演虎的角色，虎是百兽之王，能震慑住狼群，让狼群始终在自己的掌控之中。

欧洲著名足球俱乐部皇马，被称为"银河战舰"，队中曾经明星云集：齐达内、菲戈、罗纳尔多、卡洛斯、劳尔、欧文、贝克汉姆，所谓"七星闪耀"。这些大腕，全部都是世界足坛的风云人物，也都是各自国家队的核心。几位球员曾多次获得过"世界足球先生"、"欧洲足球先生"的称号，"外星人"、"艺术大师"、"任意球大师"等称谓闪亮于足球江湖。但就是这样一支球星云集的球队，却接连在冠军杯和联赛中节节失利，也直接导致了当时的主教练卡马乔的"辞职"。

卡马乔的辞职，有一部分原因是由于球队的战绩不理想，但更深层的原因在于球员与主教练之间产生了矛盾，有的球员利用自己在队中的影响力，联合其他球员抵制主教练，甚至消极对待比赛。卡马乔辞职的时候，媒体认为这是很自然的事情，因为他已经无法掌控球队以及这些大牌球星了。球队希望招揽和培养一批有实力的球员，因为这些球星的实力已经超越了主教练的掌控范围，所以球队的失败以及主教练的辞职也就是很正常的事情了。

"把下属培养成一群狼"，这本是无可厚非的，每一个管理者都希望自己的下属拥有很强的能力，能够独当一面。但是，管理者要明白，如果下属是有能力的"狼"了，那么，你就应该有更高的素质和能力，这样你才能够实现对下属的领导，否则整个队伍就将失控。

因此，在把下属培养成"狼"之前，还是先把自己培养成"虎"吧！

领导者则需扮演虎的角色，虎是百兽之王，能震慑住狼群，让狼群始终在自己的掌控之中。

212. 要么根除，要么安抚，二者必选其一

三国时，袁绍谋士许攸截获曹操的情报，建议袁绍夜袭许都，可擒曹操。这本是上上之策，袁绍却怀疑许攸与曹操有旧，为曹之奸细，令其留头待罚。许攸无可奈何之下，投奔曹操，献上奇计。曹操夜袭乌巢，焚烧其粮草辎重，袁军大乱，曹军乘胜追击，大获全胜。官渡之战，乃用人的关键时刻，袁绍对怀疑对象既不安抚，又不根除，采用放逐待惩的办法，实乃逼良为娼，反为其害。

如果想惩罚而不遭报复，就应做到如下两条：

一是惩罚之前，先造声势，使人们认为他是罪有应得，起码不能使人们同情惩罚对象；

二是查证问题稳、准、狠，定成铁案，永远不能翻烧饼，起码不能让其回头咬人。

对于无心改正错误的人，或怀疑位高权重的人物，要么根除，要么安抚，二者必选其一，如果仅仅是轻微的惩戒，被报复的可能性几乎百分之百。

如果仅仅是轻微的惩戒，被报复的可能性几乎百分之百。

213. 对"害群之马"明升暗降

俗话说"一块臭肉败坏一锅汤"。一个企业中总有那么几个很难搞定的员工，他们可能有点儿小本事，也可能没有什么本事。这种人爱发牢骚，又屡教不改，成了负面信息的源泉，往往具有惊人的破坏力。如果不及时清除，就会像瘟疫一样迅速蔓延，殃及整个团队。所以，对这种人，领导要敢于下手，该清理时就清理，决不能心慈手软。

当然，解雇员工不是一件容易下决心的事情，无论采取什么样的措施，都要给人留一条退路，不要把人逼急了。所以，清理这些"害群之马"时要讲究方式方法。

对待"弃将"，最好的办法是由他主动提出辞职。让他体面地离开公司，总比领导直接下逐客令要好。如何让下属自己提出辞职？聪明的领导者通常采取的手段是调换工作岗位。当然，这种岗位肯定不会是让人舒服的，不外乎明升暗降或让下属去他不愿意去的地方或部门。

一般来说，明升暗降是架空高管的技巧，先把他从自己的"老根据地"里拔出来，晋升一级（肯定是一个位高没权的副职或者闲职）。失去根据地他就像漂零的浮萍，如果还想继续有所作为，只能自己提出辞职，这也就正中了领导的下怀，欢天喜地地送他出门。

对付中层领导，可以发配他到一个他不愿意去的部门或者不愿意管的地盘，比如对销售经理，可以削减地盘或者"发配"远方。这招通常很管用，尤其是后者，比如把一个上海分公司的销售经理，外派到他不熟悉的东北地区去开拓客源。

至于更低职位的下属，可以把他分配到一个他不愿意去的主管手下做事，这也是一种让他难受、自己提出辞职的方法。

对于那些有后台和出于人情关系招来的员工，领导不便直接让他走人，但可先替他找好"下家"，即说服别的公司同意接收此人。当

以情管人　以法管事

此人被那家公司"聘用"后，还自认为是自己的才华被其他老板看中而被挖走的呢。对于"聘用"过程中的一切他始终都被蒙在鼓里。领导也就达到了体面地"开除"员工的目的。

对领导来说，开除或解雇员工，总是一件不愉快的事，因为这或多或少地反映了管理中的某些缺陷或不足。但是，只要掌握了解雇员工的技巧，就能轻松地将"害群之马"清理出去。

让"害群之马"体面地离开公司，总比领导直接下逐客令要好。

214. 警惕下属的"中国式"不满

在中国企业里，员工会服从命令，同时他们也会用一种"中国式"的方式拒绝命令。他们可以通过不违反规定，甚至一字不差地遵守规定而达到这种效果。

有一家公司，员工不多。在公司聘请办公室经理之前，员工们在办公室常规工作之外享受着某种自由——可以自由安排工作时间在全城兜揽生意、寻找推销机会，或在咖啡馆跟客户或同事喝杯咖啡。

可是不久前，公司聘用了一位办公室经理，他担心员工不在办公室工作，于是出台了一个新政策——除非得到他的批准，员工不得外出，大家必须待在办公桌前。

几个月后他离职了。原因是他要求公司的员工翻译一些简单的文件，两个星期过后翻译工作还没有做完。他对工作延误的情况进行了多方调查，原来，员工们需要一本英汉字典，而办公室里没有，所以没有完成——谁也不能离开办公室——按照规定要求，没有得到批准谁都不准离开办公室去买字典。

员工们通过严格遵守规定，从而提出了沉默但是有效的抗议。这

个例子表明他们是在"遵守规定",但更重要的是他们在利用这个机会表达自己的不满。

在西方企业中,员工对这种限制性的做法会明确表示自己的不满,而在中国,员工们通常选用很"中国式"的做法来解决这个问题。

管理智慧:

在西方企业中,员工对这种限制性的做法会明确表示自己的不满,而在中国,员工们通常选用很"中国式"的做法来解决这个问题。

以情管人 以法管事

215. 及时打破小圈子

历代朝廷大臣凡欲攻击政见不同者,往往指之为朋党,并因此而引起党争、酿成党祸,其最烈者为东汉的"党锢之祸"、唐代的"牛李之争"、北宋的"新旧"两党以及明代的"东林党争"。如牛党之争时,唐文宗曾慨叹说:"去河北贼(藩镇)非难,去此朋党实难。"表达了憎恶牛李两党长期争斗;又无可奈何之心情。牛僧孺、李德裕各自交结宦官,党同伐异,作意气之争,使国乏诤臣、朝政荒废,加速了唐之衰亡。唐朝中叶以后的政局,就在宦祸和党争的折腾中,变得体无完肤。

由于公司内部的权、位、责出现了不配套,利益分歧加剧,企业内部不同员工之间也就存在了不同的圈子,为争取自身的利益,不断打击其他圈子,使得公司内耗异常巨大,员工之间的隔阂越来越严重,致使企业运作不畅。圈子的危害不容不视,其一旦形成,再想打破就非常难,但也并非没有任何办法。

乱世宜圆,治世宜方。作为一名管理者,可以从以下几个步骤着手,逐步打破小圈子。

第一步,应以融洽为主,不分亲疏。尽量使每个圈子的员工、管理干部都接纳你，通过圆滑的手段来规范一些重要的流程，而不是一开始搞制度化、规范化。

第二步，采用人性化管理手段。通过新颖的人性化手段来取代人情化，如利用员工生日、结婚等契机，慰问员工，感动他们，并尽量为员工提供舒适的工作环境，让员工产生公司就是家的感觉，提高企业的凝聚力和战斗力。

第三步，还可通过组织机构重组改变原先人事结构，打破原有小团体结构，推进制度化、规范化管理。不要让属于同一个帮派的人在同一个部门工作，特别是一些核心部门。

第四步，储备备用人才，坚决铲除破坏分子。如果是公司内已经形成了帮派主义，那么在铲除之前就要储备好备用人才。执行中如果存在明显与公司作对且不明事理者，就毫不犹豫地予以辞退，没有其它选择。如果铲除的是一个"小山头"，无论这样一群"小分队"怎样优秀，对公司的长久发展都是极为不利的，长痛不如短痛。

小圈子的形成，不仅仅是利益上的关系，其由来已久，彻底铲除它是不可能、也不现实的。只要引导得当，统一圈子与公司的利益，创造企业大方向的认同感，就能把握圈子之争，使这时不时的"内部矛盾"不影响企业大局。

管理智慧：

小圈子的危害不容不视，其一旦形成，再想打破就非常难。

216. 对待冥顽不化者，不必顾虑重重

有一些下属，工作效率高、质量好、才能出众，但同时他们自身又存在着一些小毛病、小缺点，如忽视工作纪律，常做一些违反工作纪律的错误事情。他常犯一些小错误的原因，是因为他对本单位的贡

献很大，想摆一些资格给大家看。遇到这种下属，显然容忍绝对不是一个周全的办法，也不是一个长久之计。

凡事只有做得公平合理，才能得到大家的信服，对于这种下属，处理的办法是耐心开导说服，和他摆明利害关系，说清道理。让他知道，他这样做于你于他都不是一件好的事情。然后，你可以用协商的语气，确定一个解决问题的办法，并征求一下他的意见。如果他是一个聪明人，肯定会买你的账，就势下台阶的。

但如果谈话之后，他的缺点并没有改正，毛病照犯，那么，你就需要以一定的形式向其施加一些压力了。如果他冥顽不化，你也大可不必顾虑重重，应当按照规定给予其处罚，以保证部门和单位整个机体的健康。当你对其施加压力或进行处罚时，必须让他知道：这种压力是对事而不是对人的。

管理智慧：

当你对其施加压力或进行处罚时，必须让他知道：这种压力是对事而不是对人的。

以情管人　以法管事

217. 男女搭配，干活不累

俗话说"男女搭配，干活不累"。青春期的年轻男女尤其需要异性同事，只要与异性一起做事，或在同一办公室工作，彼此做事就分外起劲。这种情形并不是恋爱似的情感，或者寻觅结婚对象，而是在同一办公室中，如果掺杂异性在内，彼此情感在不知不觉中就会融合许多。

很多职业人士都认为办公室内若有异性存在，就可缓解紧张，调节情绪。像这种男女混合编制，不但能提高工作效率，也可成为人际关系的润滑剂，对矛盾产生缓冲作用。

但男女混合编制也不尽然十全十美。在众多男性中只掺杂一位女性，或者在许多女性中只有一位男性，这也许比全无异性要好，但那位惟一的异性，因缺少同性交流的对象容易忧郁寡欢，日久可能会崩溃，或者有异化的趋势。

工作上不可能有男女混合编制时，应经常举办娱乐活动或男女交谊团体活动，增加男女交谊机会，同样可以取得"干活不累"的效果。

男女混合编制，不但能提高工作效率，也可成为人际关系的润滑剂。

218. 副职过多害处多

作为领导者，在组织领导班子的过程中，有一个重要问题不可忽视，就是副职设置过多，也就是职位的设置超过了实际的需要。这是当前领导中的一大弊病。如果因为洗一定量的衣服，两个人洗一般来说总比一个人洗得快且轻松，就以为做领导工作也同样如此，那就大错特错了。大家应该清楚，智力的结合同体力的结合在质上完全是两码事。如果说，其它工作多派了人能够做得快一些或者只是造成一些窝工浪费现象，而领导工作多派了人，在大多数情况下，都将发生内耗，把事情搞糟。

一个组织中副职多，害处也就随之而来。首先副职多，容易造成人浮于事，明明一正一副就可以办的事，硬设上好几个副职，就容易使一件事推来推去，一个文件传来传去，最后没有人办事。出了问题大家负责，共同承担，实际上等于谁也不负责。

其次，副职多，造成分工过细，每个人只管自己分工的工作，而

不过问其它方面的事情，协调不好，就出现"一人一把号，各吹各的调"的状况，甚至不顾集体利益，互相削弱力量，无法形成一种合力。

再则，副职多，下级的"婆婆"也多，"一个君主一道令"，往往使下级无所适从，特别是有时要花费很大的精力去保持与上级数职之间的关系平稳。在下级不愿得罪任何一个上级时，往往煞费苦心寻找一个几全其美的方法进行协调，而这种"几全其美"的方法往往是使工作的效率平平甚至没有效率。

总之，副职过多，多弊而无利，容易出现的结果便是整个领导组织的效率低。正如有的领导者深为感慨地说："让我一个人干，也会比现在这样好！"

管理智慧：

领导工作多派了人，在大多数情况下，都将发生内耗，把事情搞糟。

以情管人　以法管事

219. 物不得其平则鸣

为官公正，办事公平，这是作为一个领导者的基本素质。《新书道术》中说："无私谓之公，不公为私。"宋代大文学家韩愈说："物不得其平则鸣。"可见，公平之说，古已有之。公平之人，公平之事，在史籍典册中，更是不计其数。

唐代的大理寺少卿戴胄，堪称公平的典范。一次，唐太宗李世民的大舅子长孙皇后之兄长孙无忌带刀进入皇宫，在宫门口站岗的监门校尉未发现，按照唐律，长孙无忌和监门校尉都违犯了法律。可是，当朝宰相封德彝却说，无忌是一时疏忽，不能算是犯法，校尉麻痹大意，应该杀头。唐太宗居然点头同意这么办。这时，戴胄挺身而出，明确表示：这样量刑不公平。他说无忌带刀入宫，校尉没有发现，这都是由于一时疏忽，如果量刑，应一视同仁，怎么能重此轻彼呢？戴胄说得理直气壮，有根有据，唐太宗只好答应重新商议。而再次商议时，封德彝仍是力主原判，戴胄便据理辩驳，寸步不让，指出：无忌和校尉，论其过误，情况相同，而校尉是由无忌带刀入宫的缘故而致罪的，"于法当轻"。现在，轻罪反而重判，重罪反而轻判，"生死顿殊"，很不合理，坚决要求据法重新判决。唐太宗觉得戴胄说得有理，最终接受了他的意见，把无忌和校尉都免罪了。

可见，自古以来，公平一直是领导者处理与部下关系的原则，下属最忌领导偏心。如果领导者不能公平对待每个人的成绩，或不能公平地处理每个人的错误，这实际上起到的是一种离间的作用，孤立了被你偏袒的那一部分下属。因此会导致下属之间相互猜忌，矛盾重重，群体的凝聚力也就会大大降低，这显然会给你的工作设下重重障碍。

历览古今多少事，公平之心不可缺，这不仅是处世、做人的起码道德，更是一个领导者搞好上下级关系、做好工作的一个重要前提条件。

管理智慧：

自古以来，公平一直是领导者处理与部下关系的原则，下属最忌领导偏心。

220. "孺子可教"胜过"老马识途"

资历高的经验型人才"老马识途"，可以解决企业的燃眉之急，但是由于其年龄、经验、阅历等原因可能更多地形成了思维定势和固执的价值观念，难以改弦更张，进行塑造；而出道不久的年轻人就像一张洁白的纸，更容易涂上美丽的色彩，"孺子可教"，其可塑性使他

们能够成为企业文化的传承者、推动者和创新者。

年轻人虽然年轻气盛,好高骛远,有时也会犯眼高手低的毛病,但是他们思维活跃敏捷,又受过多年正规系统的教育,掌握了较深的专业知识,对公司的未来具有重要意义。

清朝的雍正帝可谓是一反传统、大胆革新之人。他曾大批选拔新人,但遭到保守势力的反对,他们力陈"新人经验不足"。对此,雍正形象地比喻说:"未有先学养子而后嫁者。"意思是说,没有先学养孩子而后再嫁人的。经验不足完全可以在实践中学习。他对湖广总督杨宗仁说,如果遇到有作为的贤能之员,即行越格提拔,不要按奖励升转。对宠臣田文镜也谈到:"朕从来用人,不是全看资格,有时即使官阶级别悬殊较大,也是无妨的。"他还对广东总督郝玉麟讲:"在用人问题上,万不可拘泥一法一策也。"

所以,古今有识之士,会冲破资历、年龄的限制,只要有才智,不管其背景、资格和学历,都委以重任。让能者先上,大胆提拔能力强、有实干精神的人才,把他们任命到重要的位置上。

管理智慧:

古今有识之士,都会冲破资历、年龄的限制,只要有才智,不管其背景、资格和学历,都委以重任。

221. 当断不断,必留后患

历代皇帝都说"得民心者得天下",可明建文帝朱允炆明明大得人心,依然被叔叔燕王朱棣夺了皇位,这里面重要的原因之一,就是因为他在削藩事件上不能当机立断之故。

明太祖朱元璋建国伊始,鉴于功臣权重而皇族孱弱,故而大举封藩。二十六子除第九子朱杞及幼子朱楠早亡,皆封为藩王,并手握兵权。他一死，藩王对继位者建文帝威胁甚大。

基于情势需要，朱元璋死后不到三个月，建文帝就暗中和亲信黄子澄和刘泰等人研究削藩。

令人不解的是，太祖驾崩，诸王奔丧，这本是一个很好的机会留给建文君臣，可建文帝却明诏诸王不得与丧。燕王走到淮安又折回了北平，后人以此论为可惜。实际上，建文帝本人不是没有考虑到利用诸王来京的机会一举削夺他们的权力，但是，他既准备夺去诸王手中的兵权，又不想丢了皇族亲情和脸面。如果采取这个办法虽然避免了后来的征伐，可又担心会因此"惊动"皇祖的陵寝，感觉对不住九泉之下的朱元璋和朱标父子。建文帝直到后来讨伐燕王时仍下令："勿使朕有杀叔父之名。"建文帝试图通过仁政和说教，来掩盖政治活动中必须采取的血腥的举措。这位年轻的皇帝的东宫生活显然是在一种宽松良好的氛围中度过的，自然不能和北疆征战的燕王的戎马生涯相提并论。

所谓"擒贼先擒王"。按照这样的方针，建文帝削藩应该先找实力最强的朱棣，但建文帝先下手的竟然是朱棣的同母弟弟周王朱橚。这种做法无疑是打草惊蛇，给燕王敲了警钟。

其实，当时的大臣卓敬也给建文帝提出了另外一种解决方案："燕王智虑绝伦，雄才大略，酷类高帝，北平地势险要，士马精强，金、元年由兴。今宜徙封南昌，万一有变，亦易控制。夫将萌而未动者，几也；量时而可为者，势也。势非至刚莫能断，几非至明莫能察。"卓敬论述削藩的核心在于不动干戈的情况下，先以迁徙的办法消祸乱于无形，应该说是相当高明的一招。而这样做理由光明正大，即使燕王一百个理由也不会不同意，更不会拿出祖制靖难的招牌说事。可是，这么一个"天下至计"竟然得不到建文帝的任何响应。这样，建文帝又一次失去了解除燕王朱棣威胁的机会。

周王之后，建文帝把矛头对准了其他诸王，先后处置了四位藩王。在这段时间里，燕王韬光养晦，暗蓄势力，终于起兵发难。

当代企业管理中，对领导者当机立断的能力要求更高。它体现在

以情管人 以法管事

各种各样的决策中。对于管理者而言,做出决策的时机极为重要,必须当机立断,方可把握住这不可重来的瞬间机遇。决策正确,但机会错过了,会使决策效果大打折扣。

果断的性格,可以帮你在形势突变的情况下,迅速分析形势,当机立断,不失时机地做出正确决策以适应变化了的情况。当机立断的决策魄力是领导者应该必备的能力。

一个优柔寡断、患得患失的领导者没法赢得下属的信任,强硬有力、果断坚定的领导者形象才能得到下属的信任和尊敬。领导者必须显得果敢有力,如果你以优柔寡断的形象示人,人们就会在心底怀疑你的能力。

管理智慧:

一个优柔寡断、患得患失的领导者没法赢得下属的信任,强硬有力、果断坚定的领导者形象才能得到下属的信任和尊敬。

222. 先入易为主,后来难居上

1910年,德国行为学家海因罗特做过一个实验。在实验过程中,他发现了一个非常有趣的现象:刚破壳而出的小鹅,会本能地跟随在它第一眼看见的母亲身边。不过,若它第一眼看见的不是自己的母亲,而是别的动物,比如一只狗、一只猫或一只玩具鹅,它也会自动地跟随在它们的后面。非常关键的是,只要这只小鹅形成了对某个物体的跟随反应之后,它就无法再形成对别的物体的跟随反应了。

此种跟随反应的形成是不可逆转的,即承认第一,无视第二。后来,德国行为学家洛伦兹将这种现象叫做"印刻效应",并指出它不但存在于低等动物中,也同样存在于人类之中。人们对"第一"的印象非常深刻,而对第二、第三就没有什么深刻印象了,也就是人们经常说的"先入为主"。

史玉柱在营销会议上,曾多次强调的"营销法则"的第一法则就是:做一个产品必须要做第一品牌,否则很难长久,很难做得好,不做第一就不能真正获得成功。为做第一,"脑白金"投入了巨额的广告费用。最终,"脑白金"依靠印刻效应获得了成功。在已经拥有更高明营销手段的商人看来,"脑白金"的广告实在是老套与庸俗,可是商业社会看重的是最后的利润率。对于第一个吃螃蟹的人来说,他是勇敢的,同时也是最有名的。人们只会记得第一个吃螃蟹的人,而对于第二个、第三个则漠然视之。做市场也是如此,先入易为主,后来难居上。

对一个商人而言,如果不想受人压制,想自己独当一面的话,那么就要下定决心做第一!

人们对"第一"的印象非常深刻,而对第二、第三就没有什么深刻印象了,也就是人们经常说的"先入为主"。

223. 懂得用利益打动对方

若无利可图,谁也不会和你做生意,生意的本质就是公平地互相妥协,以此达到互惠互利。因此,生意场上若想与对方合作,人们应懂得用利益打动对方。

"我们没有永远的朋友,也没有永远的敌人,只有永远的利益。"这是100多年前美国人迪斯罗利留下的名言。

不给好处,对方不予合作,你也无法获得;给的好处小了,对方劲头不高,合作的可能性小,合作程度也浅,你获利也就少。只有给对方最大程度的好处,对方才会全力以赴,这样双方也才能取得最大

的利益。

如果对方感到与你合作，他只是在进行无偿的奉献，只是为你的事业添砖加瓦的话，他自然不愿意跟你合作。这时最好的办法就是把自己的真实意图掩藏起来，为自己的目的编一个冠冕堂皇的理由，且这个理由与对方的切身利益密切相关，会给他带来一个非常美好的前景，他自然会很痛快地与你合作。

由此可见，着眼于利益，更易于问题的解决。

我们没有永远的朋友，也没有永远的敌人，只有永远的利益。

224. 造就一批后备人才

斯蒂纳斯在德国创造了一个庞大的集团，但是他没能成功地培训一批职员。整个组织，完全是以斯蒂纳斯为中心的。结果，斯蒂纳斯公司倒闭了，斯蒂纳斯的事业也成了历史。他死后，他公司的寿命竟然维持不到两年。

究其原因，就在于他没有对其死后的公司运营有一个准备——他没有造就一批可造之材。他的组织是建筑在海滨沙滩上的堡垒。

拿破仑犯的也是同样的错误。他也没能培养出一批得力的人才。年轻的时候，他对于一切事情，都能予以处理和解决。但是，随着年纪的增大，需要处理的事情不断增多，以他一个人的精力处理不了一切事务，他不得不把许多事务委托给他手下，但这些人并没有受过充分的训练。

他在莱比锡的失败，主要就是因为他手下的人在制定作战计划时疏忽了许多细节。以往他都是把一切事情先向下面的人交待好，他们只需照着做就行了。以至于在这种危急关头，他的手下阵脚慌乱，毫无一点指挥应变的才能，面对危机只能面面相觑，还在指望他来安排一切。

所以，你要选择有才干的下属，把所有他们力所能及的工作都交给他们做。

管理智慧：

你要选择有才干的下属，把所有他们力所能及的工作都交给他们做。

225. 制定一套科学有效的选人方法

在西方企业里，对于人员的招聘和选拔，都需要心理学家的参与。曾有一家工业企业要测验一位候选人的领导能力，心理学家便设计了一个任务，在一间工作室里，要求候选人将一堆尺寸不同、形状各异的木块，在10分钟内，拼装成一个两米见方的立方体。这时恰好旁边正好有两位工人，也可以叫他们一起帮忙。实际上，这两位工人不是恰好路过，而是心理学家专门派去制造麻烦的人。他们绝对尽职，但是常常帮倒忙，有时还很粗心，也会有抱怨情绪，说一些难听的话。

心理学家在一旁观察，必要时对候选人从事的这项简单的工作给予消极的评价，使他在心理上受到挫折。从这一系列活动中，可以观察到候选人的操作能力、组织协调能力、心理耐受力和应付挫折能力。结果候选人以各种不同的方式来处理上述情况：有的自己动手拼装，让别人走开；有的成了独裁者，对工人指手画脚；还有的干脆放弃了领导角色，去听从工人的指挥。多数人在这种简单而又紧张的活动中失去了自控。

这些真实的一面，我们在一般的情景中是看不到的，而等他们在以后的工作中表现出来时，就会给企业造成损失。所以，一套科学有效的选人方法是至关重要的。

 **管理智慧：**

选择人才，要用表格和数据说话。

226. 转移抱怨者的注意力

领导者在日常管理中，难免会遇到不满意和充满抱怨的下属，此时，正确的做法不应该是压制，强行让下属服从；也不应该是漠视，不管下属有多少怨气，采取听之任之的态度。比较适当的做法是：动动脑筋，采取一定的方法进行疏导，转移下属的注意力。这样，就能够避免长期积怨，而导致在预料不到的时候突然爆发，给工作造成损失，彼此造成伤害。

一家公司的老板今年想少发一点花红，可是却担心员工闹情绪。

于是，他就暗地里放出风声，说公司今年的效益不好，怕发不出工资来，甚至有可能裁员。这下子，人心惶惶，员工非但不再指望发多少年终花红，只担心自己被裁了。

结果，到了年底，老板不但没有裁员，反而说："亏损由我吃下，员工福利不可少！"并发了原本预定的较少数额的花红。这时，员工无不感激涕零，觉得真幸运，遇上了个体谅下属的好老板。

 **管理智慧：**

对不满意和充满抱怨的下属，要采取一定的方法进行疏导，转移下属的注意力。这样，就能够避免长期积怨。

以情管人　以法管事

227. 老少掺用，人才互补

"老少掺用"是朱元璋用人的一个重要特点：在用老臣的同时，注意选拔年轻的官吏。他发现，官吏过了50岁之后，虽政律精通，业务熟练，但是精力却跟不上了。而新发掘的青年才俊，虽年富力强，但政务不熟，阅历浅薄。所以朱元璋在中央和地方的各个部门中，使老少官吏搭配使用，相辅相成。这样既可以发挥年轻人精力旺盛、锐意进取的特点，又可以发挥老年官吏沉稳厚重的长处。

朱元璋还说："十年之后，老者休致，而少者已于事。如此则人才不乏，而官吏使得人。"意思就是，在年轻的官吏业务锻炼出来时，那些老年官吏也到了退休的年龄，不用担心出现人才断层的现象，从而保证人才源源不断地为国家服务。

后来，朱元璋又发现老年人的政治智慧是挖掘不尽的宝库，于是他又把退休后的大部分老臣安排到了翰林院，这既是对这些老臣的一种礼遇，也是让他们充当顾问，继续发挥余热。

人才结构建设在企业的人力资源管理中是一个非常重要的环节，而人才互补、量才而用是人才结构建设的核心。卓越的团队建设，必然遵循"1+1＞2"的互补定律，即在人才的结构中，每个人才因素之间最好形成相互补充的关系，包括知识互补、性格互补、才能互补、年龄互补和综合互补。这样的团队，还需要"通才"领导，使人才各得其位、各展其能，从而实现人才群体效能最优化。

管理智慧：

人才结构建设在企业的人力资源管理中是一个非常重要的环节，而人才互补、量才而用是人才结构建设的核心。

228. 洞悉下属"宁做鸡头，不做凤尾"的心理

所有人都有"喜欢管人，不喜欢被人管"的心理。一旦被授予某种官职和头衔，便会主动和自觉，兢兢业业，十分尽责。当年，玉皇大帝招安孙悟空便是用了这种方式。但是当孙悟空得知原来"弼马温"是一个小芝麻官时，便大发脾气，不再兢兢业业地看着那些天马，而是回到花果山继续自由自在地当起了"齐天大圣"。

张瑞敏也认为，中国人"宁做鸡头，不做凤尾"，他们想依照自己的意愿办事。人们更愿意成为小企业的高级管理者，而不愿成为大企业的小领导。

张瑞敏创造了一种"市场链"体系，使每个员工的利益与市场挂钩，即上下工序、上下岗位之间，通过索酬、索赔与跳闸形成市场链，即市场关系、服务关系，每个工序、每个人的收入来自于自己的市场。

尽管海尔拥有3万多名员工，但是每个人都是自己目标市场的高级管理者，每一个员工都从被动服从的客体变为相对独立的经营主体，每个人都自我经营，成为自己的老板。所以，给员工分配一个项目，比简单地告诉员工把工作做好更为有效。

用项目管理，使组织扁平化，可以激发员工的潜能，让员工在压力下获得高绩效。

在项目面前，员工更愿意主动地工作，积极寻求领导的支持和资源配备。一个项目有严格的验收标准和完工日期，这无形中就给了他们一种压力，这种压力不是来自经理的大声恐吓，而是来自项目的本身。

在这种模式下，经理更像是一个辅导员和教练，经理的主要职责是作为员工的合作伙伴，帮助员工规划工作，与员工一起合作开发项目，帮助员工预见可能的变化和困难。

以情管人　以法管事

松下电器公司的领军人松下幸之助先生说，当他的员工在100人时，他要站在员工的最前面，以命令的口气，指挥部属工作；当他的员工增加到1000人时，他必须站在员工的中间，诚恳地请求员工鼎力相助；当他的员工达到10000人时，他只要站在员工的后面，心存感激就可以了；当他的员工达到5万或10万人时，除了心存感激还不够，必须双手合十，以拜佛的虔诚之心来领导他们。

一个项目有严格的验收标准和完工日期，这无形中就给了他们一种压力，这种压力不是来自经理的大声恐吓，而是来自项目的本身。

229. 权力要做到收放自如

权力是领导活动的杠杆，放权与收权是领导者运用权力艺术的一个重要方面。放与收本来是既对立又统一的两个方面，但在通常情况下，越是才高的人越难驾驭。因此，放权容易收权难。但该收时必须要收，不收可能就意味着更大权力的丧失，甚至是领导地位的架空。

刘邦对于被萧何称之为"国士无双"的韩信，敢放敢收，达到了收放自如的境界。自韩信被拜为大将之后，手中经常握有数万军队。这支军队一直以来就是刘邦心中的一块石头，放心不下。到灭楚前夕，韩信已经拥有了与刘邦、项羽鼎足而立的强大势力。这说明，刘邦的放权是大胆的，但他不能不经常在心中盘算如何有效地控制韩信，使他不至于成为自己的对手。而适时迅速地收回军权，则是他采取的措施中最有效的一招。

刘邦每次收回军权，都是在韩信的军事任务已经完成或刘邦自己失去军队，处于易受人控制的危险处境之时，并且经常采用突然袭击的方式，使韩信猝不及防。同时，伴随着收权，总有爵位的升迁或其

他安抚措施。

　　这样的做法使刘邦每次都成功地达到了目的，而且似乎都未引起韩信的不满和疑心，甚至在项羽的说客和蒯通多次对韩信策反时，韩信依然对刘邦感恩戴德，"不忍背汉"。

　　刘邦之所以每次都能成功地收回兵权，原因有三：一是刘邦每次收权都在最恰当的时机，容易被人理解为形势的需要，减弱了韩信的反感；二是韩信被拜为大将，甚至被封王，爵位步步高升之时，心里踏实；三是刘邦对韩信日常生活格外关照，使韩信以为自己正在受到信任。由此可见，刘邦的凝聚力，是刘邦的权力运用得以成功的基础。这与项羽"稍夺之权，范增大怒"相比，完全是两种效果。

以情管人　以法管事

 管理智慧：

　　放权容易收权难。但该收时必须要收，不收可能就意味着更大权力的丧失，甚至是领导地位的架空。

230. 面对下属间的纠纷，先把事情冷冻起来

　　作为领导，在调解下属间的纠纷时，一定要公正，不偏不倚，一碗水要端平，要学会"和稀泥"，当个"好好先生"。没有必要去追查事情的来龙去脉，有些事情很可能是"公说公有理，婆说婆有理"，你所要做的只是把事情冻结，告诉双方"一切到此为止"。同时你还必须指出问题的所在，例如某人的态度要改善，某人应该事事以公事为重。

　　要是两个下属因公事发生了矛盾，告状告到你跟前，最好将两人分开接见，避免两人当面争吵，使事情更加激化。单独接见时，让对方平心静气地将事情始末叙述一番，但不要加任何评论，应该把重点

放在淡化事件上。

矛盾双方所讲的必然有出入，因此，你需要有明辨是非的能力。一旦分出了黑白，你最好心中有数，不要公开指出谁是谁非，以免进一步影响两人的关系。你可以明确告诉发生矛盾的双方，你已经了解了事件的真相，仅此而已，而且告诫两人必须为了公司的利益，精诚合作。如果事情属私事，但是两人在公事上采取不合作的态度，这会对工作造成不良影响，所以你不能袖手旁观。把两人同时找来，明确地告诉他们，你不知道也不打算知道他们之间的恩怨，但你的工作作风是要所有员工通力合作，不容有误，所以，希望他们清楚这点，千万不要因私废公。

对一些原则性问题必须明察秋毫，马虎不得，一是一，二是二，一些小问题就让它得过且过。这样才算处理得当。

管理智慧：

在处理下属之间矛盾时，不要公开指出谁是谁非，不要加任何评论，应该把重点放在淡化事件上。

231. 实施"工资保密"制度

如果企业过分强调业绩考核与薪酬挂钩，或者是使业绩与薪酬制度完全透明化，容易使企业内部员工之间产生矛盾。片面地追求薪酬公开，容易引起员工自我期望值的膨胀，也容易引起攀比心理，使员工注意力不是放在工作上，而总是要去关心别人赚了多少钱，对别人的收入说三道四。

当膨胀起来的期望值无法满足，当相互攀比带来种种麻烦，当彼此受益不均，而且短期内也不可能马上消除之时，员工的心理将受到挫折，情绪会产生波动，导致整体的士气迅速低落，更大的期望将转

化为更强烈的失望和不满，极可能导致内部互相倾轧的恶性竞争。

实施"工资保密"，在一定程度上保护了"高薪"员工的权益。对于那些相对高薪的员工，如果他的工资被公开，有可能受到同事的排斥和刁难。另外，在一定程度上又保护了"低薪"员工的权益。对于那些相对低薪的员工，如果他的工资被公开，很可能受到同事的轻视。从而也保持了公司内部和谐的人际关系。

如果企业过分强调业绩考核与薪酬挂钩，或者是使业绩与薪酬制度完全透明化，容易使企业内部员工之间产生矛盾。

232. 人脉就是财脉

世界首富比尔·盖茨经常被问到，是如何成为世界首富的？他每一次的回答都是："因为我请了一群比我聪明的人来帮我工作。"足以见得，一个人的成功并不取决于他自己的才华，而是取决于他能够借助别人的力量有多强。

众所周知，《水浒传》中的宋江，原本只是山东郓城县的一个小吏，然而，就是这样一个小人物，日后却摇身成为威震四方的英雄，靠的是什么？是朋友！是武松、林冲、李逵等人，如果没有他们，宋江能摆脱小人物的命运吗？

红顶商人胡雪岩也曾说过："一个人的力量到底是有限的，就算有三头六臂，又办得了多少事？要成大事，全靠和衷共济。说起来我一无所有，有的只是朋友。"的确，"一个篱笆三个桩，一个好汉三个帮"，这道理显而易见。世界上所有的百万富翁也都是这样做的。

所以，人是最大的资源，不管做什么事情，都有人的因素。被称为"赚钱之神"的邱永汉说："失去财产，仍有从头再做生意的机会，失去朋友,就没有第二次机会了。"

世界潜能大师陈安之的《超级成功学》著作中说:"成功靠别人,而不是靠自己。"这个观点乍听起来是有点不可思议,但是仔细琢磨,其实是非常有道理的。

做人不要过于迷信自己,靠一个人的力量能做多少事情呢?如今早已不是靠一个人单枪匹马闯天下的时代了,一个人再有能耐,其力量也是渺小的,如同一滴水之于大海。所以,只有善于借助别人的力量,顺风行船,才能最快地到达目的地。

人是最大的资源,不管做什么事情,都有人的因素。

233. 委婉地暗示对方,自己知道他的错处或隐私

心理学家说,任何一个人都不愿把自己的错误或隐私在公众面前曝光,一旦被人曝光,就会感到难堪甚至恼怒。因此,在交际中,如果不是为了某种特殊需要,一般应尽量避免触及对方避讳的敏感区,避免使对方当众出丑。

必要时,可委婉地暗示对方自己已知道他的错处或隐私,便可造成对他的一种压力。但不可过分,只须点到为止。对同事隐私的传播会造成很大的影响,会使该同事在办公室中颜面扫地,他会因此对你恨之入骨,你与他的友情也会戛然而止,或许在工作中他还会成为你的对头。同时办公室的同事也会对你另眼相看,渐渐地疏远你。要明白知人知面不知心,特别是对于能力强的同事来讲,某个人的隐私也许就是他要搞掉这个人的一张牌,你在无意之中帮了他的大忙。但没有人会感谢你,相反会对你加倍提防小心。

对于办公室的流言蜚语,不一定要划清界线,只要做到不过问他人私事,不张扬他人隐私就够了。办公室里人际关系错综复杂,平静的表面下往往涌动着嫉妒、自我表现、野心、怀疑等种种暗流。无论你是流言的传播者还是流言的焦点,都会不可避免地深受其害。最好的办法就是独善其身,远离流言的漩涡,与每个同事都保持一种适度的关系。

如果你对上司或哪位同事的做法不满意,你最好还是亲自跟他面谈,看看你们之间是不是存在着一些误会和沟通障碍。背后数落别人、发牢骚是愚蠢的做法,传播他人的牢骚更是蠢上加蠢。记住,任何一家公司给你提供办公桌和薪水,都是让你来干活的,没有哪个老板喜欢在背后传播小道消息的员工。

必要时,可委婉地暗示对方自己已知道他的错处或隐私,便可造成对他的一种压力。但不可过分,只须点到为止。

234. 组建自己的班底

俗话说:"一个篱笆三个桩,一个好汉三个帮。"在企业中,一个光杆司令是打不了天下的。身为领导者要想顺利打开工作局面,实现自己的目标,就必须强化自己的势力,也就是培植"自己人"——心腹和亲信,组建自己的班底。

培植心腹的主要手段就是选用、安插和提拔。选,就是选用哪些人做为自己成就功业的左右手;安插,就是把自己的密友、亲信、关系、铁哥们儿安置在要害部门,使这一座山头犹如铁板一块,水泼不进针插不进,形成以自己为中心的私人势力范围;提拔,就是提升亲信的职位,安排给他更重要的权力,进行笼络、拉拢,使之为自己效忠。

什么样的人才可以做心腹呢？当然是靠得住的人，无条件的支持者和追随者以及足以担当重任的骨干人才。当然，心腹首先需要的是忠诚，绝对的忠诚。这种忠诚绝对不是不经思考的"领导让干啥就干啥"式的愚忠，而是忠实地执行领导的意图，当领导的某些言行出现问题时，他们又会义不容辞地以适当的方式向领导进谏。

领导者培植心腹，可以从新进公司的员工入手。想有所作为的新人，也需要靠站队、靠团体来实现自己在这个公司的利益。所以，加上他们很强的可塑性最容易成为被培植的对象。领导可通过对职业前景的描述、承诺和兑现若干实际利益，使新人死心塌地地成为自己势力范围内的一员。

管理智慧：

什么样的人才可以做心腹呢？当然是靠得住的人，无条件的支持者和追随者以及足以担当重任的骨干人才。

235. 慎用不拘小节之人

有位公司老板在招聘员工时，别出心裁，他让面试者在市中心随意游览，自己则暗中观察。凡是闯红灯的人，即使硬件符合招聘要求，他也让其出局。他说："交通行为是一面镜子，这面镜子映照出一个人的素质。通过这面镜子就可以看出一个人素质的高低。小事不在乎，有无监督两个样，这种人不能用。"

接着这位老板又解释说："认为闯红灯这种行为是'不拘小节'的人，他们自以为这是精明，是灵活处事，其实大错而特错。因为不认真遵守规章制度的行为，往往会导致一个人形成对任何事都无所谓的不良心态。没有车辆，没有警察监督他敢闯红灯，那么同理，老板

不在的时候,他就敢于闯工作的'红色警戒线'。这也是为什么我用过马路这件小事来测试应聘者的原因,其目的就是以小见大,看他们是否具有自律、自制这种优秀的品质。"

如果过马路时,没车或没有警察监督就敢闯红灯,那么老板不在时,他们就会"忙里偷闲"、迟到、怠工,在上班时间做与工作不相干的事。可见,外在的硬性约束不是最有效的行为规范。

最严格的行为标准是一个人的内在标准,这种标准是自己设定的,不具有外附性,这才是最有效的行为准则。如果你对自己的工作标准,比老板对你的要求还高,那么你就能做到老板在与不在一样干。这是对工作负责,也是对自己内在素质的展示。

以情管人　以法管事

管理智慧:

不认真遵守规章制度的行为,往往会导致一个人形成对任何事都无所谓的不良心态。

236. 要明白下属究竟需要什么

激励的方式有很多,可以赞美、表扬员工,也可以为员工升职、加薪,给员工期权分红,还可以为员工提供培训机会,创造开放、信任的工作环境,甚至请员工吃个饭,多鼓励他们,等等。实在不行,就胡萝卜加大棒,用钱来解决问题,做得好的就发奖金,做得不好的就罚款,然后把这样的奖惩写成制度,还美其名曰——进行现代化管理。

管理真的这么简单吗?其实不然。因为你激励的对象是人,人本身就是复杂的,他们对激励的要求也是千差万别的,所以,激励的方式方法也应该因人而异,有所不同。

真正成功的管理者,他们不拘泥于特定的激励形式,不是想我该拿什么激励自己的下属，而是深刻挖掘下属究竟需要什么。能够把自己所给的和别人想要的对接起来的人，就可以成为很有影响力的人。因为他们能够通过满足别人的需求，引导别人按照自己的意愿进行行为选择。

有一位私企老板，他本身学历不是很高，因为小时候家里穷，没钱念书。因此，他认为给别人机会学习就是最好的奖励。因此，在他的公司里，最小的奖励是给员工一本书，最高的奖励就是公司出钱送他们去进行培训和学习。但由于员工并不认为这对自己的生活有所改变，因此也就不认为这是自己所需要的，当然也就不会对此"感冒"了。

不能够根据对象不同给出适当的激励方式，这是很多时候，激励无力的原因。我们进行奖励的目的就是希望通过员工所想要的，来促进他们去实现某个对组织有益的目标，从而获得他所想要的。

因此，我们在奖励员工的时候，都要先问一下："这是他想要的吗？"换位思考一下后，你就会明白，给一个深受冻饿之苦的卖火柴的小女孩一幅精美的油画是没有任何意义的。

管理智慧：

能够把自己所给的和别人想要的对接起来的人，就可以成为很有影响力的人。

237. 惩罚，要在自己能控制的局势之下

对于惩处那些举足轻重的人物，在自己不能控制的局势下，切勿轻举妄动，以免生变。《三国演义》中，蜀将陈式在前线违犯军令，擅自进军，被魏军伏兵打得大败，率残部屯于山谷。孔明听到消息后，立即派邓芝前往军中抚慰陈式，以防兵变。等陈式回来之后，尽在掌

握之中时，孔明便以违犯军令罪将其斩首。袁绍不懂此道理。张郃战败，袁绍听信诬陷之言，在其从前线未归之际，在自己不能控制张郃之时，便派人捉拿问罪，张郃被逼投曹。

惩罚者必须有绝对压倒被惩罚者的优势，否则，惩罚不成还会被惩罚。

纵然惩罚对象在掌控之中，也应尽可能化消极因素为积极因素。特别对非理智的群众或团体的抗争，慎用惩戒手段，因为惩戒的后果是仇恨的凝聚，继而涌现出为了大众利益而献身的自愿者。你把谁当成敌人，那他迟早会成为你的敌人。

管理智慧：

惩罚者必须有绝对压倒被惩罚者的优势，否则，惩罚不成还会被惩罚。

238. 不当奖励的三方面缺点

①在一个公司里，由于销售业绩比较好，所以总经理决定给营销部发奖金。

这件事情被生产部门的员工得知了，他们想：好，一切都是营销部门的功劳，我们加班加点的生产就是理所应当的，那么我们还那么卖力干什么。于是在第二个月的时候，公司产品的次品率、报废率、返工率都大幅上升，成本增高，效益也就大幅下降了。这就是典型的奖励变成了对别人的惩罚的例子，难道这就是企业进行奖励的目的？

②奖励会鼓励、强化过去的成功模式，却丧失创新精神。

大家都知道守株待兔的故事，我们就来分析一下这个猎人守株待兔行为背后的思维模式。猎人在树下捡到一个因撞在树上昏迷的兔子，这个兔子就构成了对猎人的一种奖励。由此猎人得出了一个行为模式：

等待——兔子撞树——捡兔子。于是猎人便不断地强化奖励的思维模式和守株待兔的行为模式。猎人的这种行为是一种经验主义的行为方式。其实经验主义分为成功经验和失败经验，而成功经验只会激励人们去做一件事：让人们形成经验主义，形成一种思维的惯性，从而丧失创新的动力。

③奖励也会让人变得不择手段。

有这样一个故事：150多年前，有一个牧童在死海边上的一个洞穴内发现了一个手卷。经过专家鉴定，这个手卷是犹太人留下的，比先前发现的犹太人手卷早1000年，这就是著名的"死海手卷"。但是当政府去当地准备进行进一步研究的时候，手卷不翼而飞了。政府在无奈之下，只好发出告示：凡是上交手卷的人，都将获得奖金。哪怕是手卷上的一个小纸片，也都会得到奖励。告示一出还真的有效，陆续有人来上交手卷。当所有的手卷收集齐全了以后，研究者发现手卷已经无法拼回，这么一个珍贵的文物就这样被毁了。其实手卷就在当地人的手里，但是他们为了获得更多的奖励而把手卷撕毁了。

由此我们应该明确一个观点：利益会让人不择手段。可能很多人不认同人性本恶的论点，但是应当说明的是，在领导工作中根本就没有绝对的事情，因此我们有必要做好预防工作。这就如同在管理中有一个现在比较流行的名词——授权。授权并不是放权，领导者仍然要对权力进行必要的控制。同样，我们可以以人性本善的角度进行领导工作，但是我们仍然要对各种可能发生的状况做好预防。

**管理智慧：**

不当的奖励制度，比没有奖励更糟糕。

239. 什么场合讲什么话

看饭下菜,就是看听者的品格高低而言真伪。面对昏庸,讲话未必认真。殷纣王荒淫无道,箕子谏而不从便装糊涂,最后飘然而去。而比干则知其不可而谏之,结果因愚忠而丧身。所以,箕子高明而比干次之。

秦二世登基后听说天下大乱,群雄并起,便问众臣是否有人造反。多数人说了实话,并劝二世改过,只有孙叔通说无人造反,仅有几个盗贼而已。二世听了十分高兴。孙叔通讲过就溜了,他已看到秦二世的统治没了希望,讲真话也听不进去了,不如说几句悦耳之言。后人评价孙叔通是阿谀之臣,司马迁则认为孙叔通是"量主而进",即度量君主的品德而进言。

岳飞就不懂得这个道理,他要"迎二圣",即宋高宗之前两个被掳去的皇帝。二圣回归,宋高宗还怎么当皇帝?宋高宗对这个口号非常不满,便以"莫须有"的罪名将岳飞杀害。岳飞属于忠而不智,忠而越职。

领导者不仅应该知道在什么场合讲什么话,而且还应当知道在什么场合保持沉默或顾左右而言他。沉默可以使领导者保持涵养,倾听诉说而不讲错话。对于自己不懂、不感兴趣、不愿意回答的议题,也可以换个内容交谈。

管理智慧:

领导者不仅应该知道在什么场合讲什么话,而且还应当知道在什么场合保持沉默或顾左右而言他。

以情管人 以法管事

240. 把恰当的工作分配给恰当的人

一位商界著名人物，曾说自己的成功得益于他鉴别人才的眼力，这种眼力使得他能把每一个职员都安排到恰当的位置上，而从来没有出过差错。不仅如此，他还努力使员工们知道他们所处的位置，对于整个事业的重大意义。这样一来，这些员工无需别人的监督，就能把事情办得有条有理、十分妥当。

一个合格的管理者，他应该非常了解每个雇员的特长，也会尽力把他们安排在最恰当的位置上。但那些不善于管理的人往往忽视这重要的方面，而总是考虑一些鸡毛蒜皮的小事，这样的人注定要失败。

很多精明能干的总经理在办公室的时间很少，常常在外旅行或出去打球，但他们公司的业务丝毫不受影响，仍然有条不紊地进行着。他们的管理秘诀只有一条，即他们善于把恰当的工作分配给恰当的人。

比尔·盖茨的企业可谓之"大"，但他却可以常常"周游列国"；巴菲特的企业可谓之"大"，可他却"几乎每星期都要欣赏两部以上的电影"。就是这么一些"清闲"的企业家，领导的企业却红红火火。

企业若想实行分权而治，就需要让一个当家人变成多个当家人，一个积极性变成多个积极性，一条经营渠道派生多条经营渠道。把无序领导变为规范指挥：高层只管领导的事，不越级指挥；一个下级只接受一个上级的命令，不多头管理；按管理跨度原则，使企业内部自上而下的管理命令和自下而上的请示汇报都有明确路线和程序，以防止相互扯皮。

管理智慧：

一个合格的管理者，他应该非常了解每个雇员的特长，也会尽力把他们安排在最恰当的位置上。

最简单有效的领导智慧

241. "功过相抵"要慎行

我们常常听到"功过相抵"这样的话，其实这是一种不正确的做法，也是任何一个企业管理所不能允许的。在企业运作过程中，把员工所做出的成绩和他所犯的错误相互抵消，这是把风险强加给企业，对其他员工是非常不公平的。而对该员工来说，功过相抵的结果就是既无功，也无过，既是对他以往所做出成绩的否定，也是对他所犯错误的纵容。

功是对好的行为的一种褒奖，所以必须通过树立这样或那样的典型来告诉企业内部所有的员工，都必须按照这种方式去做事情。

过是对不好的行为的一种鞭策，一种处罚，目的是告诉企业员工：这是企业所不允许的。员工的日常行为准则就是不能越雷池半步，否则就要为此付出代价，因为企业可能为你的这种过错而遭受更大的损失。

功与过本身是难以衡量的。强行将其相抵，那背后一定是"人情"的作用。企业运作如果太多地考虑"人情"因素的话，我们就很难看到这种企业的未来。企业因为这样或那样的事件就无法产生典型，也无法倡导一种做法。

功与过相抵的结果，往往导致企业内部人情泛滥，缺乏"赏罚分明"的措施，使得企业内部充满不稳定的因素。人们可能会因为某件事情受到奖赏，但是，当有错误的时候，却不用受到惩罚。那么，还有多少人会在乎什么惩罚措施，企业内犯错误的几率也会因此大增。

功与过相抵的结果，往往导致企业内部人情泛滥，缺乏"赏罚分明"的措施，使得企业内部充满不稳定的因素。

以情管人　以法管事

242. 成为组织中不可或缺的人

在希尔顿饭店的餐饮部，有名不起眼的冷盘厨师。他似乎没有什么特别的长处，谁都可以支使他干活，谁都可以批评他。但是，他会做一道非常特别的甜点：把两只苹果的果肉都放进一只苹果里，因此，那只苹果就显得特别丰满，果核也被他去掉了，吃起来特别香甜。可是从外表一点也看不出是两只苹果拼起来的。

有位贵妇人品尝了这道甜点之后，十分欣赏，并特意约见了做这道甜点的厨师。从此以后，她在希尔顿饭店长期包租了一套昂贵的客房，虽然每年大约只有一个月的时间在这里度过，但她每次来都会点这个厨师做的苹果甜点。饭店年年都要裁员，但是这个职位低微的厨师却一直能够保住工作，因为对于饭店和它重要的客人来说，那个厨师是不可缺少的人。

事实就是这样，没有在自己的位置上做出个性化业绩的人，在职场上就是可有可无的人。如果去做一份任何人都可以做的工作，那么，你的工作随时都有可能被别人顶替。要成为在职场上不可或缺的人，就要在某个方面比别人有优势。

管理智慧：

如果去做一份任何人都可以做的工作，那么，你的工作随时都有可能被别人顶替。

243. 只有适应变化才能生存

猿猴们在树林里寻找食物，这个时候它们如果遇到金钱豹，它们

以情管人 以法管事

就看头猿的反应,是逃走,还是围成一个圈?这时候头猿可能就会有经验地选择围成一圈,以便每一只猿都能得到保护。最原始的领导能力是典型的技术性的,它凭本能和经验帮助群体获得食物,给予群体保护,给予自身荣耀。

但是,某一天情况发生了变化,猿群遇到的不是金钱豹,而是手握猎枪的猎人,这时问题就出现了——如果还选择围成一圈,那伤亡更大,如果还这样指挥,头猿的指挥就是典型的缺乏调适性,它应该在环境变化的条件下做出新的决策。

只有适应变化才能生存和发展。在地球气温急剧变化、大批恐龙死亡的情况下,惟一留下来的只有长了翅膀的恐龙,结果它们变成了鸟。历史上犹太民族多次濒临灭亡,最严重的时期,是罗马军队占领耶路撒冷的时候。那个时候一部分人坚持反抗,但犹太民族与当时罗马人相比,太弱小了。这时犹太民族就要区分什么是必须放弃的,什么是不能放弃的,犹太民族应该怎样生存下去?犹太人探讨了很久,最终为了犹太民族的生存,他们放弃了耶路撒冷,分散到世界各地,但始终坚持自己的宗教和民族传统。鉴于牧师不能异地传教,他们就把教堂设在家里,父母成了孩子们的牧师。他们对各种不同的环境与条件进行调适,因此犹太民族才得以延续下来。如果当时所有的犹太人都选择反抗的话,今天犹太民族可能真的不复存在了。

学校的规章制度是一致的,但各个班级的纪律有好有坏。一个难以管理的班级,换个班主任,就管理好了。这里,不同的不是规章制度,而是不同的班主任,属于调适性问题。

管理智慧:

最原始的领导能力是典型的技术性的,它凭本能和经验帮助群体获得食物,给予群体保护,给予自身荣耀。

244. 放权是必要的，及时跟进是必须的

世界上任何的自由，都必须和相应的制度捆绑在一起，无序的自由就是一盘散沙，而且这种自由毫无保障，随时都可能被剥夺。

同样的道理，对于领导们而言，无论下属的工作做得多么出色，无论他们有多少值得完全信任的方面，也不应该完全撒手。

领导在授权的同时必须要有监督，否则就有可能失控。权力失控会导致工作失控，结果失控。

放权是必要的，但是放权不等于放弃，放权的同时必须要建立起配套的监控机制。监控是对领导所授权力的根本保障，是关系到企业兴衰存亡的必要措施。在分析一些公司失败的案例时，我们发现很多公司并非没有明确而具体的目标，也并非缺乏优秀的人才，但它们最终却陷入了失败的境地。为什么呢？事实上，并非这些企业自己所归纳的原因——市场环境突然变化使得公司的处境十分被动——而是犯了最普遍同时又是最不该犯的错误：公司所制定的计划并没有得到彻底的执行，而公司的最高层却认为已经落实了。

造成这种结果的原因，正是高层领导者对自己已经授权的工作不闻不问，更未进行及时地跟踪。领导者的任务不只是制订计划，还应该对计划进行跟踪，及时发现问题并在第一时间予以解决。

领导者的及时跟进是相当重要的。在跟进的过程中，不但可以协助和支持下属顺利完成任务，而且还能监督下属，避免其偏离正确的方向。

信任固然好，监控更重要。及时适度地跟进计划并非不信任某人的表现，相反这只能表明你重视某件事情，所以适度的跟进并不会损害员工的工作积极性。当然跟进计划一定要注意两点：一是及时，只有在第一时间发现阻碍工作进度的障碍，才能尽快排除障碍，确保工作的顺利进行；二要注意适度，领导者需要的是跟进计划，而不是去

最简单有效的领导智慧

具体执行计划,领导者需要做的是鼓励员工把执行工作落到实处,而不是越权指导,更不是直接插手去落实,否则只会把事情弄得更糟。所以,领导者应掌握跟进的艺术,既保证战略规划得到不折不扣的执行,又不损伤员工的积极性,只有这样才能取得好的效果。

及时适度地跟进计划并非不信任某人的表现,相反这只能表明你重视某件事情,所以适度的跟进并不会损害员工的工作积极性。

245. 旁观者清,当局者迷

许多著名的企业,往往在经营一段时间后会高薪聘请"效率专家",以期达到提高效率。

所谓"效率专家",其实应当是"眼光专家",他们往往会发现一家陌生企业中可以提高效率的方式。这不能只归功于他们的专业知识,在很大程度上,是因为他们以一种完全新鲜的感觉看工作的流程,而这是企业内部的人不能办到的。因为企业内部的人,对一切都早已习以为常了,他们的眼中充满了习惯,只会对改变敏感而不会对不变敏感,而"效率专家"们则是"旁观者清",很快就能看出不合理的地方。

有的时候,我们只看到眼前利益,而把 5 年、10 年以后的利益置之不顾,这是非常有害的。正是由于近视,人们大量砍伐森林,造成严重的环境污染,臭氧层遭到破坏,20 年后空气都会成为商品,这绝不是个远在天边的笑话。

有这样一个案例,说是美国一家高科技公司,在大萧条时期为挽救公司聘请了一位经理。这位经理走马上任以后针对市场疲软的事实,毫不犹豫地把一大批高薪技术开发人员解雇。由于生产成本降低,很快公司便走出低谷，董事会一致认为新总经理有眼光。可是5年以后，这家公司在经济恢复时期却出人意料地面临破产，原因在于那位总经理当初只顾眼前利益解雇大批技术开发人员，造成技术开发研制在5年内几乎处于停顿状态，当市场需求恢复活力、人们要求提高时，公司的产品却跟不上时代需要。

这是一个真实的事件，"近视"的危害可能在短期内不会爆发，但是一旦超出你当初的视野，马上就会让你掉进泥淖中。

管理智慧：

给自己配副近视眼镜，从短期的范围中抬起头来，看看远处的风景和陷阱。

246. 划分"大权"和"小权"

划分"大权"和"小权"是一个相对的过程，主要是相对于管理者所处的位置而言。划定大权和小权的时候，首先要把权力囊括的范围确定下来才行。组织中的管理者，其大权和小权的划分差距是很大的。

从涉及的范围来考虑，关系全局的权力，当然就是大权，仅仅关系某一个局部的权力，一般不能说是大权。

从权限的角度来考虑，下级不能解决的问题，必须由上级来解决，这应该是大权。如果下级自己能够解决，或者下级自己解决更好，一般都不能算是大权。

从权力的性质来考虑，一般来说，一个组织的权力有三个层次，一个层次是决策权，一个层次是运行权，一个层次是执行权。

所谓大权，实际上主要是指决策权，还有就是运行中的关键问题的把关性权力，具有"不可替代性"。人们常说，领导要把握方向，

把握大局。这样的权力是要独揽的,而其他的权力则要分散。分散其实也是独揽的条件。什么权都抓,往往什么权都抓不住。决策权应该是一个组织最高领导机构和最高领导人的权力,这是大权。

运行权是这个组织中层机构或中层领导的权力,其中带有垄断性的,就是大权,但大部分照章办事的正常运行的权力,对最高领导人来说是小权。执行权是基层干部或人员的权力,对中层领导来说,关键性的操作可能是大权,但一般的日常操作则是小权,对最高领导来说,这些当然更小小权了。

对一个组织的发展而言,最重要的是决策。所以管理者一定要抓住、用好大权,不要忙于琐碎事务,而忘记自己最重要的决策任务。

以情管人　以法管事

管理智慧：

划分"大权"和"小权"是一个相对的过程,主要是相对于管理者所处的位置而言。

247. 有些事情需要慢慢完成

现在已经进入了一个飞速发展的时代,这是一个做什么都显得比过去要快很多的年代。

当然,当今时代之所以发展快,一个主要原因是大量高新技术的应用。特别快递、传真、超音速飞机和移动电话等等,已经大大地提高了商业生产率,而且提高了我们对信息进行反馈的速度。

与此同时,我们必须认识到,虽然高科技和人们趋向于要求我们用越来越快的速度去工作,但是,这种现象本身并不说明这是一种好现象。其实,有些事情,如果慢慢做,效果可能会更好一些。有时我们应该停下来,平心静气地进行一番思考,然后再做。

比如,招聘用人的决定是应该慢慢斟酌后再做决定的。因为,如果你要邀请某个陌生人到你的公司去工作的话，你需要在对这个人有了必要的了解之后再做决定。但是，通常的情况是，人们往往倾向于尽快做出聘用的决定。因为，他们迫切需要有人来填补某些空着的岗位。他们通常也不会问：这份工作需要他人来代替吗？他们一般不会重新做一份工作调整，他们仅仅是在找一个合适的人选来填补一下某个职员的离职后留下的空缺。

对高新技术设备的配备是另外一个需要等等看的领域，因为等等看的结果要比直接介入好得多。例如，10 年前，一台个人电脑要花近万元才能够买到，而现在，你只需要花费 5000 元就可以买到一台，而且其性能比以前好得多。绝大多数人都明白这个道理。但是，没有谁能够压抑住要购买这些东西的欲望，而等到价格有朝一日降下来以后再去购买。

尽管我们都知道有些事情是需要慢慢完成的，但是，事实上我们并不这么做。在这里，必须提醒大家，慢慢地完成某些工作是很有好处的。

有些事情，如果慢慢做，效果可能会更好一些。我们应该停下来，平心静气地进行一番思考，然后再做。

248. "360 度绩效反馈"的优劣

熟悉人力资源管理的人都了解"360 度绩效反馈"，因为它具有全员参与管理、信息收集对称、能分散管理者日常管理压力等特点，所以它在面世后很快被我国企业引进，成为我国企业主要的考核管理办法之一。

但经过几年的实践，人们发现它的效果并不如当初所期望的那样

以情管人　以法管事

理想。比如，"360度绩效反馈"往往造成公司的人际关系紧张、统计方式复杂等等。因此，有人称"360度绩效反馈"在中国"水土不服"。

这里我们不就此技术的其他方面进行评价，单从这种考核方式的反馈时间上来看，就可以发现一些问题。这种反馈方式周期是相对较长的，通常绩效考核的周期为一年或半年，如果员工仅在绩效考核的时候才能得到自己工作的反馈，那这种反馈的效果其实并不好，而且也很难达到最初设想的效果。

所以，如果你想采取恰当的精神鼓励来激励下属的话，那么，你必须经常让下属看到自己的成果，给他们尽可能多的及时反馈，而不要仅仅等到绩效考核的时候再做出反馈。在平常工作当中就要不断地给予下属足够的关注，提供必要的支持。就像让小树成材一样，你要在它刚开始需要扶植的时候就扶植它，在它刚要长弯的时候就及时矫正它，每次都是如此，这样小树才能慢慢地长直、成材，而不要等到已经无法挽回的时候再去行动。

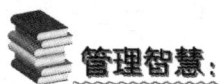管理智慧：

如果你想采取恰当的精神鼓励来激励下属的话，那么，你必须经常让下属看到自己的成果，给他们尽可能多的及时反馈。

249. 配备"避马瘟"式人物

两千多年前，一些养马人在马厩中养猴，以"辟恶，消百病"，养在马厩中的猴子就是"避马瘟"。马是站着消化和睡觉的，只有在体力不支或生病时才卧倒休息。而猴子在马厩中一刻也不安宁，马便会经常站立而不卧倒，这样，便提高了马对血吸虫病的抵抗能力。

西方管理学者说："由于马蝇的存在，马匹变得更勤快了。"马蝇之功效与中国的"避马瘟"有异曲同工之妙。

某种程度上，企业组织类似于马群。而那些个性鲜明、我行我素，同时又是能力超强、充满质疑和变革精神的员工，就是企业中的"马蝇"或"避马瘟"。在一些组织中，他们被叫做"问题员工"，甚至上了"黑名单"，因为他们难于管理。实际上在一个经济组织中，也应该配备"避马瘟"式的人物，以增强员工的活力，避免疲怠和懈怠，进而增进整个组织的活力。

由于马蝇的存在，马匹变得更勤快了。

250. 要考虑到下属的能力，还要考虑到执行力

《孙子兵法》上说："故善战者，借之于势，不责于人，故能择人而任势。"意思是说，优秀的将帅善于捕捉时机，选择合适的人才，形成有利的局面。

一部分领导者在选择员工的时候，惟一的标准就是能力，以为只要有能力，就一定能给团队带来战斗力。殊不知，如果一个人的能力和职位不相匹配，即使是个天才，也无法发挥他原有的战斗力。

团队是一个注重协调的集体，不同的职位有不同的能力需求。一味地追求高能力的人才，却没有与之相匹配的职位，这些高学历的人才进入公司后就被"束之高阁"，虽然拿着高工资，却没有可以施展自己才华的舞台。结果就好像把发动机装在了牛车上一样，只会造成资源浪费。

很多成功的企业家，他们既没有专业的技术背景，也没有专业的营销能力，但是却缔造出了一个个伟大的企业。其原因就在于他们懂

得如何打造团队，让合适的人去做合适的事。

松下幸之助说过："企业运用人才主要是合适，小材大用，大材小用，都不是理想的用人准则，惟有适才专用，才能使人的才能发挥到极致。"

领导者在选择人才的时候，不仅要考虑到对方的能力，还要考虑到对方的执行力。只有那些能把能力转化为执行力、生产力的人，才是企业需要的人才。一个企业，领导者应该是最熟悉各个职位的能力要求的人，如果不能为团队的每一个职位选择合适的人才，那么就不能称之为一名合格的领导。工作效率就是合适的人做适合他的事。只有当二者匹配，工作才能有好的进展，工作效率才能提高。否则，当领导者让一个不合适的人去做对于他而言不合适的事的时候，就意味着领导者的失败，企业的失败！

管理智慧：

只有那些能把能力转化为执行力、生产力的人，才是企业需要的人才。

以情管人　以法管事

251. 审时度势，急流勇退

美国第一任总统华盛顿，建立了美利坚合众国，被尊为"美国国父"。建国后，德高望重的华盛顿被推选为美国第一任总统。四年以后他因治国有方，在选举中再次当选总统。此次任期届满后，按照他的政治经验和出色的政绩，如果参加第三届总统选举，仍会高票当选。但是华盛顿却发表了致美国人民的告别辞："我已下定决心，谢绝任何将我列为候选人的盛情。我越来越确定自己退休是必要的，而且是受欢迎的。我应当退出政坛。"华盛顿在功成名就之际辞官去职，不仅显示出他卓越的民主意识，而且也为美国总统连任不超过两届开创了先河。因为美国宪法赋予总统的权力相当大，年限的限制，有利于保证执政者不至于大权独揽，侵害政治民主。

1799年，华盛顿逝世，不仅美国民众万分悲痛，世界各国也深表哀悼。当时还没有联合国，但很多政府都自发组织纪念活动。法国政府机构悬挂十天黑纱，世界各国都在悼念这位出色的政治家，甚至连当初敌对国英国的军舰也降下了半旗以表哀悼。"他是独立战争时期的第一人，和平时期的第一人，美国同胞心目中的第一人。"美国国会追悼他时，有位政治家在演讲中如此评价这位伟人。

急流勇退是一种大智慧，"盛极必衰，月盈必亏"便是很好的诠释。因此，我们对自己所从事行业的前景必须有清醒的认识，做到明察善断，占尽先机；审时度势，急流勇退。"旧鞋子没破该扔就得扔，老生意好做该变也得变。"一个良好的撤退，也应该和伟大的胜利同样受到尊敬。

在企业领导层中你也许是"一人之下，万人之上"的"元老功臣"，然而在自己权力将达到巅峰之际，你应毅然决然地选择"归隐"。这在旁人看来也许会深表惋惜，而对当事者而言，却不得不说是一种睿智高明之举。它一方面自然是避免了"功高震主"引发的不必要的麻烦，从而让自己全身而退；另一方面也有利于提携后起之秀，实现企业的更新和不断向前。而作为功成身退者，其光明磊落的人格魅力和对企业的贡献都将成为后继者推崇和效仿的榜样。

但是，大多数人都在得意时不为失意时做预先的准备，终至满盈招祸，等到了穷途末路再后悔就迟了。俗话说："身后有余忘缩手，眼前无路想回头。"人如果能够明白这中间的道理，就应当好自为之，知机善退，才不会招致失败。

管理智慧：

在自己权力将达到巅峰之际，要毅然决然地选择"归隐"。

252. 提防下属"翅膀硬了"

对于领导者而言，所谓权力的失控有两重含义：一是权力授出后，上级对下级没有约束力、控制权了；二是下级在拥有权力以后，翅膀硬了，不把上级放在眼里，不听命于上级，甚至出现了侵犯上级职权的现象——即越权。

下级越权主要有以下现象：

第一，先斩后奏，把本不该自己决定的事决定了，然后汇报，认为反正是木已成舟，迫使上司就范。

第二，斩也不奏，封锁消息，自己说了算。

第三，片面反映情况，设好圈子，让上级领导钻，出了问题责任由上级承担。这是一种巧妙的越权术，当然也是一种心术不正的越权术。

第四，向上级的上级禀报请示，或向多个上司请示。利用其他上级了解下层情况周期长及获取信息的迟滞性，取得间接上司的支持，以"尚方宝剑"迫使直接上司就范。

越权就是架空上级，那些本属领导的职权范围的权责，下级设法以某种手段行使了，而下级又不具备上级领导的职务，因此出了问题他也不能负责，后果只能由被越权的领导直接去承担。所以，越权的危害是非常明显的。

越权既损害了直接领导者的威信，又容易使工作脱离既定轨道，给企业带来损失。

以情管人 以法管事

管理智慧：

越权既损害了直接领导者的威信，又容易使工作脱离既定轨道，给企业带来损失。

253. 有补位意识

看足球比赛时，我们会发现，最优秀的射手就是最善于捕捉战机的人，他们总能在正确的时间出现在正确的位置上。优秀的射手都是会跑位的人。同样，一个以责任为最高行为准则的员工，也应当是一个善于跑位的人，无论在什么时候，不用老板吩咐，他们总能出现在最需要的位置上。我们的工作就和足球比赛一样，要懂得及时补位。

优秀的员工不会"独善其身"，无论老板在不在，他们都心存大局观念，以企业的发展为标杆来考量自己的行为。他们会在出色地完成自己的工作任务的同时去做一些"分外"之事，以使工作流程更顺畅。

在沃尔玛，不论你是总裁还是经理，繁忙时所有人都是店员。美国人平时很忙，购物人数有限，而一到公休日、节假日，人们便涌进购物中心。这时，几乎所有的沃尔玛店面都感觉人手不够。于是，沃尔玛从运营总监、账务总监、人力资源经理到各部门主管、办公室秘书，都会换下笔挺的西装，投入到繁忙的商场中去做收银员、搬运工、上货员、迎宾员……

当今的市场竞争十分激烈，企业即使分工十分明确，也可能会有一些意料之外的情况发生，出现一些无人负责的工作。以什么样的态度对待这些工作，就可以判断出员工是否具有主人翁精神和责任感。有的员工认为这些事和自己的工作职责无关，即使是一件随手可以做好的小事也不愿为之；而有的员工则能够把这些事看做是锻炼自己的机会，主动去做，并且能够脚踏实地地做好。最终，前者仍然平庸，后者却登上了职业的领奖台。

对于员工来说，掌握的个人资源和工作资源越多，对于自己的提升也就越有利。所以，多做一些工作，有补位意识，是提高你在公司里的地位的首要条件。

最简单有效的领导智慧

落实责任不是只守住岗位责任就算称职。因为在企业中，我们就是一个共荣辱、共进退的整体，没有孤立的责任，也没有孤立的岗位。每一个员工在落实责任的过程中都要有一个整体意识，重视流程责任，相互协作，及时补位。

 **管理智慧：**

多做一些工作，有补位意识，是提高你在公司里的地位的首要条件。

以情管人 以法管事

254. "秘书"是一个重要角色

一提起"秘书"，许多人的脑海里立刻涌现这样的形象：

第一，她是一位女性；

第二，她是一般机构中均属可有可无的人物（花瓶）。

这种看法让人非常遗憾。产生这种看法的主要原因，在于主管未能正视秘书的工作性质。实际上，现在很多文章、电视剧误导了大家对秘书的认识，认为"秘书"是女的为好，男人则应该是"助理"。秘书也好，助理也罢，不在于他们是男是女，而在于他们的工作能力和工作。

在许多管理者心目中，秘书的工作不外乎接打电话、接待来访、打字、速记与管理档案。固然这些工作都属于秘书的职责，但秘书所能履行的与所应履行的工作并不只限于这一点。

美国的"全国秘书协会"曾费尽心机地为"秘书"下这样的定义：

"秘书即是行政助理，她（他）具有处理办公事务的技能，在无直接监督的情况下，足以承担责任，能运用自发力与判断力，以及在指定的权限内有能力制定决策。"

由此定义可知，秘书是具有特殊身份的幕僚。这种特殊身份表现在秘书与管理者的紧密的工作关系上。

能符合上一定义的要求者并不局限于女性，有迹象显示，愈来愈多的男性从事秘书工作实际效果更好。其次，在秘书的配合与协助下，管理者与秘书应组成组织内部的一个小型的"管理队伍"。所以，将秘书视为一般机构中可有可无的边缘人物，是极为错误的。

将秘书视为一般机构中可有可无的边缘人物，是极为错误的。

255. 不要急于求回报

一名记者采访美国一家跨国公司驻华代表，在采访快结束的时候，记者按惯例问他公司未来有什么规划？原想他会像以前采访的一些企业家说几句"展望宏图、实现目标"之类的话。但没想到，他很认真地从文件柜里拿出一份公司未来15年发展规划书。

这份规划是3年前做的，里面分析预测从1995年到2010年全球市场环境及发展趋势，包括产业形势和竞争形势等。企业目前产品定位及现有任务在未来发展方向，拓展哪些新的增长点，如何为未来发展建立完善的组织机构、企业机制等，厚厚的像一本大学教材。

记者不禁想起以前采访过的国内企业家，他们也有规划，但太宏伟，太抽象，什么赶超一流、进入500强、跻身世界行列等等，缺乏具体细致、切实可行的方法和分析数据。而且时间最长的也不过5年，像他们这样一直做到2010年，太遥远了！谁能想像那时会是什么样！

一些中国内地的企业家，他们有一个共同的特点：就是每考察一个项目，总要先问多长时间能收到回报。当然，注意回报是必需的，我们也要首先考虑。但不同的是，我们至少要做一个5年短期、10～

15年中期、30年以上的长期计划。企业也像人一样，是一个鲜活的生命体，有一个累积发展的过程。一个人要学习积累20多年，到30来岁才能很好地胜任一项工作，我们怎么可能要求企业一岁就辉煌呢？

成功的速度和灭亡的速度是一样的。

256. 在对方疲劳时，向其施加压力

在会议刚开始时，大家会对每一个提案提出自己的见解，但过了一段时间后，参与者的表情便会越来越疲倦。本来意见分歧很大的议题，却在"最后时刻"匆匆结束——因为提案最终获得了大家一致的赞成。

"让嫌疑犯吃得饱、睡得香，请他抽烟，是绝不可能问出实情的……"一位有经验的刑警这样说，"尤其是狡猾的嫌疑犯，要在舒适的物质环境下使其供认罪行根本就不可能。"

所以在审讯时，这位刑警不准疑犯抽烟，并且以长时间的讯问让他感到疲劳，使对方达到异常疲倦的状态后，再以一支烟为诱饵，让疑犯轻易说出罪行。

人在身心正常时判断能力会较强，也比较能控制好情绪。但如果肉体感到疲劳，将会使精神受到冲击，在身心俱疲之下精力难以集中，思考能力也会枯竭。

在头脑运用不良的情况下，会缺乏批评的精神，纵然不合己意也会表示赞成。所以如果要使交涉的事情顺利成功，最好选择傍晚时分或对方感到疲劳时，令他无法来思考。

利用对方肉体疲劳时施加心理的压力，会使对方态度产生180度的转变，甚至还有帮对方洗脑的功能。一般企业界在对干部进行培训时，常会采用感受性的训练，就某方面来看，也具有洗脑的成分。几周的集体训练，在集训地方与社会隔绝，利用睡眠的时间来讨论事项，让全体人员陷入异常状态。一般来说，大家在身心俱疲的极限状态下，理性的判断能力往往降至最低。

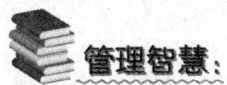

在头脑运用不良的情况下，会缺乏批评的精神，纵然不合己意也会表示赞成。

257. 做大事，须统观全局

要做大事，须统观全局，不可纠缠在小事之中。要统筹全局就不能局限于现有的一点儿小利益，被眼前的景象所迷惑。

《淮南子》中"九方皋相马"的故事就是一个很好的例子。

秦穆公对伯乐说："您的年纪大了，您的家里有能去寻找千里马的人吗？"伯乐回答说："好马可以从外貌、筋骨上看出来。但千里马很难捉摸，其特点若隐若现，若有若无。我的儿子们都是才能低下的人，我可以告诉他们什么是好马，但没有办法告诉他们什么是千里马。我有一个朋友，名字叫九方皋，他相马的本领不比我差，请您召见他吧！"

于是，秦穆公召见了九方皋，派遣他去寻找千里马。

三个月之后，九方皋回来了，向秦穆公报告说："千里马已经找到了，在沙丘那个地方。"秦穆公问他："是一匹什么样的马呢？"九方皋回答说："是一匹黄色的母马。"秦穆公派人去看，结果是一匹公马，而且是黑色的。秦穆公非常不高兴，于是将伯乐召来，对他说："真是糟糕，您推荐的那个寻找千里马的人，连马的颜色和雌雄都分辨不出来，又怎么能知道什么样的是千里马呢？"伯乐长叹一声说道：

"他相马的本领竟然高到了这种程度！这正是他超过我的原因啊！他抓住了千里马的主要特征，而忽略了它的表面现象；注意到了它的本领，而忘记了它的外表。他看到他应该看到的，而没有看到不必要看到的；他观察到了他所要观察的，而放弃了他所不必观察的。像九方皋这样相马的人，才真正达到了最高的境界啊！"那匹马牵来了，果然是天下难得的千里马。

因此，在处理事情的时候，一味地强调细枝末节，以偏赅全，就会抓不住要害问题。没有重点，头绪杂乱，就不知道从哪里下手而做不成任何事情。须知金无足赤，人无完人。在用人方面，我们要用的是一个人的才能，而不是他的过失。忍小节，就是不去纠缠于小节、小问题，要宽恕待人，用人之长。因此，无论是用人还是做事，都应注意主要方面，不要因为一点儿小事而妨碍了事业的发展。

管理智慧：

在处理事情的时候，一味地强调细枝末节，以偏赅全，就会抓不住要害问题。

258. "没有任何借口"要缓行

有一本《没有任何借口》的书曾经深受管理人士的追捧，该书的中心观点"上级安排的任何任务都必须无条件完成"得到了广泛的认同。如果把这一观点作为强化下属工作主动性、创造性的培训要点也无可厚非，但是如果管理者用它来指导自己的实际工作和评价下属的具体表现，那就大错特错了。因为实际情况总是复杂多变的，更何况还有管理者本人的指令是否正确这一因素在里面，一味强调"无条件"、"不找任何借口"，而不看下属为此付出的努力，是对"原则"、"规矩"的滥用，是缺乏灵活的表现，其结果势必抑制下属工作的积极性。

在《没有任何借口》一书中写道:"它(没有任何借口)强化的是每一位学员要想尽办法去完成任何一项任务,而不是为没有完成任务去寻找借口,哪怕是看似合理的借口。它体现的是一种完美的执行能力,一种服从诚实的态度,一种负责敬业的精神。其核心是敬业、责任、服从、诚实。这一理念是提升企业凝聚力、建设企业文化的最重要的准则。"

但实际情况是,"想尽办法去完成任何一项任务",与无法完成时提供一个理由并不矛盾,这应被称为"合理的原因"。事实上,"合理的原因"不是借口,借口是不合理的,合理的只能是理由、原因。如果不顾客观情况,不顾领导者的命令是否正确,以及是否有实现的可能性,只是盲目去做,包括以让企业付出沉重的牺牲为代价也在所不惜,还算得上"完美的执行能力"吗?还算得上"负责敬业"吗?

绝对的服从等于愚忠,这甚至恰恰表现了一种不诚实。如果看到这个任务不可能完成,却不提出自己的意见,而只是一味服从,这能算诚实吗?所以,"没有任何借口"这一理念与所谓的"核心"是不能画等号的。至于说这一理论"提升企业凝聚力",更是不可靠。企业的凝聚力是要靠共同的价值观,相互尊重,相互给予,重视员工的价值来实现的。

"没有任何借口"强调的是一种霸权思维,一种管理者至高无上的不平等意识,它只能用来驯服奴才,唬住弱者,让真正有能力的员工暂时收敛锋芒随时准备跳槽。其必然的结果是离心离德、企业涣散,何谈凝聚力?

提出对某一任务的反对或未完成的理由不是找借口,也不等于自我辩解,而很可能是一种认真负责的工作精神。

对于员工来讲,每个员工都是有差异的,都是有所长也有所短的,如果运用好了,这正是一个企业的人力资源优势,但如果不顾员工的个体差异,一味地认为没有完成任务就是找借口,只能将优势变为劣势,从而导致人才无法真正发挥其应有的实力。

心理学告诉我们，受到挫折的人寻找理由或借口，是一种自我保护，自我疗伤的方式，这样能够有效地避免一蹶不振，帮助他们度过心理上最脆弱的时期。而并不意味着，这些自我疗伤的手段，就会使他们丧失今后的工作热情和进取精神。

灵活性并不是对原则的背叛，相反，是对原则的最好补充。把灵活性和原则性有机地结合在一起，才能最大限度地发挥原则的效力。

 管理智慧：

提出对某一任务的反对或未完成的理由不是找借口，也不等于自我辩解，而很可能是一种认真负责的工作精神。

259. 使对方陷入与你一样无法全身而退的困境

伍子胥是春秋时期楚国杰出的军事家，少年时即好文习武，勇而多谋。伍子胥祖父伍举、父亲伍奢和兄长伍尚俱是楚国忠臣。周景王二十三年，楚平王怀疑太子"外交诸侯，将入为乱"，遂迁怒于太子太傅伍奢，将伍奢和伍尚骗到郢都杀害，伍子胥只身逃往吴国。

在逃亡中，伍子胥在边境上被守关的斥候抓住了。斥候对他说："你是逃犯，我必须将你抓去面见楚王！"伍子胥说："楚王确实正在抓我，但是你知道楚王为什么要抓我吗？是因为有人跟楚王说，我有一颗宝珠。楚王一心想得到我的宝珠，可我的宝珠已经丢失了。楚王不相信，以为我在欺骗他。我没有办法了，只好逃跑。现在你抓住了我，还要把我交给楚王，那我将在楚王面前说是你夺去了我的宝珠，并吞到肚子里去了。楚王为了得到宝珠就一定会先把你杀掉，并且还会剖开你的肚子，把你的肠子一寸一寸地剪断来寻找宝珠。这样我活不成，而你会死得更惨。"斥候信以为真，非常恐惧，赶紧把伍子胥放了。

在被斥候抓住以后，伍子胥是处于一种绝对劣势地位，要想改善这一局面，必须采取一个策略。伍子胥便明确地告诉斥候，如果他选择押送，他就会选择诬陷。因为对于伍子胥来说，在这种情况下无论是否诬陷，自己的结局是不变的。对于这一点，斥候也十分清楚。因此，伍子胥的威胁是可信的。

面对可能出现的潜在危机，人们总是抱着"宁可信其有，不可信其无"的态度，这是一种预期的支付，以保证自己能够免于陷入困境。这种预期支付心理，恰恰给了处于显性困境者以机会，或用欺骗方式，或夸大其词，让对方做出预期支付，帮助自己摆脱困境。

这对于我们每个人在处于劣势时转换思维方式，是很有启示的。制造一种危机，使对方陷入与你一样无法全身而退的困境。那么即便在这种困境出现之前，他本来拥有拿走你所有的一切的优势，此时他也只能被迫进行理性的决策，与你合作。

管理智慧：

制造一种危机，使对方陷入与你一样无法全身而退的困境。那么即便在这种困境出现之前，他本来拥有拿走你所有的一切的优势，此时他也只能被迫进行理性的决策，与你合作。

260. 关心下属，更要关心家属

有的领导往往只顾关心爱护员工本人，而对其身边的关键人物提及甚少，这不能不说是一种缺憾。关怀下属身边的人，是驾驭下属的一项重要艺术。

马歇尔在巡察欧洲战场时，曾去探望驻意大利第五集团军的军长威利斯·克里顿伯格中将。马歇尔回到美国后，亲自打电话给在圣安

以情管人 以法管事

东尼奥的克里顿伯格的夫人说:"我打电话是想告诉你,我在意大利见到你的丈夫了,他身体健康,生活愉快。"他给他所见到的所有高级的指挥官夫人都打了电话。后来,美国陆军部长史汀生将军在评价马歇尔时说:"无论驻扎在什么地方的美国军官,甚至那些在前线立下大功的军官,都像忠于自己的领袖一样忠于他,仿佛他在五角大楼里一样。"

一次,一位中层管理者在韦尔奇面前第一次主持汇报,由于太紧张,两脚发起抖来,下来后他坦白地告诉韦尔奇:"我太太跟我说,如果这次汇报砸了锅,就不要回来了。"其后,韦尔奇叫人送了一瓶最高级的香槟和一打红玫瑰给这位经理的太太,并在便条中写道:"你先生的汇报非常成功,我们非常抱歉害得他在最近几星期忙得一塌糊涂。"

关心下属的家人,会给下属一种自己受到重视的感觉。

管理智慧:

关怀下属身边的人,是驾驭下属的一项重要艺术。

261. 不轻易将朋友委以重任

领导者重用自己的朋友是很自然的事情。

问题在于人们往往不像自以为的那样子真正了解朋友,朋友通常会避免争执而不发表不同的意见,他们会避免彼此冒犯,而掩饰令人不快的个性。朋友会说他们喜爱你的诗,崇拜你的音乐,羡慕你的服装品味,然而却是口是心非。

往往到了关键时刻,你才会逐渐发现朋友隐藏起来的个性和品质。给朋友委以重任免不了有施恩的意味,但他们却常常视之为理所当然,不仅不会有更多的感激,而且常常嫌之不足。

"忘恩负义"有长远的历史。自古以来忘恩负义不断展现其强大威力，而人们依然继续掉以轻心，真是令人吃惊！

许多经验教训告诫人们，朋友很少是最能够帮助你的人，技能和才干远比友谊重要得多。

友谊归友谊，做事还是应该选择那些能干、胜任的人。

**管理智慧：**

给朋友委以重任免不了有施恩的意味，但他们却常常视之为理所当然，不仅不会有更多的感激，而且常常嫌之不足。

262. "跟我冲"而不是"给我冲"

有一句古老的领导格言："你应该愿意做你要求下属去做的事情。"

然而，在危机时刻，仅仅愿意去做是不够的。这时，你必须亲自做你要求下属去做的事情。领导者的良好形象，也正是在这种身先士卒的行动中充分体现出来的。

作为一名中校，杜利特尔指挥的第一次轰炸，是第二次世界大战初期美军对日本的轰炸，然后他就被提升为将军并且被派遣到欧洲。通常，高级空军指挥官并不参加其部队所从事的飞行任务，他有自己的责任。但杜利特尔将军说："了解你的士兵和他们所从事的工作是很重要的。但如果你坐在装有空调的办公室里或是只关心一些无关紧要的细节，是达不到这一目的的。要真正了解士兵，要让下属接受你，被你的魅力所吸引，只有成为他们的一部分。你只是从事一些简单的飞行，那你只了解了工作的一部分，你必须担当艰难任务中你所应分担的部分。士兵们对这些观察得很仔细，他们知道谁是袖手旁观的领导，谁是亲临现场的领导，他们对你的印象也会相应地有所不同。"

那个时候，他的士兵所使用的是一种"掠夺者"B—26型飞机，这种飞机存在很多缺陷。在佛罗里达训练的时候很多飞机都坠毁了。飞行员中流传着"塔帕湾一日游"的说法，并把这种飞机称为"飞行员的杀手"。

战争中，这种飞机很勉强地使用着。但是，没有人愿意去飞。杜利特尔将军面临着危急形势。他检阅了一个B—26空军大队，同情地倾听士兵们对飞机的抱怨，然后问道，他是否可以驾驶其中的一架。

起初，他顺利地进行操作。突然，其中的一个螺旋桨飞快地旋转起来——本来B—26有两个发动机，而这意味着飞机的起飞只用了一个发动机。于是，他用一个发动机着陆，然后又重新起飞，只用一个发动机来重复刚才的操作，最后顺利着陆。

"唔，"他对飞行员说，"这不是美国能够制造的最好的飞机，但我想它们还是可以完成任务的。"

二战期间，B—26型飞机继续在战争中使用，并且取得了很多战役的胜利。杜利特尔将军是由预备役军官晋升为四星级将军的第一人。

管理智慧：

身先士卒是一种无言的号召力，下属没有理由不跟他一起冲锋陷阵。

263. 不要助长告密的风气

管理者在处理冲突的时候，一定要注意爱打小报告的员工，来说是非者，必是是非人。管理者在进行管理的过程中需要注意，不要让打小报告成为一种文化。

"打小报告"在道德上是难以被人接受的，因为它使人与人之间失去信任；"打小报告"的人或告密者之所以遭人唾弃和孤立，是因为他们使周围的人感到不安全。如果企业里总有人"打小报告",企业氛围一定是紧张不安的,员工关系、上下级关系也一定是疏远的、戒备的。这样很容易根植一种不信任在每一个员工的内心深处,使他们很难坦诚、轻松地面对他人。为了处理好人际关系,他们不仅会损耗大量的心理能量,而且还会因此影响他们在工作中的情绪。

因此,对于管理者来说,千万不要助长告密的风气,这种风气一旦形成,会影响整个团队的士气。管理者要保证整个团队的有效运转,使每个员工都能发挥自己的能力,并迅速成为企业的骨干。纪律和约束是不可或缺的,优秀的管理者要有能力在企业里创造一种氛围:鼓励员工相互帮助团结协作,而不是通过"打小报告"来明争暗斗相互拆台。

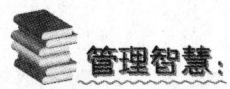

管理智慧:

千万不要助长告密的风气,这种风气一旦形成,会影响整个团队的士气。

264. 让员工只为自己的责任"埋单"

一日,去饭馆吃饭,隔壁间的客人不管怎样都拒绝埋单,拒绝的理由也很简单,就是饭菜口味的问题。

但是,不管服务员怎样解释、打折还是送菜,客人还是不肯埋单。最后,楼层经理对服务员说:"这桌你埋单。"

其实,那个服务员在整个问题的处理过程中做得已经非常好了,然而他却要替厨师受过,自己掏钱埋单!据说这是他们公司的规定,客人跑单要由相应的服务员埋单。错并不在服务员身上,但他却要为此而埋单,这对他来说公平吗?

责任并不在这道工序上,而在上一道工作程序上。但是,管理者在制定相应考核标准的时候,却把这个问题忽略不计了。结果,有人

以情管人　以法管事

就需要为其他人所犯的错误而埋单，如同服务员为厨师埋单一样。

这样的结果显然是不公平的，被处罚的人当然会有意见。

制度让他蒙受不白之冤，同时，被处罚人对管理者也会有意见，因为这项制度是管理者制定的，他会认为管理者无能。而且他还会对责任人有意见，在他眼里，此人为麻烦的制造者，因而同事间的关系就不可避免地会出现问题，矛盾不断激化。没有人不希望自己能够主导事情的发展，也没有人愿意去承担本来不是自己的职责。由于工作结果并不是员工自己所能左右的，而又可能替别人承担过错，因此将大大降低员工的工作热情。这就衍生出管理中的一个新问题。

在日常工作中，都存在工作流程，每项工作的完成都是依赖于前一项的工作。管理者在制定管理考核指标时，就必须考虑到整体因素的影响。

没有工作的完全对接，量化考核根本就是空谈，决定结果的并不仅仅是员工自己，而且，还有其他工作环节的影响。

工作的延展性，也要求量化考核不能对环节工作进行单一的衡量，应当全流程地考虑问题，不然的话，将使考核失去公平性。

 **管理智慧：**

没有工作的完全对接，量化考核根本就是空谈。

265. 人才各有所宜

人们常用"能力大小，才气高低"来评价一个人，这种说法难免片面。如果在同一工作或同一业务中，比较技术和业务能力之高低还勉强可论，而如果在不同工作和不同业务中比较能力和才智，这就没法可比了。

梁山好汉中，浪里白条张顺和黑旋风李逵，谁个本领高强？就很难决断。因为张顺精于水中搏斗,而李逵精于陆上功夫,没有比较的标准。让一个数学教授去做生意,恐怕还不及一个推销员,但是却不能因此而断定教授无能;反之,让一个推销员去给大学生讲解高等数学,恐怕也将目瞪口呆,但也不能据此而断定其愚笨。有时在同行中也难分高低,同样是汽车修理工,有的精于发动机,有的精于底盘,有的则精于汽车电工,又怎么能分出强弱?

同样是监察工作,有的是经济监察专家,有的是行政监察内行,还有的则是其他方面的监察能手,能力高低又何以比较?而社会各类事业对人才的需求又各有所异,有的需要"学富五车"的文学才子,有的则需要专于某行的"雕虫小技";有的需要"满腹韬略"的军事专家,有的则需要"百发百中"的神枪手、神炮手。

可以断定,社会的进步,事业的发展,离不开各行各业的能手,千业百工,细技末术,缺一不可。所以,古人说"人才各有所宜,非独大小所谓也"。

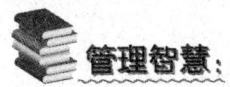

人们常用"能力大小,才气高低"来评价一个人,这种说法难免片面。

266. 一切行动听指挥

管理者的指令不一定都是正确的,或者有时候就是错误的。那么,如果管理者做出的决策,在你看来是错误的时候,作为下属你该怎么办?关于这个问题,有关人员做了一项调查,大致有三种答案。

一种观点认为:如果管理者错了,那就给他建议,让他认识到错误,以便调整做出正确的决策。如果管理者不能认识到错误,那么自己作为一个负责任的下属,应该按照正确的方法做。顾全大局,让事

情得到合理的解决，用事实让他认识到他的问题。

第二种观点认为：如果管理者错了，首先是让他认识到他的错误，可以先拖着任务不做，让他能有时间考虑，从而做出正确的决定。如果还是不行，那就从大局出发，冒险越级找更上一级的领导。

第三种观点认为：如果管理者错了，我们也要按照他的意思办，但是在细节上按照正确的方式去做。

这些答案确实能体现大多数员工的想法。但是，作为团队的一员，在遇到管理者做出错误决策的时候，你最需要做的还是：坚决服从管理者指挥！这么说的理由是：管理者做出的决定虽然在你看来是错的，但并不一定是错的。因为这种判断是建立在信息不对称的基础上的。管理者所拥有的信息量要远远大于员工所拥有的信息量，在这种信息严重不对称的基础上，管理者做出的决定，可能有着更为全面的考虑，可能是最符合当前的形势的，或者说是对的。因此，当处于这种严重的信息不对称的情况下，听从管理者指挥的正确性会更高。

从实践中得出的结论看，因为不听从管理者的指挥而导致的损失，要比管理者决策错误而带来的损失大很多！

当然，任何人都不能避免出错，我们不鼓励对管理者盲从，但是，当我们想要管理者改变他的观念的时候，首先要做的就是彻底地贯彻领导的精神。如果管理者真的错了，那他绝对不会执迷不悟，否则他也做不成管理者。不要仅用自己的小聪明去看待问题，毕竟，当我们还在质疑管理者的决定对不对的时候，其实就已经意味着我们不能很好地执行管理者的决策了，甚至有可能会跟管理者对着干。这么做的后果往往是导致企业毁在我们这些自以为是的人的手上。所以，作为团队一员的你，最需要记住的一句话就是：一切行动听指挥！

以情管人　以法管事

不听从管理者的指挥而导致的损失，要比管理者决策错误而带来的损失大很多！

267. 彻底改变"没事找事"的状态

在企业的日常管理中，很多管理者有时看到下属没什么事情做就感觉不舒服，随机给下属安排工作，以填补所谓的工作量并追求所谓的"保持工作状态"。这种随机性大多与过程控制无关，而其结果也常常是工作量增大，员工一片抱怨之声，工作成果却没有什么显著的提高。

其实，这种随机性是管理者对下属和自身不信任的表现。查尔斯·汉迪在《管理之神》一书中提出，在信任与控制之间存在着相对的"制衡"关系，即当控制增加时，信任就会减少。我们也可以说，管理者对下属越是不信任，越是倾向于使用控制手段，随机性的管理者更倾向于对下属的控制，也正是这种控制的外在表现。这就容易使下属产生相应的抵抗性，使下属的热情发挥受阻，使其创新能力受到损害。这也在一定程度上体现了管理者的不自信，看到下属无事可做当然不舒服，这时候依靠权力去没事找事就成了下意识的选择，而结果往往是自己的影响力进一步下降，管理变得越来越复杂，却不能产生实效。

管理者要明确，管理的核心不是控制，也不是以管理行为换得管理者自身对掌握权力的满足感。它是以成果为导向的企业运营的支撑系统，是划定界限（制度）并在界限内为员工提供为企业创造价值的平台，更是在信任的基础上进行有效激励。由此认识为基础并努力践行，管理者才能彻底改变"没事找事"的状态，向真正的领导者迈进。

管理智慧：

管理者要明确，管理的核心不是控制，也不是以管理行为换得管理者自身对掌握权力的满足感。

以情管人　以法管事

268. 选择那些与你不同的人

林肯在组织内阁时，他所选择的内阁成员与自己的个性完全不同，彼此的性格也各不相同。林肯在个人习惯上比较古怪且没有规律，而他的内阁中，有忙碌而有效率的军官斯坦顿，有严厉的西沃德，也有冷静且有思想的切斯，还有潇洒的卡梅伦。

同样，罗斯福选择的顾问也是一个与他的性格完全不同的人，这就是洛奇。洛奇长于观察，罗斯福长于行动；洛奇是一个学者，而罗斯福的许多行为是极其冲动的；洛奇与人交往沉默寡言，难以取悦于人，而罗斯福则是人见人爱；洛奇的语言准确、尖锐，罗斯福的语言是抒情式的、不精准、直白，但是很滑稽、幽默，引人发笑。

正是因为存在诸多的不同，使得他们成为合作默契的伙伴。他们彼此之间取长补短，互帮互助。这样的合作，比罗斯福选择一个与他自己性情相似的人好得多。他能够认清这种性情差异的价值，从1900年他写给洛奇的信中就可以看出。他说："你是我一生中惟一重视的人，许多时候你在各个方面都帮我做了许多我自己无法做到，而且除了你之外，别人也无法做到的事情。"

这些话揭示了作为一个真正的领袖的秘诀：选择那些与你不同的人，他们可以做你所不能的事，以弥补你的缺陷。

**管理智慧：**

选择那些与你不同的人，他们可以做你所不能的事，以弥补你的缺陷。

269. 要知心腹事，且听背后言

"无意"吹捧，是无意说给被吹捧者听的吹捧，这种吹捧往往被人认为是出于内心，不带私人动机。《红楼梦》中有这样一段故事：有一次，贾宝玉因为史湘云、薛宝钗劝他为官作宦、入仕从政，便对史湘云等人吹捧林黛玉道："林姑娘从来说过这些混账话吗？要是她也说这些混账话，我早和她生分了。"碰巧黛玉这时刚好来到窗外，无意中听见，使她"不觉又惊又喜、又悲又叹"。由此，宝黛感情日益加深。因为在黛玉看来，宝玉在湘云、宝钗和自己三人中只吹捧自己，而且不知道自己会听到，这种吹捧是出自真心的。倘若宝玉当着黛玉的面说这番话，好猜疑的林黛玉恐怕还会说宝玉打趣她或想讨好她哩！

无意的吹捧，虽然出自无心，但可以得到空前的效果。

有位公司职员向副经理借一本法律书，但不巧得很，副经理那里没有这本书。看着职员着急的样子，副经理想了想说："这样吧，你到总经理那里看看，他学识渊博、博览群书，没准他那里会有。"职员找到总经理说明来意，总经理就问是谁告诉他的。这位职员说是副经理说的。总经理笑道："我是学企业管理的，他怎么会想到我有法律书？"职员于是将副经理的话说了一遍。听了职员的回答，总经理感到由衷地高兴，从那以后，对副经理非常关照，虽然副经理并不明白其中的原因。

副经理无意中的一句话，实际上是对总经理的吹捧——学识渊博，博览群书，这是对总经理才能的认可和称道。无意中的一句真心话，比平时面对面的一万句奉承的话更有效，这也符合我们常说的一句："要知心腹事，且听背后言。"真实感情的流露，往往是在私下。

"无意"的吹捧关键是在"无意"二字上，这就是说，吹捧者不

是有意那样说，不是为了博得上级的欢心，故意说些"甜言蜜语"。这样的吹捧是没有心理准备的，而是真情实意的自然流露。

 **管理智慧：**

无意的吹捧，虽然出自无心，但可以得到空前的效果。

270. 要因事设人，不要因人设事

德鲁克强调，职位应该是客观的，职位应根据任务而定，而不应因人而设。他指出，假如"因人设事"，组织中任何一个"职位"的变动，都会造成一连串的连锁反应。组织中的职位，都是互相关联的，牵一发而动全身。我们不能为了给某人安插某一个"职位"，而使整个组织的每一个人都受到牵连。因人设事的结果势必会造成大家都是"人不适职"的现象。

此外，德鲁克认为，只有因事设人，我们才能为组织选用所需的人才，也只有这样，我们才能容忍各种人的脾气和个性。只有容忍了这些差异，内部关系才能保持以"任务"为重心，而不是以"人"为重心。成就的高低应以贡献和绩效的客观标准来衡量。只有在"职位"的设计和划分不以"人"为参照时，这种衡量才有可能。否则，我们只会注意"谁好谁坏"，而忽略了"什么好什么坏"；用人的时候，我们也只会问"我是否喜欢此人"或"此人是否能用"，而不会问"此人在这一职位，是否最能有所成就"。

因人设事的结果，一是会形成恩怨帮派。任何组织都经不起的内耗。人事的决策，必须保证公平和公正，否则就会挤走了有用的人。同样，组织也需要各方面的人才，否则就会缺乏改变的能力，也难于得到正确决策所需的不同意见。

因此，凡是能建立第一流经营体制的管理者，对他们最直接的同

事及部属，都不应太亲密。提拔人才时应以有能力的人为先，而不能凭一己的好恶，所以应着眼于所用之人能有绩效，而不在于所用之人是否肯顺从己意。因此，为了确保选用适当的人选，他们与直接的同事及部属都保持适当的距离。

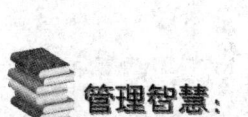

提拔人才时应以有能力的人为先，而不能凭一己的好恶，所以应着眼于所用之人能有绩效，而不在于所用之人是否肯顺从己意。

271. 避免"奴化式"企业文化

不可否认，很多企业都认识到了企业文化对于企业发展的重要意义，但仍然有相当多的领导者，对于企业文化的认识存在误区。他们认为企业的文化就是自己的文化，自己设定一个什么样的文化、什么样的制度，员工就应该照葫芦画瓢。不管这个瓢是圆是扁，作为下属只管照样子画就对了。如果有什么疑异那就是对领导的不忠、对企业的不忠，就该受到惩罚，甚至应该下课走人。

保住饭碗、保住薪水是企业里每一个员工的共同愿望，因此对于这种强制性的企业文化，人们都是敢怒不敢言，长此以往，企业就形成了以老板文化为核心的奴化式的企业文化。在这样的企业里，把大家"凝聚"在一起的共同基础不是真正的精神内核，不是共同的远景目标和价值观，而仅仅是薪水而已。

很难想像这样的企业文化，能给企业带来多少凝聚力和创造力。没有了凝聚力的企业还能坚持多久，还能走多远？

优秀的企业文化应该得到全体员工的认同。而每个员工都应是企业文化的创造者、完善者和体现者，而不是被动的承认者。

若企业文化仅仅停留在口头或者纸上，仅仅依靠严格的规章制度

以情管人　以法管事

来强制员工遵守，是不能称其为企业文化的。

文化与制度的区别在于制度往往是员工的对立之物，而文化则超越了制度的对立，成为员工的自觉之物。制度是一种强制力，而文化是一种更为强大的自然整合力。

文化的根本性标志在于它的自动整合功能，它强大得无需再强调或者强制，它不知不觉地影响着每个人的思想和精神，从而最终成为一种自觉的群体意识。只有达到这种程度，一个企业的价值理念体系才可能被称之为企业文化。

让别人为自己做事，而且是心甘情愿的，该怎么说、如何说，都是一门艺术。用权威来压人或者讲道理来说服，都不会收到好的效果。只有将自己的目的和对方的意愿或者切身利益结合起来，才能得到双赢的结果。

一个企业如果没有和员工建立起共同的远景目标，而且缺乏共同的信念，谈何利益相关？但凡优秀的企业，都是通过确立共同的远景目标，整合各类资源，牵引整个组织不断发展和壮大，引导成员通过组织目标的实现，达到个体目标的。

对于一个企业而言，要想让员工全心全意地热爱、信仰、遵从企业文化，最好的办法不是强制其全盘被动地接受，而是让他们参与进来。只有员工自己参与了，有关员工的切身利益、自身目标和企业的利益、远景目标达成一致了，员工才会从心底到行动都接受，认同企业文化。

优秀的企业文化应该得到全体员工的认同。而每个员工都应是企业文化的创造者、完善者和体现者，而不是被动的承认者。

272. 对杰出人才要做出适当让步

进取心强的员工是公司最富有价值的资产,这一类型的员工往往具有很强的自我表现欲,当管理者无法满足他们实现自我价值的要求时,就会感到自己的价值取向和公司的价值取向存在较大的差距,因而抱怨得不到公司充分的重视和支持,他们就有可能另寻更加重视、更能发挥他们才华的环境。所以,挽留这类人才,最简单的方法是做出适当让步,为能够充分发挥其才华创造条件。

获得博士学位后,杰克·韦尔奇进入了GE公司,主要负责PPO材料的研制工作,他以极大的热情,努力去克服一个又一个的难题。

韦尔奇成功地推出PPO材料时,他被公认为GE公司塑胶部门的一颗脱颖而出的新星,成为众多化工公司关注的焦点,于是有猎头公司开始盯上他了。就在韦尔奇雄心勃勃地要大展宏图之时,他发现GE公司存在着严重的官僚主义,首先体现在薪酬管理问题上。年底时,公司给韦尔奇加了1000美元的薪水,他为此感到很高兴。但很快,韦尔奇发现无论员工表现好与坏,在工作的第一年年终时,每一个人都获得1000美元的加薪。

生性要强的韦尔奇无法忍受GE公司对人才的偏见,他认为既然付出了努力,就应该得到等额的回报。而他相信自己应该获得更高的薪水,所以他毅然向GE公司塑胶部门主管提出了辞职。当时位于芝加哥的国际矿物化学公司十分欣赏韦尔奇的才华,他们向韦尔奇提出,只要他愿意加入IMC做一名化学工程师,他就能获得2.5万美元的年薪,相当于韦尔奇在GE公司的两倍。韦尔奇略做考虑,就接受了这个职位。

就在韦尔奇准备动身的这一天,正在麻州考察的GE公司副总裁鲁本·加托夫闻讯赶到了塑胶部门。他对这位年轻的化工博士早有耳闻,尤其是他研制出PPO材料以后,塑胶部门的业绩直线上升。加托

夫意识到，GE公司应该留住像韦尔奇这样的人才并委以重用，不然对公司是一大损失，同时会增加竞争对手的锐气。

加托夫找到韦尔奇，极力劝他留在塑胶部门。他知道年轻人的脾气，便许诺给他以三倍于现薪的薪酬作为他的年薪，工作出色还有奖励，并且答应他只要他工作再出成绩，就委以更高的职位。

加托夫使用更高的薪水和更高的职位使韦尔奇重新回到GE公司上班，他成功了。这个来公司不到一年就想跳槽的小个子青年在之后的40年内一心一意在GE公司工作。并在1981年成了公司的总裁，领导GE公司雄踞全球企业500强之首。

事实证明，GE公司副总裁竭力挽留韦尔奇是个英明无比的决定。

进取心强的员工是公司最富有价值的资产，这一类型的员工往往具有很强的自我表现欲。

以情管人　以法管事

273. 带责授权

领导者在向下授权的同时，也必须明确被授权者的责任，将权力与责任一并交于对方。这种授权方式不仅可以有力地保证被授权者积极去完成所承担的任务，而且可以堵住上下推卸责任的漏洞。使被授权者也不至于争功诿过，而会忠于职守，努力工作，发挥自己的主动性和创造性。这种带责授权的做法，体现了责权一致的精神。

带责授权中的责任，包括两个方面：一个是被授权者在行使权力的过程中应遵守些什么，这也是一种责任；另一个是对活动的结果又应负有什么责任。对于这两个方面，领导者在授权时都要做出明确的规定，都要讲清楚。这既是责任范围，也是权力范围。只有规定得清楚，才能便于执行。

带责授权，如果被授权者不是一个人，而是两个人以上，那就要注意把结果的责任落在一个人身上，让其中领受最高权力的那个人承担结果的责任。对有些两个人以上的合作项目，领导者在授权中应该注意这个问题。

带责授权，好处是很大的，授权就是授责，被授权者有了权和责，就会在行使权力中尽到自己的职责。

这种授权方式不仅可以有力地保证被授权者积极去完成所承担的任务，而且可以堵住上下推卸责任的漏洞。

274. 不要往自己的井里吐痰

英特尔公司总裁安迪·葛洛夫，曾经应邀为加州大学伯克利分校的毕业生发表演讲，他对毕业生们提出了非常积极的建议："不管你到哪里工作，都不应该只把自己当成员工——应该把公司看作自己开的一样。"作为一名员工，就应如他所说的，首先要有一个企业属于自己的心态，要把公司当作自己开的，以老板的心态对待公司，你就会成为一个值得信赖的人，老板将会乐于雇用你，乐于给你升职的机会。这就是在职场中出人头地的重要秘诀。

你一定要把公司当作自己的公司，当作自己衣食所需、精神所托的地方，这样才能做好自己的工作，才能使自己的内心和生活因为公司的发展而充实起来。很多跨国公司的员工，他们无论在公司做什么工作，都有一个共同点，那就是一谈到自己就职的公司，总是充满信心和自豪，为自己能够成为这样一个公司的一员而感到光荣。他们也有从这个公司跳槽到另外一个公司的现象，但是，当谈到以往就职的公司，他们也总是表现出对原公司和原公司老板的敬意。这不能不说

是一种令人尊重的历练和职业操守！

　　正如俗话说："不要往自己的井里吐痰！"对于公司的员工，这同样是一种最基本的职业道德要求。无论你是公司的一名普通员工，还是某个机构的一个职员，对于你所在的组织，都不要诽谤它，更不要伤害它，因为轻视自己所就职的机构就等于轻视你自己。除了一些个体户老板是自营经济组织，绝大多数人都要在一个社会组织中奠定自己的职业生涯。到公司上班是多数人的选择，只要你是公司的一员，你就应当将全部身心彻底融入公司，对公司尽职尽责，抛开任何借口。

　　以老板的心态来工作，站在老板的角度思考问题。如果你这样做了，你就能在工作中赢得更多成长的机会。

以情管人　以法管事

管理智慧：

　　你一定要把公司当作自己的公司，当作自己衣食所需、精神所托的地方，这样才能做好自己的工作。

275. 既要忠诚，又要有业绩

　　对企业忠诚是员工必须做的事，但并不意味着仅有忠诚就会成为一名优秀的员工。所谓"在商言商"，企业不是慈善机构，企业最主要的目的是赢利，让生意越做越大，这是关键。企业雇用你就是为了达到这一目的，但要达到这一目的，除忠诚以外，更大程度上还需要你做好工作，创造出更多有利于企业的价值。

　　对员工而言，通过一系列财务数据反映出来的工作业绩，最能证明你的工作能力，显示你过人的智力，体现你个人的价值。

　　既对企业无比忠诚，又有突出业绩的员工才是最受企业领导器重的员工。如果你在工作的每一阶段，总能创造突出的业绩，企业领导和同事都会对你刮目相看。你将会被企业领导大力提拔，并会被委以重任。因为出色的业绩已使你变成一位不可取代的重要人物。如果你只是懂得忠诚，毫无业绩可言，你在企业将得不到重用，因为企业领导只会重用既忠诚又有能力的人。

你千万不要因此而责怪企业领导薄情寡义，一个企业要想长期发展，仅仅依靠员工的忠诚是不够的。一个成功的企业背后，必有一大批能力超群、忠心耿耿且业绩突出的员工。没有这些员工，企业的辉煌事业将无法继续下去。所以，企业领导既看重忠诚，也看重业绩，这是无可厚非的事情。

既对企业无比忠诚，又有突出业绩的员工才是最受企业领导器重的员工。

276. 让员工感觉到你对他的关心

不管是员工多么小的一个设想，或微不足道的合理化建议，领导都要给予适当的鼓励，即使是简单的一句"谢谢"，员工也能感受到你对他的关心。听了这句话，他干工作的劲头就更足了。

某电器公司经理，时常到各工作场所巡视。一旦发现工作出色，或者在动脑筋设计新方案的员工，就在全体员工集会时，当众加以赞扬。数年后，这个公司的一位退休人员说："几年前，我曾为公司设计出一种新产品，得到了经理的奖赏。当经理在开会时提到这件事时，我很吃惊，也很感动，觉得死而无憾。而且，在退休欢送会上，经理又再次提起这件事，我禁不住流下眼泪……"

通过这个小小的事例可以看出，员工的努力工作在得到认可后是何等地愉快，何等地激动。员工的努力工作如果能经常被赞赏的话，那么员工的心理就在很大程度上得到满足。

每一个员工都希望领导者对自己所做出的成绩给予肯定，以达到自己的心理满足。作为领导要充分认识到这一点，这种方法不仅不用花费较大的心血和资金，还简单易行，起到的效果也比较理想。

**管理智慧：**

每一个员工都希望领导者对自己所做出的成绩给予肯定，以达到自己的心理满足。

277. 克服"轻上傲上"的性格

古往今来，处理上下级关系有一条"通则"，即"以上为重，以上为尊"。社会的变革，使这条"通则"发生过种种变化，但是，以上级为重的基本原则没有变，下级要尊重上级的思想也没有变。

有些下级虽然有一定的才华，但却不能正确对待上级，牢骚满腹，以致影响了自己的前程。轻上傲上是一种思想误区，是把人格平等原则和上下级关系对立起来了，是把才能作为向上级炫耀自夸的本钱企求重用，因而是不适宜的。

社会心理学认为，有效的社会行为，有赖于人们对个别社会事件和社会刺激的准确认识，也依赖于包括对自己在内的各种社会角色的准确认识，角色地位与主体行为必须与之相符，才能够与其他社会角色的关系处于常态，保持和谐。

要克服轻上傲上，首先就要坚持从属原则。下级从属上级是角色决定的，在任何情况下，从属原则不能变。在上下级关系中，上级为重、为主，下级为轻、为从。下级的才能有时超过上级，但并不能改变其从属地位，并不能当作轻上傲上的本钱；上级有某些缺点甚至错误，也不能成为被下级轻看低瞧的理由。自觉地尊重上级、服从上级，在非原则问题上顺从上级，是下级的本分。

要克服轻上傲上，就要坚持"以诚为本"的原则。"以诚为本"就是正确对待上级，胸怀坦荡，忠心耿耿。用一句通俗的话说，叫做"保持一致"，也就是内心想的和外在的表现要一致。

只有下级从内心里尊重自己的上级，才能与上级建立起良好的工作关系，整个组织也才能正常、高效地运转。蔑视上级，我行我素，对抗上级，不仅会损害团体的利益，而且对自己也没有丝毫的好处。夹起尾巴做人，可能有损你的一点面子，但从长远来看，是有好处的。

下级的才能有时超过上级，但并不能改变其从属地位，并不能当作轻上傲上的本钱；上级有某些缺点甚至错误，也不能成为被下级轻看低瞧的理由。

278. 更要看重败军之将

1945年9月2日，最后一个轴心国——日本，将要签署投降条约。

在太平洋上的美军"密苏里"号战舰上，人们翘首以待，都想目睹这一历史性的时刻。

上午9时，盟军最高司令官道格拉斯·麦克阿瑟将军出现在甲板上，预示着这个令全世界为之瞩目和激动的伟大时刻到来了。

随后，日方代表登上军舰，仪式开始了。

就在麦克阿瑟将军即将代表盟军签字时，他却突然停止了。现场数百名记者和摄影师对此大感不解。他们谁也不知道麦克阿瑟将军想要干什么。

将军转过身，招呼陆军少将乔纳森·温斯特和陆军中校亚瑟·帕西瓦尔，请他们走过来站在自己的身后。

以情管人　以法管事

　　麦克阿瑟将军的这个举动，再次让现场的人们既惊讶又嫉妒。因为那两名军官占据着的是历史镜头前最显要的位置。一般来说，这样的位置应该属于那些战功显赫的常胜将军才对。而现在，这个巨大的荣誉却给了两个在战争初期就当了俘虏的人。

　　1942年，温斯特在菲律宾、帕西瓦尔在新加坡率部下向日军投降。两人都是刚从战俘营里获释，然后乘飞机匆匆赶来的。

　　后来，人们明白了麦克阿瑟将军的良苦用心。这两个人都是在率部下苦战之后，因寡不敌众，又无援兵，并且在接受上级旨意的情况下，为了避免更多人的牺牲，才率部下忍辱负重放弃抵抗的。从他们瘦得像两株生病的竹子似的身体和憔悴的面容、恍惚的神情中就可以看出，他们在战俘营受尽了精神上和肉体上的残酷折磨。

　　虽然说战争胜利结束了，但作为败军之将的温斯特和帕西瓦尔同样也是英雄，他们为这场战争的最后胜利同样做出了贡献。

　　在麦克阿瑟将军的眼里，似乎让他们站在自己身后还不够，他还做出了更惊人的举动，他将签署英、日两种文本投降书所用的5支笔中的两支，分别送给了温斯特和帕西瓦尔。

　　麦克阿瑟用这种特殊的方式，向两位尽职的失败者表示尊敬和理解，向他们为保全同胞的生命，而做出的个人名誉的巨大牺牲和所受的苦难表示感谢。

　　要想成为一名出色的领导者，不能只重视那些圆满完成任务的人，你必须认真对待那些已经尽力，甚至做出了巨大牺牲但出于其他无法克服的原因，而未能完成任务的下属。一次失败可能使他们丧失了自信，没了斗志，如果你能适时鼓励或者表扬一下，让他们明白自己的心血没有白费，他们肯定会重新恢复自信，找回自我。那么，下一次他们很有可能就不再是失败者了，而是成功者。

管理智慧：

　　要想成为一名出色的领导者，不能只重视那些圆满完成任务的人。

279. 杀一可以儆百

三国时期，东吴的黄盖曾经担任过石城县的县官。当时那个县城的下属非常难指挥。黄盖就从中挑了两个做主管，分别管理部门事务，在分配任务时，黄盖还特意对他们说："我这个人只靠打仗立功才当上官的，不是以文官的身份管理各部门的事务而出名。现在外来侵犯的敌人还没有被打败，我要负责领兵打仗的任务，因此，县里的一切公文案件都委托给你们两个人。你们一定要好好管理好各个部门，纠正和处分那些犯错误的人。你们各自负责我所交代的事情，办事过程中谨记我对你们的嘱咐，如果你们敢刁蛮欺骗，那我绝对不会用鞭子抽打你们，而是要从严处置。希望你们能对工作尽心尽力，不要做错事最后受处分。"

那两个人见黄盖说的话这么严厉，都觉得很害怕，于是起早贪黑勤勤恳恳地工作。但是时间一长，他们渐渐觉得黄盖根本就没有看过任何公文，于是就慢慢地开始营私舞弊，对下级也放任自流。

这时黄盖也已经察觉到了，在掌握了两个主管徇私枉法的证据后，有一天，他把全县所有的官吏都找来，先请他们喝酒。正当大家吃到兴头上时，黄盖便把那两个主管的所作所为一一罗列出来，那两人听得张口结舌，只知道磕头认错。

黄盖说："我早就告诉过你们，你们犯错了我不会用鞭子抽打你们，这不是说假的。"

于是，黄盖就叫人把他们拉出去杀了。

虽然这两个主管也曾经帮黄盖认真处理过县衙的事务，但是由于他们自身的原因，变成了"害群之马"，严重影响了衙门公正廉明的形象。为此，黄盖做出了必要的无情管理。这种无情管理通常被我们称为"杀一儆百"。它的好处在于盯住一个人，而不是盯住所有犯错误的人。通过处罚一人，以产生警告团队的效果，使员工进行自我约

最简单有效的领导智慧

束。即抓住了一个，惊醒所有人。也就是古人说的"劝一伯夷，而千万人立清风矣"的意思。

管理智慧：

"杀一儆百"的好处在于盯住一个人，而不是盯住所有犯错误的人。

280. "武大郎开店"式的思想害人害己

在每一个企业当中，领导和下属的关系永远是微妙的。下属过于优秀，领导会担心自己被超越而地位不保；下属过于平庸，领导又会担心被拖累而丢了饭碗……

美国著名历史学家诺斯占德·帕金森指出："一个不称职的官员，可能有三条出路。第一是申请退职，把位子让给能干的人；第二是让一位能干的人来协助自己工作；第三是任用两个水平比自己更低的人当助手。"这第一条路，99%的人是不会选择的，因为那样会丧失许多权力；第二条路80%的人也是不会选择的，因为那个能干的人将来会成为自己的对手。看来只有第三条路最适宜，于是，两个平庸的助手分担了他的工作，他自己则高高在上发号施令。两个助手因为无能，也就上行下效，再为自己找两个无能的助手。

如此类推，就形成了一个机构臃肿、人浮于事、相互扯皮、效率低下的领导体系。而早早看到了这种弊端的领导，是不会如此效仿的。

领导者要敢于任用比自己才能高的人，这样才能成就事业。不敢使用比自己强的人是在嫉贤妒能、排斥异己，甚至有些领导者对才能超过自己的人欲置之死地而后快！这种"武大郎开店"式的思想只会害了自己，害了企业。

《财富》杂志根据对CEO失败的长期分析，提出了六大原因。其中一条是"缺乏管理人的能力"。而不敢用比自己"高"的人就是"缺乏管理人的能力"的一种典型表现。

一个优秀的领导者，本身就是一个出色的织锦人，只有善于借用下属人员的智能，才能织出美丽的锦裳，也只有下属之中人才辈出，才能锦上添花。

领导者要敢于任用比自己才能高的人，这样才能成就事业。

281. 头衔具有特殊的功效

荣誉是很多人追求和向往的东西。对于荣誉感强的人，管理者可以根据他们各自的成就和需求给予相应的头衔，以此来激励他们。

头衔能刺激人，能鼓励人们更加努力地工作，也能赢得人们的忠心和热诚。头衔尽管是虚的，但它们仍然具有非常特殊的功效。

当埃默里·斯托尔斯——一名芝加哥的律师，要求成为内阁成员的时候，这对大总统阿瑟来说，确实是一个很棘手的问题。这个人是一个不可冒犯的实权政治家，但这个人同时又是一个"歪才"，决不能委以重任。于是，阿瑟给了他一个"外交考察专员"的头衔，这是个位置尊荣有加，而实际上却无事可做的职务。带着这个光荣的头衔，斯托尔斯得意洋洋地昂首阔步到欧洲"考察"去了。

在纽瓦克的路易斯·班伯格创建的著名商店中，从来没有用过"雇员"二字。他的每一个员工，都被相互尊称为"同事"。

很多实业界的巨头们，都为他们那些最得力的下属，设立了许多头衔和荣誉称号。正是基于这一作用，斯瓦布创立了"伯利恒钢铁公司钻石十字勋章"，并将它们分别授给那些有功于公司的助理，就像威廉大帝赐予德军将领以铁十字勋章一样。在伯利恒公司里，差不多

有100多人都是施瓦布的勋章公会的会员。这个"钻石十字勋章"被公认为是业绩优异的象征,长期以来,它是公司里许多成员梦寐以求的东西,而那些勋章获得者则以此为荣。

由此看来,头衔对人的激励是非常大的。许多管理者认为,头衔只是个有名无实的东西,不会有多大的作用。事实上,这个小小的管理细节,却能给你的企业带来很大的动力,其作用是不可小视的。

管理智慧:

管理者在给下属"甜头"时,千万不要忘了"头衔"这块糖。

282. 留意下属的情绪变化,了解部门的派系斗争

领导者必须有很强的洞察力,能迅速对发生的事情做出解释。

所谓洞察力用俗话来说,就是学会留意别人的情绪变化,了解部门的派系斗争。这些都是很重要的。古罗马人常说:"要刺杀一个人,就必须接近他,获取信任并且了解对方的弱点。"竖起耳朵,瞪大眼睛走过一间办公室,这就是一种接近的方式,去得越勤,了解的机会越大。

有证据表明,领导者对他们常见的人总比不常见的人更信任。这当然也提醒你,最有可能算计你的人,不是那些公开流露出敌意或表示不合作态度的人,而是那些面带微笑,看上去不会耍阴谋诡计的人。

管理智慧:

竖起耳朵,瞪大眼睛走过一间办公室。学会留意别人的情绪变化,了解部门的派系斗争。

283. 站在门口，目送客人离开

很多大企业在送客人离开公司时，老板一定会站在门口，用诚恳的态度目送客人离开，直到客人的车子消失为止。如此一来，即使在谈话之中曾有些不愉快的事，客人也不会带着坏印象回去。

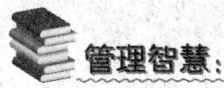

送公司客人离开时，老板一定要站在门口，用诚恳的态度目送客人离开，直到客人的车子消失为止。

284. 表扬一下就那么难吗

随便检查一个企业的规章制度，可能很容易就发现，惩罚性的制度远远多于奖励性的制度。这就必然导致管理者从惩罚的角度行使管理职责，先惩恶，再扬善。而员工的认识恰恰相反，他们更多的是考虑我如何得到表扬，而不是如何得到惩罚。

这种认识上的错位，导致企业管理者会习惯性地认为：这是你应该做的，没什么好表扬的。而员工却很疑惑：我做得非常好，为什么得不到表扬？于是，"表扬真的那么重要吗"和"表扬一下就那么难吗"的思想冲突就越积越深，员工积极性的低落就不可避免。

有一部电影《求求你，表扬我》，说的就是一个普通人，做了好事却一直得不到表扬，最后报复社会的故事。这绝不是一个虚构的故事。在现实生活中，一个企业或组织，如果不能及时或有效地对好的事物进行表扬和激励，当"求求你，表扬我"成为员工的一种心理企求和精神负担时，实际上就是在积聚一种怨恨乃至敌视的情绪，如果

这种情绪不断蔓延而被引爆，那么这个企业或组织就离失败不远了。

 **管理智慧：**

当"求求你，表扬我"成为员工的一种心理企求和精神负担时，实际上就是在积聚一种怨恨乃至敌视的情绪。

285. 授权后要保持一段时间的稳定

授权后要保持一段时间的稳定，不要稍有偏差就要将权力收回。如果今天授了权明天就立即变更了，会产生三种情况：一是这样做，等于是在向人宣布自己在授权上有失误，需要进行纠正；二是权力收回后，自己负责处理此事效果更差，则更容易产生副作用；三是容易使下级产生领导放权又不放心的感觉，觉得自己并不受信任，有一种被欺骗的感觉。

这样一来，他自然会对上级领导怀恨在心，伺机报复，从而成为上级领导前进道路上的绊脚石。

因此，在授权后一段时间，对下属可能犯错误应有心理准备，即使被授权者表现欠佳，也应通过适当的指导或创造有利条件让其以功补过，而不要马上收权。另外，领导在授权以后，要着重看下属的工作成效，不要斤斤计较其执行工作的手段，不要因为下属的工作方法与你的不一样就轻易动摇授权。

管理智慧：

在授权后一段时间，对下属可能犯错误应有心理准备，即使被授权者表现欠佳，也应通过适当的指导或创造有利条件让其以功补过，而不要马上收权。

以情管人　以法管事

286. "暗示"是一种良好的管理方法

皮革马利翁是古希腊神话里的塞浦路斯国王,他爱上了自己雕塑的一尊少女像,并且真诚地期望自己的爱能被接受。真挚的爱情和真切的期望感动了爱神阿芙罗狄忒,于是她就给了雕像以生命,皮革马利翁的幻想也变成了现实,并娶了少女为妻。

在管理工作中,如果管理者善于使用积极的暗示,通过鼓励和赞美下属做得好的部分,暗示下属把其余部分也做得像好的部分一样,既表达了对下属的肯定,又提出了工作要求,比批评、惩罚、威胁等方法效果强许多。

"暗示"是一种良好的管理方法,它委婉、含蓄、富于启发性,如果运用得当,一定能"润物细无声",取得事半功倍的效果。

管理中国的企业,这种激励暗示可以稍稍带有中国的风俗,符合中国人图吉利、爱喜庆的心理特点。所以,管理者可以在一些细节方面"造势",用一些好的口彩和兆头来进行暗示,控制消极的信息,调动下属的情绪,增强他们的自信心,从而提高他们的工作效率,达到预期的效果。

比如,农历正月初五,卯时正,李董事长虔诚地率领公司经理们一起在工厂举行拜神仪式,祈求开工大吉,员工平安。这是一种具有中国特色的管理行为,暂且不论它略带的迷信色彩,就这种仪式所起到的作用来说,它一方面安定了职工们的心,让职工们体会到上层对他们的关心,心存感激,从而更加努力地工作;另一方面管理者与下属们都接受了良好的暗示信息,从而充满信心,精神饱满地迎接新的一年。

或者在喜庆的日子把奖金以红包的形式发放给员工,印上一些吉祥祝福的话语,打造一种人情化亲情化的企业文化氛围;在员工加班赶重要任务的时候为其送上红腰带或者印有"必胜"字样的红头巾;

最简单有效的领导智慧

过年过节慰问一下员工家属，为其送些年货，这些都是中国人比较喜欢的一种沟通交流方式，同时还会给职工一种被上司"看好"的暗示信息。

这种蕴含中国特色的暗示激励，符合中国人的心理。莎士比亚说过："一个人往往因为遇事畏缩的缘故而失去了成功的机会！"所以，当下属执行重要任务而又不怎么有信心的时候，管理者可以运用多种良性的暗示手段来进行鼓励和激励，注意控制并消除一些消极的心理暗示，增强下属克服困难的勇气和信心。

管理智慧：

通过鼓励和赞美下属做得好的部分，暗示下属把其余部分也做得像好的部分一样，既表达了对下属的肯定，又提出了工作要求，比批评、惩罚、威胁等方法效果强许多。

以情管人　以法管事

287. 任用比自己高明的人

一位专门从事人力资源研究的学者说过这样的话："一个公司，尤其是开放式运作的公司，用一个不良之人，就会伤害一批好人。"此话颇有哲理。

在人才的具体任用过程中，一些企业领导人的观念依然陈旧。有的企业管理者用人从自身利益出发，宁愿用顺从听话的平庸之辈，也不用稍带棱角而能力很强的人，使得一些人才因无用武之地而远走高飞；有的企业管理者放着身边的现成的人才不用，让其闲置起来而从外面聘用；还有一些企业管理者，以人划线，宁愿用素质较低的"自己人"，也不用素质高的"外来人"。这些做法，在不同程度上伤害了员工的心，导致人才大量流失。

在用人的问题上，人尽其才是一种理想境界，它虽不是一蹴而就的事情，却是我们致力追求的目标。这就要求管理者在人才使用过程中摒弃杂念，任用那些有素质、有能力，甚至比自己高明的人。

广告大师奥格威说过一句著名的话："用人的最大失误，就是没有任用比自己高明的人。"为了诠释这一观点，他在一次董事会上，在每个董事的椅子上放了一个洋娃娃，并请与会的董事打开看。大家依次打开洋娃娃后，发现里面还有一个洋娃娃，再打开里面又有一个更小的洋娃娃，当打开到最小的洋娃娃时，里面有一张奥格威写的字条：如果你永远聘用不如你的人，我们就会成为侏儒公司。反之，如果你永远聘用比你高明的人，我们就会成为顶天立地的巨人公司。奥格威的这一用人理念可资借鉴。

管理智慧：

一个公司，尤其是开放式运作的公司，用一个不良之人，就会伤害一批好人。

288. "修路"理论

著名管理咨询专家刘光起先生说："管理就是管出道理，道理就是规则规范。"所讲的规则规范，指的就是管理中的各项规章制度。中国传统文化中"没有规矩不成方圆"的思想，也诠释了规章制度的基础性作用。

约翰和亨利到一家公司联系业务。这家公司的办公室在一幢豪华写字楼里，落地玻璃门窗，非常漂亮。可是，由于玻璃过于明亮，许多来访客人因不留意，经常撞在高大的玻璃门上。不到一刻钟，竟然有两位客人在同一个地方撞了头。

亨利忍不住笑了，对约翰说："这些人也真是的，这么大的玻璃居然看不见，眼睛到哪里去了？"

约翰并不赞同亨利的说法，他说："真正愚蠢的不是撞玻璃门的客人，而是设计者。如果不同的人在同一个地方犯错误，那就证明这个地方确实存在缺陷。应该考虑怎么修正缺陷，而不是嘲笑那些犯错误的人。"

约翰于是向该家公司的经理提出建议，在这扇门上贴上一条彩色的横标志线。

此后来访客人再也没有撞到玻璃门。

管理中有一个案例是"修路原则"，即当一个人在同一个地方出现两次以上同样的差错，或者，两个以上不同的人在同一个地方出现同一差错，那一定不是人有问题，而是这条让他们出差错的"路"有问题。此时，管理者最重要的工作不是管人——要求他不要重犯错误，而是修"路"。这里所讲的"路"就是制度和规范，"修路"就是指制度建设。

"修路"理论告诉我们，管理工作最重要的不是直接去管人，而是去制定让人各行其职的制度——修筑让人各行其道的路。

以情管人 以法管事

管理工作最重要的不是直接去管人，而是去制定让人各行其职的制度——修筑让人各行其道的路。

289. 员工与工作要"门当户对"

管理者要想使员工人尽其才的话，就必须为员工找到适合他做的工作。

其实，一个公司仅仅拥有能力强、智商高而又有干劲的员工还远远不够，真正要做到的是把这些人放在合适的位置上，让他们做适合他们的工作。这样做的目的就是为了鼓励他们，使他们发挥积极性和

创造性。

有人曾指出，要想埋没一个人才、打击一个人的积极性、扼杀一个人的才华，最有效的办法就是他有一个不能让员工各司其职的上司。

这样的管理者对自己员工的能力认识不清，一视同仁，结果人员安置错误百出。常常是一个能力极强、极聪慧的人干一件简单而又无关紧要的事，使之产生厌烦和不满。反过来，又让一个能力太差的人负担超出他能力范围的工作，无疑会使其丧失信心，根本就不能指望他会为团队做出大的贡献。

某位管理者在总结几十年的管理经验时说："应该让工作来适合员工，而不是让员工适应一项工作。"因为一个人能在适合自己的位置上从事自己所喜欢的工作，无疑是很惬意的，而这份惬意能有效激发员工工作的主动性和积极性。

实践证明，员工与工作必须"门当户对"。管理专家德鲁克对此比喻道："工程师能选择适当的'零部件'，并把它安装到适当的位置上，以使机器能有效地发挥作用。"在鼓励员工时，这里所蕴含的即是管理者要"选择恰当的人担任恰当的工作"的道理。

当然，员工不是机器，他们还有心理。"适合的位置"正可满足人的这一心理需求，成为鼓励员工的又一重要因素。许多员工缺乏工作热情和积极性就是由于他们的这一心理未受到重视所造成的。如果让一个人从事与自己个性相符合的工作，我们完全有理由相信，他肯定会全心全意地做好。

**管理智慧：**

应该让工作来适合员工，而不是让员工适应一项工作。

290. 始终保持神采奕奕

身为探险家，哥伦布充其量不过是二流角色。他的航海知识比不上任何一个普通水手，他永远定不出发现的土地的经纬度，常常将岛屿误认为大陆……但是在某些领域他是一个天才：他知道如何推销自己。否则就不能解释一个乳酪小贩的儿子，一个低层的船商，竟然能够影响最高层的王室与贵族。

哥伦布以惊人的魅力迷倒了王后与贵族们，完全源自于他举手投足的仪态。他展现出充满自信的风度，与他的金钱完全不成比例。而且他的自信也不是暴发户那种咄咄逼人、自我吹嘘的丑态，而是沉着、冷静的自我肯定，那种只有贵族才可能表现出的自信。拥有古老风范的有权有势的贵族，永远不觉得有必要证明或表现自己。因此面对哥伦布，他们有一种一见如故的感觉和认同感，而对他的真实身份和能力丝毫不予怀疑。

评估自己的身价虽属于你个人的权利范围，但你的举手投足却反映出你对自己的看法。如果你要求得不多，垂头丧气地拖着脚走路，人们就会认定你是一个落魄的人，毫无价值。保持积极的心态是成功的基础。向哥伦布学习，始终保持神采奕奕、信心十足的姿态，认为自己生下来就是王者和贵族。

管理智慧：

你的举手投足反映出你对自己的看法。如果你要求得不多，垂头丧气地拖着脚走路，人们就会认定你是一个落魄的人，毫无价值。

以情管人　以法管事

291. 培养下属灵活处事的能力

对下属的培养，必须使之遵守一定的规则，并在实际中按一定的规则办事。俗话说"不以规矩，不成方圆"。不然，部属不以团体的章程办事，不仅打乱了工作的秩序，还可能会给企业造成一定的损失。但是，若一味地坚持原则而不讲灵活，则会失掉许多机会，对企业同样没有好处。故对下属的培养应该是既坚持原则，同时又不失灵活性。

美国一家面包公司的董事长凯瑟琳·克拉克给部下制定了严格的规定：出售的面包要在面包纸上标明日期，超过3天不卖，超过3天没卖完要运回公司销毁。有一年秋天，美国某州发生水灾，粮食紧张，面包脱销。一辆载有运回公司销毁的过期面包的大卡车在通过灾区的路上被灾民团团围住，他们要买下这车面包。押货员坦诚相告："公司有规定，过期的面包不能出售。"

"傻瓜，送上门的生意都不肯做！""我们吃不上面包，你却拿去作废，能不能变通一下？"人们吼叫着。

"不是我不肯卖，"押货员为难地说，"只是公司规定太严格，如果明知故犯，我就会被解雇的。"

他的话虽引起人们的同情，但又怎能止住饥肠辘辘者不断向上涌的口水。一旁的记者见此情景也过来劝说。万般无奈之下，押货员灵机一动，对记者说："卖，我说什么也不敢，如果他们强行去拿就没有我的责任了。他们如果强行拿走面包，再凭良心留下应交的钱，就是强买了！"人们恍然大悟，纷纷行动起来，押货员还让记者拍了几张阻止饥民强买面包的照片。

结果，这件事在报上披露了，公司的信誉顿时倍升，很快销售量增加5倍多。公司董事长凯瑟琳知道此事后，大为欣赏这个押货员，认为他处理得当，如果他不卖这些面包，就会使公司落得个见死不救的骂名。

领导者培养部下讲原则是基础，在此基础上还应让他们灵活地应对发生的事，舍小保大。光是坚持原则的部下没有创新，也就不能有大用，因此培养其灵活处事的能力极其关键。

对下属的培养应该是既坚持原则，同时又不失灵活性。

292. 把工作趣味化

很少人喜欢上班的刻板工作，员工之所以能忍受工作，为的是赚钱求生存，及工作之余可以娱乐。

大多数人都不喜欢工作，只有极少数人例外，这些人迫不及待要工作，离开工作反而若有所失。

为什么大家都喜欢游戏而不喜欢工作？为什么有极少数人喜欢工作？

观察那些极少数喜欢工作的人，答案就非常明显：因为工作对他们来说就是游戏。

你的员工也不例外。若是办郊游、同乐会，大家都团结一致，办得有声有色。但是一涉及工作就一脸的苦相，莫衷一是。只有在游戏时，员工才表现出你希望他们在工作岗位上具有的特质。

要激励员工做某件事，要先使那件事趣味化。比方说，你要推动一项募款活动，可以有两种不同的做法：一种是不断催促员工去搞钱，另一种是将活动设计得像游戏，激发大家的热情，使他们自发地去募款。

家里需要打扫，没有一个子女愿意帮忙，怎么办？想办法使打扫工作像玩游戏，相信不要多久，屋子就打扫干净了。

学生总是抱怨老师的作业太多太繁，怎么办？将作业游戏化，加上适当的规则和奖品，相信每个学生都会喜欢做作业的。

从分析中得知，每一项工作，即使是最枯燥无味的工作，也能找到做起来感到很有趣的方法。因此，领导者的另一项职责就是：帮助下属找到有趣的工作方法。

每一项工作，即使是最枯燥无味的工作，也能找到做起来感到很有趣的方法。

293. 领导之间，轻易不要吵吵闹闹

发生争吵——相互指责——人身攻击乃至贬损侮辱，这个公式就是争吵的发展逻辑。很明显，争吵的结果几乎都会落到人身攻击、相互贬损侮辱的地步，因为双方在争吵过程中，出于维护自己和利益的目的，情绪会越来越激动，理智的控制力会越来越弱，这时候往往一切都不顾了，只把批倒批臭对方当作首要的甚至惟一的目标。

可以说，在争吵中，没有一方会赢，只会双方皆输。在争吵中，如果你词锋不利，气势虚弱，最后无话可说，那自然是输了；如果你强词夺理，气势逼人，使对方招架不住，看起来你是赢了，其实同样是输了。

因为争吵抬杠，已经像毒药一样毒化了你们之间的关系，即使你是对的，但你伤害了对方的情面，人家对你心怀怨恨，即使口服心也不服，迟早会在别的问题上找你的茬儿。而且在争吵中，你的短处也被对方曝光，这使你在他人心目中的形象大打折扣，使自己在竞争中的力量遭到削弱。

领导之间吵吵闹闹，这是一种没有涵养，缺乏大局观念的表现。对于这样的下级，上级领导又怎敢委以重任呢？争吵只能两败俱伤，

最终渔利的是别人。"争"要靠实力,而不是"吵"出来的!

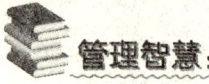

领导之间吵吵闹闹,这是一种没有涵养,缺乏大局观念的表现。

294. 认错并不等于承认愚蠢

一个人不可能永远都是正确的,即使你犯了错误,但能做到及时更正就不会使错误继续发展下去,就不会造成不可挽回的损失。无论什么时候,只要你发现自己的决定错了,就要立刻下决心停止,重新修改,以减少不必要的损失。当你拒绝承认自己的错误时,通常只会把事情弄得更糟。

承认你错了并不等于承认你愚蠢,可是,当你明知自己错了而又不想改变主意,顽固地坚持自己的错误时,这就是愚蠢的表现了。

一个公司的老板,在关于公司的经营策略问题上和助手发生了激烈的争论,他坚决反对助手提出的投资宠物业的建议。最后,这位老板对助手下了"最后通牒",要么放弃这个想法,要么离开公司。没想到,那位助手真的离开了。事后,这位老板后悔地说:"所有的人都说我不该让他走。现在我觉得是我不对,我应该留住他,而且应该接受他的想法,那的确是个好主意。"

很奇怪,许多管理者都觉得改变自己的主意是种无能的表现,实际上恰恰相反。及时改变错误的主意是一个管理者明智的选择。这非但不会遭人耻笑,还能受到人们的尊重。

及时改变错误的主意是一个管理者明智的选择。

295. 政策要让人爱，法规要让人怕

《韩非子》中有这样一个故事：

在赵国有个叫董瘀于的人新到一地为官。当官的在上任初期，都要先对管辖区域进行视察。

有一天，他走到石邑山中，发现一个数百米深的山涧，它的陡峭令人头昏腿软，不敢下望。于是他问当地乡民："可曾有人下去过？"乡民答："没有。"又问："莽夫、傻子、疯子可有人下去过？"乡民答："没有。"又问："牛、马、猪、狗可下去过？"乡民答："没有。"

这位新官顿悟一理：以法治理，就是要让法谁见谁怕，则法可行矣！

政策要让人爱，法规要让人怕——这是管理上的铁律。道理很简单，制度法规是让人遵守的，而政策是要引导和指导方向、让人相信的。

管理智慧：

制度法规是让人遵守的，而政策是要引导和指导方向、让人相信的。

296. 找准自己的位置

要成为老板靠得住、信得过、离不开的得力助手，就必须找准自己的位置。自作主张、代替领导做决定，是最不尊重领导的行为之一。无论是什么时候，只要领导没有授予你定夺的权力，你就不要越权替领导决定任何事情。否则，吃亏的人绝对是你。

最简单有效的领导智慧

你必须知道，无论下属帮领导做了多少事，即使依赖你到了你不在，他连电话都不会拨的程度，他毕竟还是你的领导，拥有绝对的决策权。出了错，他承担；有面子，他来得。但如果你越位行事，对不该你决定的事情擅自做主，等待你的将是严厉的惩罚。

在企业中，老板才是最高决策者，无论事情的大小都有必要听从他的命令。无论我们的能力多么大，与老板的关系多么亲密，我们也不要逾越与老板之间的界限。该老板决策的事情，就一定要老板拍板，我们所做的只是给他提建议和执行他下达的命令。即使老板不在身边，事情又微不足道，我们能够处理，而且知道老板也会这样处理，那也不要轻举妄动。我们所要做的就是及时向老板请示，得到老板的授权后再处理。

管理智慧：

无论我们的能力多么大，与老板的关系多么亲密，我们也不要逾越与老板之间的界限。

297. 忠诚胜于能力

一个部门就是一个团队，大家应荣辱与共。如果你的上司出类拔萃，那么你也会显得出色；如果你的上司混得很惨，你也脸上无光。如果上司"芝麻开花节节高"，你也会平步青云；如果你的顶头上司原地踏步，你多半也是升迁无望。一个明智的职场人应该时时刻刻想办法让你的老板先成功。如果你有好主意，一定要告诉他。任何一个成熟的上司在升迁后都会关照、提携旧部的。已经了解到你是一个如此优秀的人才，他可能不重用你吗？

有些人常常忽略了这一点，认为自己的顶头上司干活少，拿钱倒不客气。所谓"一将功成万骨枯"，上司就是踩着自己的肩膀才爬上去的，心里感觉极不平衡，于是消极怠工，浑噩度日，当一天和尚撞一天钟。甚至还有个别的人居心叵测，认为自己的顶头上司阻碍了自己的晋升，恨不得连根拔起，因此对上司的指令阳奉阴违，处处和上司兜圈子，甚至越级打小报告。太多的事实证明这样做的结果只是"搬起石头砸自己的脚"。

在这个人心不古的时代，往往并不缺少有才能的人，但缺少的是忠诚的人，能替公司、替老板分担困难的人。

管理智慧：

在这个人心不古的时代，往往并不缺少有才能的人，但缺少的是忠诚的人，能替公司、替老板分担困难的人。

298. "多中心"与"无中心"都是人才组合的大忌

某厅配备领导班子，分两步进行，第一轮配一把手，第二轮配备副职。考察者发现有位作为副职人选的对象担任一把手更合适，可是考虑到一把手才配，只好委屈这位副职了，任命他为党组副书记、副厅长，名副其实的二把手。就这样，笼子里关进了两只"叫公鸡"。

刚开始还算合作，不到半年，拉锯战就展开了，二把手瞧不起一把手，他分管的工作不准一把手过问，更谈不上汇报。一把手也不示弱，决心来个下马威，班子重新进行分工，让二把手去分管不熟悉的工作。党组会上公开开火，在工作中，你来我往，互相拆台。机关进人，一把手同意的，二把手找借口否定；二把手同意的，一把手不赞成。提拔干部也是如此，到任三年，连提拔一个副科长都不能达成一致意见，该厅真是死水一潭，而且上至厅领导下至一般干事，都被划成是某某的人，弄得人人自危，单位成了有名的"老大难"。有人

说，厅长协调能力差，不配当一把手；有的说二把手没摆正位置，争权夺利。最后不得不采取组织措施，一把手调出降职使用，二把手就地免职。

忽视组合的结果有两种情况，要么是多核心，要么是无核心。多核心不能形成战斗堡垒，反而使堡垒里展开了战斗；无核心导致整个班子软弱涣散，一盘散沙，班子缺乏战斗力、号召力。

总而言之，无论是多中心，还是无中心，都犯有人才组合的大忌，都是用人者应该特别注意避免的问题。

管理智慧：

多核心不能形成战斗堡垒，反而使堡垒里展开了战斗；无核心导致整个班子软弱涣散，一盘散沙，班子缺乏战斗力、号召力。

299. 家丑不可外扬

如果你的组织里有了什么错误，你不要把它往外宣扬。这对你的团体和你的老板都没有什么好处。

有的时候，你在你的小团体里受了委屈，那么你得注意，你的牢骚该向谁发。

你不该向其他部门发。你最好跟老板或是爱人发，因为保持团队的荣誉是每一个成员应该注意的事情。公司虽然没有明文规定你受了委屈不该向别人倾诉，但你还是要从大局出发，不要让公司别的部门认为你的部门不团结，甚至讥笑你们。

如果你那样做了，你的老板会因此很不高兴，你这分明是跟他过不去，有损他的形象。

你应当跟其他部门的同事说"我们部门团结得很不错，尽管这中间有些小麻烦"之类的话。

你的牢骚更不可向公司外面的人发。

有一些不注重公司形象的人，总是在受到某种委屈之后，向公司外的人诉苦。也许他没有注意到，这无形中伤害了公司的形象和声誉。

因为，他人也许并不关注你受到了什么伤害，除非他是你的亲朋好友，而他更多地注意到你的公司并不够团结，也缺乏纪律。

你更不可向公司的客户发牢骚。记住，在向客人或外人提及公司的时候，你一定要用"我们"，而不是"他们"。

企业形象对于一个公司太重要了。它能使公司得到顺利的发展，也能让公司毁于一旦。而企业形象的树立更是在一点一滴中形成的。

试想，一个连自己内部职工都不喜欢的公司怎能让社会承认？

总之，家丑不可外扬，不要让你的公司不攻自破。

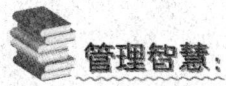管理智慧：

如果你的组织里有了什么错误，你不要把它往外宣扬。这对你的团体和你的老板都没有什么好处。

300. 不把人固定在一个岗位上

在领导选用人才的过程中，应当清楚地认识到能力、人格等方面的因素，这在某些时候比专业知识和学历更为重要。因此要想招聘到理想的人才，还需要灵活把握选人的标准。

早在20世纪50年代，松下幸之助就认识到，公司应招聘适用的人才，学历或资历过高，不见得就合用。松下指出：各公司的情况有所不同，老实说，人员的录用，以适合公司为标准。"适用"这两个字是很要紧的。

20世纪60年代，日本著名企业家盛田昭夫的《学历无用论》可谓一鸣惊人。因为，当时的日本还沉浸在一种过于重视文凭的氛围中，

盛田昭夫的这一创新使得索尼人才济济。

索尼公司不仅拥有众多的科技人才，同时还特别重视选拔和配备具有高度创新精神的经理班子。在选拔高级领导人员这个问题上，索尼从不录用那些仅仅能胜任某一具体职位的人，而是乐于起用那些拥有多种不同经历、喜欢标新立异的实干家。

索尼公司也从不把人固定在一个岗位上，而是让他们不断地合理流动，为他们能够最大限度地发挥个人的聪明才智提供机会。在这样的环境中，索尼公司的员工特别乐于承担那些具有挑战性的工作，人人积极进取，个个奋勇争先，使整个企业始终充满了生机和活力。几十年来的辉煌历程清晰地表明，索尼之所以取得巨大的成功，正是源于索尼的用人原则。

以情管人　以法管事

管理智慧：

起用那些拥有多种不同经历、喜欢标新立异的实干家。

301. 时常把下属推到风口浪尖

据说，有一次拿破仑骑马穿过树林时，突然听到一阵呼救声，他挥鞭跃马朝呼救的方向奔去，只见一名不会游泳的士兵正在水里挣扎，而且越漂越远，水快淹没他的头了，岸上的人急得焦头烂额，奈何大家都不会游泳。拿破仑过来问道："他会游泳吗？"有人说："只能游几下，到深水就不行了！得赶快救他。"拿破仑点点头，随手从侍卫手里取过一支枪，并大声朝水里的士兵喊："快游到岸边来，不然我开枪了！"说完，便朝水里开了两枪，落水的人闻听此言，拼命地往回游，没多久就上岸了。

其实，那个士兵并非不能自救，只是自认为不能，直到面临死亡的威胁时，他隐藏的潜能才被激发出来。

在中国有句古话叫"置之死地而后生，陷之亡地而后存"。当一个人或一个集团濒临死亡绝境时，强烈的求生欲会激发出极大的潜力，从而获得新生。

拿破仑说："平静的湖面，练不出精悍的水手。"长期在安逸中生活的人正如温室里的花朵，在风雨面前不堪一击。所以适当的让依赖你的人去经历危险，会促使他们快速地成长和进步。

作为领导者，只有时常把下属推到风口浪尖，他们才有可能在能力所及的范围内释放出最大的能量。

适当的让依赖你的人去经历危险，会促使他们快速地成长和进步。

302. 不要动不动就把压力讲给下属听

企业的各级管理者，尤其是中高级管理者，感受到压力之后，往往不自觉地把自己内心的压力传染给被管理者，使他们也感染上压力，这种做法是要不得的。因为，当被管理者成为压力"携带"者时，他们会以诸多的"管理难题"形式把压力再返回到管理层。如此一来二去，管理者与被管理者之间的压力传染会越来越强化压力的程度，越来越使压力原因复杂化。

干工作就会有压力，这是毫无疑问的。但管理者的压力是你自己的事情，你要自己想办法解决，不要动不动就把压力讲给下属听。言为心表，"言说"是心理和情绪的反应。管理者的压力，会变成压力性的"言说"，在管理活动中传染给被管理者。权力或者影响力越大，他们传染压力的面积和深度就越大、越深，而且占据着传染压力的主导位置。

对于被管理者，工作中在他们感到有压力的时候，管理者的"言

说"自然就成了他们认为的压力源。压力是一种不安全的感觉。对来自管理者的压力，被管理者本能地有一种抵抗的冲动。抵抗是下属面对压力进行自我保护的本能。他们常常以推卸责任、阳奉阴违、跳槽、弄虚作假、消极怠工、假公济私、斤斤计较、你争我夺等方式进行抵抗。

对于下属的抵抗，管理者感到一种管理压力，于是继续施加或者增加压力。在管理者与被管理者的压力对抗中，时间、精力、机会、激情都被内耗掉。俗话说，狗咬狗一嘴毛。压力对抗中，管理者与下属必然是两败俱伤。

很少有管理者意识到，下属这种种破坏工作的行为，正是他们对来自管理者压力的抵抗。有些管理者认为，自己对下属的批评是有依据和充分理由的：发脾气，是因为对下属的工作错误屡教不改而忍无可忍；高要求，是为了促进下属的进步和成长；不信任，是因为下属的工作能力总是令人不放心。怀疑，是因为下属不够忠诚……

哪怕你的理由完全充分，这种做法也未必能收到良效。管理者理应有承受压力的足够能力，而不是动辄就把压力转移给下属。

管理智慧：

干工作就会有压力，这是毫无疑问的。但管理者的压力是你自己的事情，你要自己想办法解决。

303. 对不同下属区别对待

蒋介石不是军事家，领兵打仗多有失败，但他却有政客的手腕，在用人统御方面，很有一套。恩威并济，软硬兼施，收买人心，独具一格。

蒋介石有一个小本子，里面记载着国民党师级以上长官的字号、籍贯、亲友及常人不大注意的细节。凡是少将以上的军官，他都要请到家里吃饭，每次都是四菜一汤，简朴至极。作陪的往往只有蒋经国，采用这种家宴的方式显得格外亲热。同时，简单的饭菜也给他的部下留下清廉的印象。

蒋介石请下属吃饭后，总要合一张影。他与孙中山有一张合影相片，孙中山先生坐着，他站在孙先生背后。他与下属合影也摆这个模式，其中的用意不讲自明。他常对下属说："叫我校长吧！你们都是我的学生。"

如果不是黄埔生，他也很慷慨："哦，予以七期登记吧！"这样就抬高了下属的身价，起到了收买拉拢的作用。

蒋介石给下属写信，除了一律称兄道弟外，还用字号，以示亲近，可以说他很懂得人情世故。

蒋介石不仅熟记下属的名号、生辰、籍贯，而且对其父母的生日也记得很准。有时，他与某将领谈话，往往在他提起该将领的父母的生日时，使该将领受宠若惊，十分激动，深为委员长的关怀所震撼。

不仅如此，蒋介石对不同下属都能做到区别对待，爱官的给官，爱钱的给钱，爱地盘的给地盘。像陈布雷这样不爱官，也不爱钱的旧知识分子，他又有所针对。在陈布雷50岁生日时，他为陈亲手书写一条幅："宁静致远，淡泊明志"八个大字，并附书："战时无以祝寿，特写联语以赠，略表向慕之意也。"

蒋介石这一招正投陈布雷所好，效果非常理想。"宁静致远，淡泊明志"八字出自诸葛亮。在陈布雷收到蒋介石亲书的这八个字时，感慨万千。他常说："蒋先生给我这八个字，使我特别感奋！淡泊以立身之本，宁静为处世要着，淡泊则与世无争，宁静则坚忍不拔，和我平日自勉正直平凡相表里。能守正，则不致为环境所左右，为他物所引诱，自然宁静；甘平凡，则透彻了解本身之能力志趣，以谋对国家社会做出适当的贡献。"

平平淡淡的八个字，使陈布雷认为蒋介石对他"知其最深"。

士为知己者死，这是古代的知识分子的人生追求。后来，陈布雷

在遗书中说:"布雷追随20年,受知深切,任何痛苦均应承担,以期无负教诲……我心地纯洁质直,除忠于我公之外,毫无其他私心。"陈布雷一生兢兢业业为蒋效力,在蒋家王朝日渐没落时,陈布雷还以自杀表示了他对蒋的忠诚,足见蒋介石拉拢人的手段之高明。

**管理智慧:**

用人手段高超就能占据上风,对人施于手段就能壮大。

以情管人　以法管事

304. 杜绝"人人都坐'铁交椅',个个都端'铁饭碗'"

有位农民开始只养了一头牛,尽管提供了充足的草料,但牛膘一般化。而后新添两头牛,于是这三头牛为争夺好的草料而展开竞争,结果三头牛长得又大又肥,这就是竞争的结果。在用人上也同此理。没有竞争,任何人都很难发挥潜能。一个组织如果缺乏应有的竞争气氛,人人都坐"铁交椅",个个都端"铁饭碗",都吃"太平饭",这个组织将是一潭死水。如同田径场上的比赛,个人独自奔跑很难跑出好的成绩,只有多人并肩比赛,才能使他们比平时跑得更快。

组织的生机和活力取决于人的生机和活力。而要使组织充满活力,就必须引入竞争机制,实现能者上、庸者让、劣者下。一个组织中的活力,主要来自于具有开拓创新精神、永不满足现状的拔尖人才。

实践证明,用人必须改变只上不下,只进不出的封闭僵化状态,而始终保持一种有上有下、有进有出的开放式流动体系。人若是处在这样一个流动体系中,不仅充满了进取心,也产生危机感。犹如逆水行舟,不进则退。人便会在竞争中进步,工作便会在竞争中发展。

人的才能平时往往是以潜在的形式存在的。伯乐相马术之一,就是让马奔跑起来。群马若站立不动,很难选出千里马,如果让马都跑起来，给每匹马创造均等的表现机会，展开公平的竞争，情况则大不相同。领导者在用人的实践中，如果注意开展公平竞争，就会使大家争先恐后，无不使出浑身解数，就不怕不出现优秀的员工。这和战争中能涌现杰出的将帅、体育比赛能出明星是一个道理。

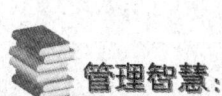

组织的生机和活力取决于人的生机和活力。而要使组织充满活力，就必须引入竞争机制，实现能者上、庸者让、劣者下。

305. 有爱才之心，更要有容才之量

在中国历史上，唐太宗李世民就是个很高明的管理者。他登基后，由两位非常出色的宰相辅佐，一位是房玄龄，一位是杜如晦。因唐朝开国不久，许多规章法典需要制定。在与两位宰相共同研究国家大事的时候，李世民发现，房玄龄能够提出很多精辟的见解和具体的办法，但不善于整理和归纳这些见解和办法；而杜如晦虽然不善于种种谋划，却善于对别人提出的意见做出周密的分析和决断，使之成为决策和律令。当唐太宗说"非杜如晦来不能决策"时，房玄龄并不会因此而心生嫉妒，而杜如晦也不会为了出风头而另起炉灶，他总是最后采用房玄龄的谋划。如此一来，就正好发挥了两人的专长。这就是历史上有名的典故——"房谋杜断"。

唐太宗把两个优秀的"偏才"有效地搭配起来，发挥了两人的特长，充分地调动了两人的积极性，使自己取得了前无古人的成就。在晚年总结自己的帝业时，唐太宗曾说，他的才能不及古人，之所以能取得超过前人的成就，关键在于用人。仅从"房谋杜断"，我们就能对他用人的能力"窥其一斑"。这些对我们当今的管理者也不无启迪。

当今社会，管理者只有合理地搭配人才，用好人才，充分地发挥

群体优势，才能取得巨大的工作成效。特别是随着社会化大生产的实现，单纯依靠一个人或者一类人，已经是远远不够了。一个有效的人才群体，必须通过合理的优化组合，才能产生新的巨大的集体能量，才能取得卓有成效的业绩。

管理者不仅要有爱才之心、识才之能，而且要有容才之量、用才之策。不仅能当好伯乐，更能当好园丁。

虽然我们不可能聘用到一些毫无缺点的人，但是我们却可以组建这样的一个组织：每个人的缺点只是他个人的一点瑕疵，而被排除在他的工作和成就之外，他的长处却得到充分的发挥。

管理智慧：

当今社会，管理者只有合理地搭配人才，用好人才，充分地发挥群体优势，才能取得巨大的工作成效。

306. 真正做到集思广益

"集思广益"语出《三国志·董和传》："（诸葛亮）后为丞相，教与群下曰：'夫参署者，集众思，广众益也。'"宋代许月卿在《先天集·赠李相士诗》"集思广益真宰相，开诚布公肝胆倾"中把四字相连。"集思广益"，是指集中群众的智慧，可使效果更大更好。

集思广益是古人在长期实践中总结出来的至理名言。其中蕴含着深刻的方法论原则，是统御者的制胜法宝。

出身农民的明太祖朱元璋，当过放牛娃，做过小和尚，拉起队伍后，他认真听取属下的意见，十分注意笼络文人，集思广益。

文人冯国在投奔朱元璋时，曾向他提出两条建议：一是不能带着队伍老是东走西转，可以去夺取龙盘虎踞的建康（南京）作根据地；二是不要贪恋女子玉帛，要为民多做好事，争取民心。朱元璋见他说

得有理，便收冯国于幕府，作为谋士。

后有李善长来投，对朱元璋说："汉高祖家乡在沛，离你家乡凤阳不远吧？他的家庭和你的家庭不是一样低微吗？他能成为汉高祖，将军也定能夺得天下。"朱元璋"心有灵犀一点通"，至此便拿刘邦做榜样。当然出此高见的李善长也被留了下来，封官为掌书记。就这样，朱元璋陆续招纳了十几个文人作为谋士，给以优厚的待遇，还专门为他们建立了"礼贤馆"。

也正是"礼贤馆"中众谋士提出的谋略，使得朱元璋一步步走向成功之路。这其中最重要的是才儒朱升所提的"高筑墙，广积粮，缓称王"。朱升提此建议时，朱元璋刚攻下南京，立足未稳，力量还很薄弱，地盘尚小，还不足以与其他各路反元兵马较量。此时"高筑墙"可站稳脚跟，加强自己的防御力量，以免被敌人吞掉；"广积粮"，注意经济建设，积蓄物质力量，维持一时还不能取胜的战争；"缓称王"则可避免因过早地称王称霸，扯旗放炮而树敌过多，招人嫉妒和打击。朱元璋用这三句话作为自己的战略方针，赢得了最后的胜利，建立了明王朝。

集思广益是古人在长期实践中总结出来的至理名言。其中蕴含着深刻的方法论原则，是统御者的制胜法宝。

 遏制恶性竞争

有的下属羡慕别人的长处，就会鞭策自己，努力工作、刻苦学习，赶超对方。但并不是所有的人都明白"临渊慕鱼，不如退而结网"的道理，他们由羡慕转为忌妒，甚至是嫉恨。这种人不但自己不思进取，相反还会想出各种见不得人的花招打击比自己强的人，通过使绊、诬

蔑等手段来拉先进的后腿，让大家扯平，以掩饰自己的无能。

这种恶性竞争只会影响先进者的积极性，使得部门内人心惶惶，员工之间戒备心变强，提高警惕以免被暗箭所伤。如果整个部门形成了这样的风气，那么员工的大部分时间与精力都会耗在处理人际关系上，就是身为管理者的你也会被如潮涌来的相互揭发、抱怨给淹没，对这样的部门你还能有什么指望呢？

在这样的公司里，大家相互抗拒，工作不能顺利完成，谁也不敢冒尖，因为出头的椽子先烂。不但人人都觉得很累，而且公司的业绩也平平。

如果你是一位老板，平日一定要注意员工的心理变化，在公司内部采取措施，防止恶性竞争，引导手下的员工积极参与到有益的良性竞争中来。

管理者必须从制度和实践两方面入手，遏制员工的恶性竞争，积极引导员工进行良性竞争，让大家心往一处想，劲往一处使。只有如此，公司才能越做越好。

管理智慧：

恶性竞争只会影响先进者的积极性，使得部门内人心惶惶，员工之间戒备心变强。

308. 用B级人干A级事

所谓A级人则指那些已经具有一定经验、工作上比较稳重的中年人。他们有经验，但瞻前顾后，工作热情及信心显然不如年轻人，他们一般在企业中管理一些重要事情。

所谓B级人，就是指那些具有丰富的知识、充沛的精力和强烈的进取心，但因工作时间较短而缺少经验的年轻人。虽然B级人在经验上稍差一点，但他们受过良好的教育，知识面广泛，接受能力强，更重要的是，他们有着年轻人独有的本钱——干事有热情有冲劲，积极向上有信心。

在台湾，越来越多的企业采用Ｂ级人干Ａ级事的用人模式。

放手让Ｂ级人干Ａ级事，不但能激发Ｂ级人的上进心，发挥他们的潜在能力，而且降低了企业管理成本。台湾电子行业一位高层管理人士认为：让Ｂ级人干Ａ级事，成绩为79分，让Ａ级人自己来干，成绩为85分。但Ａ级人的成本要90分，而Ｂ级人则仅要60分。用30分补足6分的差距，显然是绰绰有余的。放手使用Ｂ级人，能调动他们的积极性，充分发挥他们的聪明才智，为企业创造更大的效益。而且能促使Ｂ级人更快地成长为Ａ级人，既能解决企业内部人才断层的问题，同时又可节省培养人才的大笔费用。

管理智慧：

放手让Ｂ级人干Ａ级事，不但能激发Ｂ级人的上进心，发挥他们的潜在能力，而且降低了企业管理成本。

309. 金钱不是万能的，没有金钱是万万不能的

拿破仑虽然说过"金钱并不能购买勇敢"，但为了激励和保持部队的高昂士气，他总是及时慷慨地奖赏立下战功的官兵们。在征服普鲁士、打败沙俄、签订了《提尔西特和约》后，拿破仑一次就奖给达乌元帅30万法郎，其他的将官和参战士兵，都得到了奖赏。

俗话道："金钱不是万能的，没有金钱是万万不能的。"人人都有一些与生俱来的需要，如生存、稳定的收入、被人接受、希望别人尊重自己、渴望成功等。在企业中，金钱是员工最根本的需求之一。要

以情管人　以法管事

想拥有更多积极努力、充分发挥才智为企业创效益的员工,首要的任务就是满足员工的物质需求。

虽然有人认为金钱激励有一定的负面影响,但是无论对谁,更高的收入总是很有诱惑力的。对于具有进取心的人、赚钱狂和追求成就者,金钱激励就更为有效。

要让员工更加努力,就要奖励员工的出色工作。为了获得最好的效果,就必须付给员工恰当的报酬,这样才能留住最好的员工。可是很多领导却总把支出的工资维持在最低水平。他们认为员工工资是成本的一部分,并且只想到如何最大限度地减少成本,以保证利润最大化,至于报酬与效果之间的关系,他们却视而不见。

在工作之中,必须让员工感受到自己的价值得到了他人的承认。不管你使用多么美妙的言辞表示感激,不管你提供多么良好的训练,他们最终期望的是得到自己应得的报酬,让自己的价值得到体现。

员工会按照市场情况和一些合适的对象进行比较,他们的收入影响着他们对工作的态度。不管一个人多么高尚,即使可能会因谋求个人的发展而牺牲个人收入,但不可能长期如此,因为他们要生存。最好的老板总是在员工要求增加工资前做好考虑,他们积极主动调查市场,以保证自己员工的报酬比其他公司要高。这样就可以让员工把宝贵的精力和智慧用于实现最好的效果上,而不是计较个人的报酬上。聪明的管理者会积极主动地支付报酬,而不是等待员工提出要求。

企业要想具有最强的竞争力,首先必须拥有最好的员工队伍,并根据其贡献大小给予最合理的报酬。尽可能让员工将个人利益与自己的努力结合起来。同时,也应尽量使报酬支付的形式简单化,将事情弄得越复杂,越容易导致不满和争议。

管理智慧:

不管一个人多么高尚,即使可能会因谋求个人的发展而牺牲个人收入,但不可能长期如此。

310. 迅速地做出决定

在对圣彼得堡和莫斯科之间的铁路线进行初次勘测时，尼古拉斯意识到，那些对此次任务信心不足的官员，其原因多数是出于对自身利益的考虑而不是对技术问题的担心。于是，他决定快刀斩乱麻，以大刀阔斧的做法来解决这一复杂的问题。当部长把铁路线勘察的地图摆在他的面前，试图解释铁路的铺设方案时，他拿出了一把尺子，在起点和终点之间画了一条直线，然后用不容辩驳的语气斩钉截铁地宣布："你们必须这样铺设铁路。"于是，路线就这样确定了。

每一块手表的表盘里面都有我们看不见的发条，推动指针旋转，准确计时。每个大企业背后，一定有一个这样的领导者：这个人有着钢铁般的自制力，带动和运转着这个企业，严谨地管理着而从不犹豫不决，他的决定果断而明确，并且每个决定都是最终的。其他人可以提出自己的意见和建议，但他是最终做出决定和监督执行的人。其他人都要以他为中心，都要从他那儿得到指示，接受命令。如果他退出或者停止行动，整个机构就像一块断了弦的表，一切都停止了。钢铁般的意志和决定性的力量消失之后，一切都失去了运转的动力。

一个伟人会有数以千计的追随者。循着别人的足迹，依靠或追随是一件相对容易的事，但要做一个有创见、敏锐、果敢，相信自己判断力的领袖，则是困难的。这需要勇气、毅力和韧劲。如果你瞻前顾后，习惯于犹豫不决，而不知道自己真正需要什么，那么你永远不可能成为一个领袖。这不是领袖的品质。领袖不是完人，会有各种各样的缺点，但他明白自己的思想，知道自己需要什么，并且努力追求。他会犯错误，会遇到挫折，但他总是迅速地站起来继续前行。

能迅速做出决定的人从不怕犯错误。不管他犯过多少错误，与那些懦夫和犹豫不决的人相比，他仍旧是个领导者。那些因惧怕犯错而不敢挪动脚步的人，那些害怕变化和风险，总是等待情况确定后再做

决定的人，那些站在小溪边，直到人们把他推下水才肯游泳的人，永远不会到达胜利的彼岸。

能迅速做出决定的人从不怕犯错误。不管他犯过多少错误，与那些懦夫和犹豫不决的人相比，他仍旧是个领导者。

311. "一人领导"的优劣

以情管人 以法管事

领导一个组织一般有两种方法：一是以法律的手段来管理，也就是法治；一是以行政的手段来管理，也就是人治。

"人治"在决策上有很大的灵活性，但最大缺点是"人存政举，人亡政息"。邓小平曾经说过："一个国家的命运建立在一两个人的声望上面，是很不健康的，是很危险的。不出事没问题，一出事就不可收拾。"

在组织发展的初期运作时，因为一切都不规范，"人治"常常会起到很大的作用。

李·艾柯卡在54岁时被福特二世免职。从天堂骤然跌入地狱的艾柯卡发现，54岁就退休实在太早了，转业又太晚了，该何去何从呢？此时正濒临破产边缘的克莱斯勒公司找上他。现在的克莱斯勒公司早已因腐败和亏损陷入一团混乱。公司的秩序纪律荡然无存，员工士气更是跌入谷底。艾柯卡如何领导而让自己再登事业的巅峰呢？

临危受命的艾柯卡完全凭借着自己的实力，推行"一人领导"。他重订所有的规章制度，裁夺所有的决策，负起一切的责任。在他不眠不休、大刀阔斧的整顿下，经过6年的时间，克莱斯勒公司竟然火火重生、再造新机。他不但战胜了福特公司，也再创了个人事业的辉煌。

艾柯卡的"一人领导",事实上就是大权在握、独断专行的"人治"领导。这种领导方式在企业处于风雨飘摇、生死存亡的关头,的确是必要的。但是,如果组织已经正常运作,还抱着"人治"不放,而不采取切实可行的"法治"措施就很危险了。

无论"人治"与"法治",能"治"才是根本。所谓"人治"与"法治"表面上看来截然不同,但它们的核心原则其实是一样的,都是为了组织的长远发展。

一个国家的命运建立在一两个人的声望上面,是很不健康的,是很危险的。不出事没问题,一出事就不可收拾。

312. 承担起失败的责任

洛克菲勒曾力排众议,花几十万美元买下宾州铁路公司的一支蒸汽船队,但这支只赔不赚的船队却令他捉襟见肘。最后,他不得不将这支船队停运。"一切责任在我。"洛克菲勒对他的下属们说。

无独有偶,多年前,当美国营救驻伊朗的美国大使馆人质的作战计划失败后,当时的美国总统吉米·卡特立即在电视里作了同样的声明:"一切责任在我。"

"一切责任在我",这短短的几个字,表现出一种敢于担当失败与责任的勇气。在此之前,美国人对卡特总统的评价并不高,甚至有人评价他是"误入白宫的历史上最差劲的总统",但仅仅由于上面的那句话,支持卡特总统的人居然骤增了10%以上。韦恩博士说:"把失败的责任往别人身上推,等于将力量拱手让人。"

领导者必须学会像洛克菲勒和卡特总统那样,承担起失败的责任,而绝不要通过躲避棘手的事情而逃避责任。

当你敢于承担责任时，你就会增加完成这项工作的自信心，你的下属也会增加对你的信心，增加对你所承担的工作的信心。

如果我们不认为必须为自己负责，则不可能提升自己的影响力。

313. 不要总提及自己曾经给人的恩惠

如果你必须向盟友寻求帮忙，不要惹人厌烦地去提醒他过去你给予他的帮助和恩惠，否则他一定会找到借口不予理睬。相反，指出你的请求和合作对他有利的地方，而且要大大地强调这一点，一旦他想到自己的利益就会热诚地给予回应。

要赢得对方的心，最迅速的方法就是尽量以最简单的方式向他阐明你的行动如何让他受惠。自我利益是最强烈的动机：伟大的主张或许会俘获人心，然而一旦最初的激动心情平息后，利益就成为惟一的旗帜，自利是最稳固的基石。晓以大义能诱惑他人的合作动机，但是自利才能最终保障交易的完成。

14世纪初，年轻人卡斯楚西奥跃升为意大利城卢加的城主。城里势力最强大的一个家族波吉奥在卡斯楚西奥充满背叛与流血事件的攀爬过程中出了大力，但是在卡斯楚西奥获得权力后，他们感觉遭到了遗弃——他的野心容不下任何感激。1325年，正当卡斯楚西奥出城与卢加的大敌佛罗伦萨作战时，波吉奥家族与城里其他贵族却在密谋除掉这位野心勃勃的城主。

阴谋者发动叛变，攻击并且杀害了卡斯楚西奥留下来代理政事的官员。然而在战争一触即发的时刻，波吉奥家族辈分最高的史蒂芬诺出面干预，让双方放下武器。

当叛变消息传到卡斯楚西奥耳朵里时，他迅速赶回卢加。然而等他回城时，战斗已经平息了。史蒂芬诺以为卡斯楚西奥会感激他平息了叛变，因此去拜见君王，向他解释他是如何带来和平的，他还提及自己的家族昔日对卡斯楚西奥的慷慨支援等等。

卡斯楚西奥耐心地聆听他的诉说，看不出有丝毫生气或怨恨的样子，他请史蒂芬诺将整个家族的人带到王室来，倾吐他们的牢骚。当天晚上，波吉奥家族来到王室，卡斯楚西奥立刻下令囚禁他们，几天之后全部处决，包括史蒂芬诺。

实际上，对待像卡斯楚西奥这样的只懂得玩弄权术与自我利益的人，应该晓之以利，比如提供金钱给他，许下未来的承诺，指出波吉奥家族仍然有可以为他效力的地方等等，才有可能真正打动他，获得赦免。

然而，史蒂芬诺却希望动之以情，诉说些陈年往事，以及不具有约束力的恩情，这是最危险而不明智的举动。人非但不会感恩图报，往往认为恩情是除去而后快的沉重包袱，以免除自己对他们所负的义务。

在现实生活中，千万不要天真地认为，提及自己曾经与人的恩惠就会感动别人。通常情况下，这种恩惠诉求会给人带来压力，进而引起别人的反感，最终以悲剧收场。

管理智慧：

千万不要天真地认为，提及自己曾经与人的恩惠就会感动别人。通常情况下，这种恩惠诉求会给人带来压力，进而引起别人的反感。

314. 当你变得更有权时，要让下属感到他们也在上升

一个人一旦获得成功，就会引起别人的怨恨，一个领导获得了成功，却忘记了与自己同甘共苦的下属的功劳，他必然会被同伴和下属

所疏远,甚至导致以后的孤立无援。

因此,当权者应当与他人分享成就,把潜在的危机降低到最低限度。即使是很小幅度的分享,也能在一定程度上冲淡敌意,获得别人的好感。

这是因为对方由旁观者变为参与者,与你产生了紧密联系。许多公司通过利益分享计划,把职员个人利益与公司利益紧密联系在一起。

就个人而言,假设你工作做得颇有成效,赢得了一份奖励,不要将"光环"仅仅套在自己头上,而要代表整个团队接受,还要让你的所有下属与你一起拍照,接受祝贺的同时要强调其他同事和下属做出的贡献,并表示衷心的感谢。

当你变得更有权时,要让下属感到他们也在上升。

让他们加入你的成功并分享一些胜利的果实,例如强调他们在企业中的地位,让他们确信自己比别的部门中同等地位的人掌握更多的信息。

以情管人 以法管事

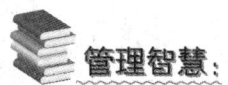 管理智慧:

当权者应当与他人分享成就,把潜在的危机降低到最低限度。

315. 红花还得绿叶配

一提起猪八戒,大多数人脑子里会出现一个好吃懒做、整日色迷迷且丑陋不堪的形象。要把他和人才联系在一起,相信不少人会大摇其头。

像孙悟空这样的人才,一般埋没不了——不管你喜欢不喜欢,人家的本领在那明摆着:上天入地,降妖除魔,几乎无人能敌,任何人也无法否认或视而不见。但像八戒这样的,本领不是特别出众,浑身的毛病却不少,在现实生活中很难被发现并被重用。

但观音菩萨却慧眼独具,没有把八戒一棍子打死:在犯作风问题之前,八戒是天蓬元帅,功夫自然不同凡响,水里的功夫甚至比大师兄孙悟空还要厉害。尽管爱占小便宜,但其真正工作起来也不含糊,像井下背死人等粗活、累活、脏活这些孙悟空这样的精英不愿干、不屑干的,都是人家八戒的。再说,八戒心胸比较宽广,虽然屡遭孙悟空戏弄,但仍然和悟空保持着良好的同志加兄弟的感情和友谊。在到西天取经紧张艰辛、充满危险的遥远路途中,既需要艺高胆大的孙悟空,也需要八戒这样乐天达观、关键时刻也能挺身而出的帮手。

观音菩萨深谙"红花还得绿叶配"的道理。一个单位里,既要有运筹帷幄的决策精英,也要有忠实肯干的维修技工。所以,西天取经,观音菩萨就没有一味要求本领都像悟空那么大的,人品都像三藏那样无可挑剔的。要是那样,一是这个小组很难组成,二是即使勉强组成,还不够这些人内耗的——本领不相上下,凭啥你是大师兄俺非在你后面?凭啥我挑着担你牵着马而不是你挑着担你也牵着马?

这说明,发现和使用人才,需要慧眼,还需要"宰相度量",不能搞武大郎开店。当然,对于人才不求全责备不等于放任自流。像八戒这样一个美女就足以搞定的意志薄弱的人,既需要领导和同事的"宽宏大量",容忍他的某些不违背道德和法律的"另类"生活方式和个性,更需要强有力的监督约束机制。所以,除了师傅唐僧每天喋喋不休地灌输性教育,悟空也经常敲打他,就连沉默寡语的沙和尚,也在八戒表现极其差劲的时候抱怨指责两声。每逢八戒快守不住底线的关键时刻,总有人拉他一把,这样就能及时发现问题及时解决,不至于让小蚁穴导致管涌甚至决堤。

**管理智慧:**

发现和使用人才,需要慧眼,还需要"宰相度量",不能搞武大郎开店。

316. 遇到困难，首先要想的是同舟共济

有位脾气暴躁的经理人，下属只要犯一点儿小错误就会被训上半天。可是，有一次下属在工作中捅了大娄子，他却偏偏没有发火。

周末总结会上，这位经理人说："你们大家一定很纳闷，平常为了一丁点儿小事就冒火的我，最近出了这样大的事故，为什么却很平静。道理很简单，因小错发火，是为了让我们所有人随时警惕，免得出大错。现在真的出了大纰漏，你们已经自责得要命了，又何须我再说呢？出大错，我们全都受了伤，哪能受伤的人再打击受伤的人呢？最要紧的是我们大家都应该镇定下来，互相帮助，吸取教训。我相信，日后遇到相似的难题我们一定会赢！"

这是位聪明的经理，他懂得处理事情的尺度。日常工作中，随便哪个细节都要注意，时间长了，员工自然不敢有丝毫懈怠。对小问题秉持关注，才不至于出现大问题。当大问题出现时，需要全体员工团结一心，尽最大的努力去解决问题，这时再责备别人和自责都是于事无补的，惟一切实有效的方法是集思广益，同舟共济。

管理智慧：

当大问题出现时，需要全体员工团结一心，尽最大的努力去解决问题，这时再责备别人和自责都是于事无补的。

317. 热烈欢迎，也要热烈欢送

辞退员工应尽量及时公开辞退理由，以免引起在职员工的胡乱猜测，影响正常的工作秩序。此外，在被辞退员工离开时应当尽量做到

以情管人　以法管事

让他体面地离开。例如领导出席同事为其开的送行会，并在会上对他为公司所做出的贡献进行总结。

开送行会，不单是考虑被辞退人员，更重要的是向在职员工展示公司良好的企业文化，增加向心力。某集团花几年时间从知名公司聘请了一名总经理，来的时候迎接场面非常隆重，而辞退时，公司高层私下通知不准领导人员参加送行会，并且在半个月后才给各分公司下发了一个正式通知。尽管各分公司的领导者通过各种渠道事先获得了该消息，但在这半个月内大家纷纷猜测辞退总经理的原因，许多生产、营销工作几乎陷入瘫痪。该集团此种处理方式，也让在职的外聘领导人员感到极为不安。

很多企业对被辞退者抱有一种人走茶凉的态度，并对他们妄加批评，把许多罪状统统按到被辞退者头上，总以为反正人都走了，背点儿黑锅也无所谓。其实不然，员工的眼睛是雪亮的，在职员工会对领导者的道德做评价。

辞退员工后不但不应"人走茶凉"，而且应当与被辞退人员保持密切联系，随时欢迎被辞退者吃"回头草"。在节日打个电话给被辞退人员，也许会有意想不到的收获。被辞退人员往往在离开公司后会对公司的领导、营销、生产等有更理性的建议和意见，而且一般对原公司都有一种怀旧情结，很乐意帮助原公司。关心被辞退员工不但能让企业得到实惠，更重要的是让在职员工有一种归属感。

管理智慧：

辞退员工应尽量及时公开辞退理由，以免引起在职员工的胡乱猜测，影响正常的工作秩序。

最简单有效的领导智慧

以情管人　以法管事

318. 让上司有成就感

有一个笑话，说是一个经理把人事部主任叫到自己的办公室，说："在咱们公司里找找这样的人：既年轻能干，又有主动精神，可以接替我。"人事主任说："好的，那么找到以后呢？"经理一挥手说："马上开除！"

这也许只是一个笑话，但是不可否认，大多数领导都不喜欢这样的三种人：太聪明的人，太精明的人和太喜欢名利的人。如果你的能力足够超过顶头上司的话，那就要注意了，你需要偶尔装装糊涂。

上司认为属下永远比自己差一截，这样他们才会有成就感、安全感。因此，他们只会提拔能力比自己低的属下。然而，一旦发现属下的能力可能高于自己时，立刻会显得坐立不安，就会对属下施加压力。领导的不痛快不可与常人的不痛快相提并论。常人不痛快，充其量给你一个白眼、背着你啐你一口。领导心里不痛快，你真的要为你的处境担心了。古代发配流放、抄家灭族的并不鲜见。社会进步了，虽然你的性命掌握在自己手里了，但领导给你小鞋穿、扣发工资奖金、降级降职等也不是什么难事。

管理智慧：

上司认为属下永远比自己差一截，这样他们才会有成就感、安全感。因此，他们只会提拔能力比自己低的属下。

319. 非零和博弈

一个冬天的上午，几位读者正在一个社区的图书室看书。这时，一位读者站起来说："这屋子里空气实在是太闷了，最好打开窗户透透气。"说着，他就走到窗户旁边，准备推开窗户。但是他的举动遭到了正好坐在窗户旁边的一位读者的反对。那位读者说："大冬天的，外面的风太冲了，一开窗户准冻感冒了。"于是，一位坚持要开，一位坚决不让开，两个人发生了争执。图书室的管理员闻声走了过来，问明原因，笑着劝这两位脸红脖子粗的读者各自坐下，然后快步走到走廊，把走廊里的窗户打开了一扇，一个看似无法通融解决的矛盾就这样迎刃而解。

经济学家茅于轼曾经说："在市场经济以前，人类自利是妨碍别人的，是损人利己的。"他举了个例子说，过去的帝王与将相就是这样一种博弈，他可以剥削你，抄你的家；你可以造他的反，夺他的天下。一方得利，一方受损，那是零和博弈。事实上也正是因为这种零和博弈反复上演，才使中国历史的每一页都写满了阴谋与血腥，并且使"无毒不丈夫"的文化观念深入到每一个中国人的意识中。

然而到了今天，除了权力斗争和军事冲突之外，现实生活中一般很少出现"有你没我"的局面。因为在市场经济下，你要想得到好处，就要跟别人合作，这样才可以得到双赢的结果，不但你得到好处，你的对手也得到好处。所以市场经济最奥妙的地方，就在于它是双方同意的，任何一个买卖都要经过双方同意，买方赚钱，卖方也赚钱，财富就创造出来了，这就是非零和博弈。

所谓非零和博弈，是既有对抗又有合作的博弈，各参与者的目标不完全对立，对局表现为各种各样的情况。有时候参与者只按本身的利害关系单方面做出决策，有时为了共同利益而合作。其结局收益总和是可变的，参与者可以同时有所得也有所失。

管理智慧：

在市场经济下，你要想得到好处，就要跟别人合作，这样才可以得到双赢的结果，不但你得到好处，你的对手也得到好处。

320. 警惕个人感情影响你评估下属

我们都会无缘无故地、莫名其妙地喜欢这个人、讨厌那个人。因为你喜欢这个人,所以当你和他在一起的时候就觉得很高兴,感觉良好,什么原因你自己也说不上来。其实谁也说不清,这只能归结于人性。

你在评论你所喜欢的人时总会赞誉有加,而对你不大喜欢的人则往往吹毛求疵。因此,上司坐下来写行为评估时,动笔前应先注意自己对下属的感情问题。你在心中应不停地问自己:我对这个人看法如何?我喜欢他吗?我不喜欢他,为什么?如果你不能找到足够的理由加以证明,那你极可能受到了潜意识的影响,而这些潜意识形成于一些和工作无关的事。

你可能有一个属下独立工作能力很强,善于创造性地开展工作,他不常征求你的意见,甚至也不在意你的赞美。你可能喜欢他,理由充足:他使你免于分心,让你有时间和精力专注于其他事情。你也可能不喜欢他,理由很多:你对他常擅自行动,无视你的权威,使你陷入非常尴尬的境地而表示不满,认为他应该更多地征求上司的意见。像这样的例子会让你清楚地认识到,好好反思你为什么喜欢某种行为或某个人是很重要的。只有当你对这种情况保持警惕时,你才能做到评价的是属下的工作而非其个人。

在你对某些事情或个人进行评估之前,你必须具备详实可靠的资料,全面回顾过去一段时间的工作情况,并且明确自己的态度,时刻警惕不让个人感情而影响评估的公正性。

以情管人　以法管事

好好反思一下你为什么喜欢某种行为或某个人,是很重要的。

321. 公司不是交友俱乐部

在电视剧《雍正王朝》里，人们一定很费解，康熙为什么传位于四阿哥而不是八阿哥呢？

八阿哥八面玲珑，精明干练，在朝野上下深得众望，皇子中附从者也甚多。而康熙却认为，擅长拉关系者不能根除其晚年因精力不济而留下的种种积弊，故出人意料地传位给了敢作敢当、不怕得罪人的四皇子。雍正登基后，励精图治，痛下杀手刷新吏治，出色地完成了康熙的遗愿。

搞好关系是重要的，但为了工作不能怕得罪人，如果本末倒置的话，即使在群众中有个好印象，也不能得到领导的真正重用。除了少数私心很重的领导外，绝大多数领导在用人时是一切从工作出发的，因为企业毕竟不是交友俱乐部。

除了少数私心很重的领导外，绝大多数领导在用人时是一切从工作出发的。

322. 打破"中国式人才"的怪圈

鲁迅在《我的第一个师父》这篇杂文中写了这样一段话："中国有许多妖魔鬼怪，专喜欢杀害有出息的人，尤其是孩子。要下贱，他们才放手，安心。"叫孩子阿猫阿狗、傻瓜痴蛋等等才容易养大，才不会被"妖魔鬼怪"盯住、暗地里迫害。

所以，中国人不爱用也不敢用积极主动的方式去表露自己行为特

点,"树大招风"、"才多招忌"。很多才子让皇帝发现自己的方法不是去写不朽的文章,也不是毛遂自荐,主动献计献策,而是隐居。通过隐居,成为人们所称道的"隐士"来让皇帝发现和重用自己。

所以,很多有才能的中国员工也不敢过于表现自己的能力,他们"战战兢兢"、"如履薄冰",在企业主动提供表现机会时通常会通过沉默来回绝机会,因为他们对自己过于主动的表现,可能会招致同事的不满情绪而有所顾虑。同时,这种有个性、有思想、有创造性和有组织能力的人是对领导权威和地位的威胁,尤其对一些领导能力不强的人而言更是如此。因此那些主动型的人才与其说是不受领导青睐,倒不如说是对领导的一种"威胁或危险"。这样使得很多中国企业文化就像一潭死水,丧失了创新和发展的生机与活力。

所以,作为一名管理者,要为员工创造一种肯做、敢做、愿做的氛围。这样才能让每个员工打消顾虑,主动去开发自己的潜力,积极地表现自己的才能,而不是静态的服从,或者畏首畏尾。

作为一名管理者,要为员工创造一种肯做、敢做、愿做的氛围。

323. 要说得动听,更要干得漂亮

要知道,任何上司都不会只看你的工作态度和自我表现的能力,他们更注重你完成任务的情况是否令他们满意。动听的话谁都会说,漂亮的事却不是谁都会干,只有圆满地完成任务,才能让上司真正欣赏你。

凡是有事业心的上司,都赏识聪明、机灵、有头脑、有创见的下属,这样的人往往能很出色地完成自己所担负的工作。你应该明白这样一个简单的道理:有了成绩,才能表现出你的才能,有了才能,才

可能不断升迁。任何上司都不愿意去晋升一个他认为毫无才能的人。

"博望相持用火攻，指挥如意笑谈中。直须惊破曹公胆，初出茅庐第一功。"这是《三国演义》中赞扬诸葛亮出山首战告捷的一首诗。诸葛亮受刘备"三顾"之邀，出山担任了刘备的军师。他出山后，先是在博望坡一带采取伏兵计，用火攻将曹军打得大败。接着，诸葛亮又率军主动撤出新野，布下口袋计，再次用更猛烈的火攻，把进犯新野的曹兵烧得焦头烂额。诸葛亮的这两把火，是在曹兵压境而刘备兵微将寡的危难形势下，连续实施而获得胜利的。经过这两把火，年仅26岁的年轻军师威信大增，作为诸葛亮的上司刘备发自内心的感叹："我得孔明，如鱼得水也！"就连一直不服气的关羽、张飞，都心悦诚服地赞叹："孔明真英杰也！"

试想，如果诸葛亮只有三分天下的宏伟预见，而无实现宏愿的用兵治军的才能和战绩的话，刘备还会如此重用他吗？显然是不可能的。正是他"初出茅庐第一功"奠定了他在蜀国的地位。

**管理智慧：**

凡是有事业心的上司，都赏识聪明、机灵、有头脑、有创见的下属。

324. 自谦则人必服，自夸则人必疑

美国著名政治家帕金斯，在30岁那年被任命为芝加哥大学校长。有人怀疑，他那么年轻能否胜任大学校长的职位。他知道后只说了一句："一个30岁的人所知道的是那么的少，需要依赖他的助手兼代理校长的地方是那么的多。"就这么短短的一句话，使那些原本怀疑他的人一下子就放下心了。

很多人遇到别人怀疑自己的能力时，往往会尽量表现出自己比别

人强，或者努力地证明自己是有特殊才干的人。然而，一个真正有能力的领导者是不会自吹自擂的，"自谦则人必服，自夸则人必疑"，说的就是这个道理。自谦反而让人们更加信服他的能力。

自谦反而让人们更加信服他的能力。

以情管人　以法管事

325. 对待落难的下属，尽可能助一臂之力

戴尔·卡耐基说："你知道一个人最重要的成功因素是什么吗？不是行政才能，不是杰出的智力，不是热情，不是勇气，不是幽默感——尽管它们每一项都必不可少。依我看，应该是交朋友的能力。说得更简练些，就是看到人们最好的一面的能力。"一流之人，能识一流之善，如果你的领导结交的都是高素质的朋友，那么这位领导者的品位肯定很高，对于下级来说他就是值得信赖的人，可以与之建立超出上下级隶属关系的友谊，可以将他视为事业上可靠的良师益友。

任何一个人奋斗的成功，都离不开事业上志同道合的朋友的关怀和帮助。看一下成功人士奋斗的历程，就会知道他们无一不是凭借朋友的关照去捕捉一个个机遇，去涉过一个个险滩，去攀登一个个高峰，并且从朋友那里获得精神上的慰藉和奋斗拼搏的勇气。

从领导对待落难朋友的态度上，也能看出其是否可交。艾柯卡在其传记中，记述了他被福特解雇时的心情："被解雇后我非常难过。我盼望有人打电话给我，跟我说：'让我们一起去喝杯咖啡吧！我对发生的事情感到非常难过。'但是，大多数的朋友都抛弃了我——这是我一生当中遭受到的最大的打击。"

人倒霉时，就会产生悲哀伤感之情，这时候最需要的就是来自亲人与朋友的理解、同情和友爱。如果这种时候抛弃落难的朋友，而这位朋友又不是因为原则性问题而遭难的，那么这样的人是绝不可以与之深交的。尤其是领导，本可以利用自己的能力帮助下级澄清问题、恢复名誉、落实政策，而此时他却采取回避的态度，这是最让人心寒的。

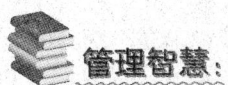

本可以利用自己的能力帮助下级澄清问题、恢复名誉、落实政策，而此时他却采取回避的态度，这是最让人心寒的。

326. 疑人也要用，边用边察

在用人问题上，有的领导者就犯了"疑人不用，用人不疑"的错误。从历史上看，诸葛亮就是一个典型的例子，他没用好马谡和魏延两个人。

首先说马谡。马谡作为得力干将之一，确实为诸葛亮出了很多好主意，是诸葛亮最信任的谋士之一。而马谡却滥用诸葛亮对他的信任，痛失街亭，大败而归，害得诸葛亮也留下一个"挥泪斩马谡"的失败案例。再说魏延。尽管魏延作战能力很强，但是因为来得比较晚，所以没有排上"五虎将"的坐席，得不到高层的认可。诸葛亮甚至直接说魏延有反骨。再加上魏延是"跳槽"过来的，所以一直得不到重用。尽管魏延提出了很多一招制敌、独辟蹊径的好建议，诸葛亮都是直接否决，连可行性分析都不做，最终逼得魏延不得不反。

英国的巴林银行曾对驻新加坡的里森"用人不疑"，结果他三年来一直做假账隐瞒亏损，最后造成8.27亿英镑的损失，迫使有200年历史的巴林银行宣告破产。巨人集团的史玉柱也因向经营者放权，而且什么都不管，放手让经营者去干，结果公司财务混乱不堪，巨额损失达数亿元。由此可见，"用人不疑"此念大谬也。

事实上，即使你有火眼金睛，也未必能对自己亲自选拔的人"一潭清水望到底"。况且人也是在发展变化的，只能说基本符合职位要求，至于今后工作中是否表现出色，还有待于实践的检验和考查。这就隐含着一种风险，有可能事与愿违。但即或如此，虽有"他究竟能否干好"的疑惑，也还要边用边查，所以"疑人也要用"。

"疑人要用"，意味着领导者要有广纳贤才之胸襟，只要是有用之才，都可以用。疑人，是主观的东西，人才却是客观存在的。如果稍有怀疑就不用的话，那么对事业的发展就会造成某种程度的损失。

管理智慧：

"疑人要用"，意味着领导者要有广纳贤才之胸襟，只要是有用之才，都可以用。

327. 好人做到底

有人说，中国的文化就是面子文化，这话有点夸张，但也不无道理。从古到今，"面子"总是个大问题，绝不能含糊。

中国历史上有两个皇帝爱写诗，一个是隋炀帝，爱诗爱到别人的诗不能超过他，如果哪个大臣的诗有佳句，隋炀帝就觉得没面子，就嫉妒的要死，甚至要取作诗大臣的性命。另一个是清朝的乾隆皇帝，乾隆属于高产诗人，保留到现在的就有四万余首，但好的不多。

乾隆写诗需要有人给修改润色，用现在的话说，就是得找一个枪手。这个枪手叫沈德潜，乾隆的诗许多都是沈德潜的手笔。给皇帝改诗这活不好干，只能悄悄地干，绝不能让人知道，沈德潜自然明白，从没有流露出半点"给皇上改文章"的得意。由此挣来了逐年加薪的恩遇，死后谥美号，立祠堂祭祀。沈德潜虽然死了，但虚荣心却没有真的丢到长白山或者爪哇国去。无论如何，给皇帝改文章都是难得的

以情管人　以法管事

荣耀，当时不敢说，却不想从此被湮灭掉，因此，沈德潜在自己的遗稿中，还是留下了表明自家荣耀的明确痕迹。

不想，沈德潜想传之后世的，恰是皇帝所格外忌惮的。沈德潜死后，乾隆借故从沈的家人那里，骗来了沈的遗稿，这下沈德潜露馅儿了。皇帝被气了个半死，公开发作不方便，于是找了一个茬儿，"夺德潜赠官，罢祠削谥，仆其墓碑"，就差掘坟鞭尸了。沈德潜的悲剧在于，他想给自己的后世家族留下的荣耀，却恰恰损了皇帝的面子，这是大错而特错啊！

管理智慧：

给人面子，就要给到底，你不能给到一半，又拿了回去，其结果还不如不给。

328. 不求有功，但求无过

对敌人，让他占点"小便宜"，是为了解除他的防备心理，为自己赢得足够的发展时间。你表现得越谦恭越低调，就越能满足他的虚荣心，让他以为你无意与他为敌，并且还软弱可欺。即使那些自以为很精明的敌人，也会因此而放松警惕。慷慨大度是让人分心的最有效的方法，选择性的给予往往可以击溃最顽固的敌手。

西晋时期的杜预，在中国历史上是一个十分有名的人，他文才武略，懂天文，知地理，在当时知识领域和社会生活各方面都有杰出的贡献。结束汉末三国近百年分裂局面的伐吴之战，便是在他的建议和指挥之下进行的；他所撰写的《春秋左氏经传集解》，是我国早期研究《左传》的最为重要的著作。由于他多方面的才能和贡献，当时人称他"杜武库"，赞扬他无所不知，无所不能，晋武帝司马炎对他也格外器重。

就是这样一个杰出的人物,当他任荆州刺史时,却还经常向京师洛阳的一些权贵馈赠各种礼品。有人不解,觉得他无求于这些人,为什么还要这样。他说:"我自然没有什么要求于他们的,我只怕他们加害于我。"

由于他对封建官场有清醒的认识,预防在前,那些权贵倒也没有对他进行过什么诬陷,他得以平安度过一生。

管理智慧:

慷慨大度是让人分心的最有效的方法,选择性的给予往往可以击溃最顽固的敌手。

329. 给对方以特殊的声誉

17世纪初,欧洲很多科学家都面临资金短缺、生活困顿的处境,伽利略也不例外。所以,他经常把自己的发现和发明当作礼物送给那些赞助者,希望从他们那里得到资助,以继续从事研究。

1610年,他又有了一个重大的发现——发现了木星周围的卫星。这一次,他把这个发现呈献给了麦迪西家族。他在寇西默二世登基的同时,宣布从望远镜中看见一颗明亮的星星(木星),木星有四颗卫星,代表了寇西默与其三个兄弟。而卫星环绕木星运行,就如同这4个儿子围绕着他们的父亲——王朝的创建者寇西默一世一样。之后,伽利略还委托别人制造了一枚徽章,徽章上刻着这样的图案:天神朱比特坐在云端上,四颗星星围绕着他。他把这颗徽章献给寇西默二世,象征着他和天上所有星星的关系。

寇西默二世得到了荣耀,非常高兴,于是任命伽利略为其宫廷哲学家和数学家,并给予全薪。对于一个科学家而言,这是伽利略人生中最辉煌的岁月。他四处乞求赞助的日子结束了,从此可以全身心投入到他的科学研究中去。

那些居于高位的贵族其实并不关心科学研究，他们更关心的是自己的声誉和荣耀，他们比平常人更希望自己看起来显赫出众。伽利略把他们的名字和宇宙中的星星联系起来，极大地满足了他们的虚荣心，用让他们占了个"小便宜"这样一个策略，为自己赢得了更多的支持。

知道对方最关心的是什么，然后想办法提供给他，我们便顺其自然地得到了自己想要的东西。

最简单有效的领导智慧